主編／褚幼義
Chief-editor／CHU Youyi

褚民誼

紀實全傳

第五卷　求仁得仁

編寫組

主編：褚幼義

成員（以姓氏筆畫為序）：

    大　彪

    王　蘭（Valentina de Monte）

    褚幼義

    褚叔炎

    褚季燊

    褚孟嫄

    澤爾丹

    韓曉明（Jonathan Henshaw）

（本書版權歸主編所有）

導讀

　　褚民誼是民國時期一位令人矚目的歷史人物，他為實行社會革命、踐行三民主義的多彩人生，及其所涉及的紛繁人物和事件，跌宕起伏，是那個波瀾壯闊時期不可分割的一個組成部分。以人民利益為核心，以真實史料為基礎，是當今歷史研究應該遵循的準則。本書的編寫，就是在「以人為本」思想的啟示下，褚氏後人於2005年到浙江湖州南潯老家和曾經的民國首都南京「尋根之旅」的調查訪問醞釀起步的，歷經近廿年來編寫組們對原始資料廣泛深入的探尋、收集、整理，而終成此五卷一套的《褚民誼紀實全傳》。

　　本書著者除詳細查閱國內外圖書館和檔案館的有關材料外，還親至有關處所深入調查研究，尋覓遺存至今的珍貴文物資料，再現褚民誼當年活動的場景。例如，先後多次探訪南潯老家；遍訪他在南京主持修建的各大古寺和諸多有關的文化單位；三度訪問他曾以校為家長期擔任校長的上海中法國立工學院舊址；參觀他曾參與籌備的杭州西湖博覽會紀念館；踏訪貴州盤縣他曾率京滇週覽團往返路經的要隘之地；以及國民革命策源地廣州，他學成歸國效力之始執掌國立廣東大學和抗戰勝利前夕最終任職廣東省長之地，如此等等。此外還先後專程赴境外調查研究，如：2009年訪問法國里昂中法大學遺址和里昂市立圖書館；2014年到美國國會圖書館特許調閱了褚民誼之特藏相冊十五部；2016年到臺北之中國國民黨黨史館、中華民國國史館和國家圖書館[1]，獲准查閱許多珍貴的原始資料，包括曾經的保密檔案、書信和被毀古跡之原始拓片等等。

　　本書作為紀實性的傳記，力求內容真實可靠，能經得起檢驗。編入書中的材料均經編者親閱。引用材料時盡量摘錄其原文，並用標楷體示出褚民誼的言論。對於歷史上的單位和人物，一律使用當年實際使用的稱謂，除原文中已有者外，均不冠以「匪」「偽」等附加詞。

　　本書是集體努力的結晶。編寫組成員中，包括褚民誼的後人褚孟嫄、褚叔炎、褚季燊和褚幼義姐弟四人，以及民國史研究者澤爾丹先生和大彪先生，法國里昂市立圖書館原中文部主任王蘭（Valentina de Monte）女士和加拿大英屬

---

[1] 書中分別簡稱為「臺黨史館」「臺國史館」和「臺國圖」。

哥倫比亞大學歷史學系中國近代史研究者韓曉明（Jonathan Henshaw）先生。在本書收集資料和調查研究過程中得到了眾多有關人士的大力支持、協助和鼓勵，這裡一併致以衷心感謝！本書中倘有不足甚或謬誤之處，尚請讀者不吝指正補充。

本書梳理了豐富的原始資料，力圖從造福民眾的視角，撥開迷霧，將一部真實的褚民誼生平事蹟全面地呈現於世人前。此前曾率先由「秀威資訊」於2021年1月出版的《重行傳－褚民誼生平紀實》，可視為本書先期的精練本，以滿足讀者的不同需求。

褚民誼生於1884年，值此誕辰一百四十週年之際，謹以本書永鎸紀念！

主編褚幼義，2024年1月17日於北京

目次

編寫組 ·· 3

導讀 ·· 5

第五篇　迎接抗戰勝利（1945-1946）················· 9

　　第一章　勝利前夕，赴粵保民 ························ 11
　　　　第一節　不避艱險，離京赴粵 ·················· 11
　　　　第二節　盡職盡力，與民同安 ·················· 17
　　　　第三節　維護治安，靜待接收 ·················· 23
　　第二章　拘押監禁，直言陳詞 ························ 33
　　第三章　求仁得仁，虹橋慶生 ························ 45

後記 ·· 53

褚民誼書法概覽 ··· 57

褚民誼書法選登 ··· 65

褚民誼大事年譜 ··· 81

補遺 ·· 177

參考文獻 ··· 183

人名索引 ··· 195

第五篇

迎接抗戰勝利
（1945-1946）

褚民誼，1945年

第一章　勝利前夕，赴粵保民

第一節　不避艱險，離京赴粵

　　第二次世界大戰進入1944年，戰爭局勢急轉直下，盟國在歐亞戰場先後轉入全面戰略進攻，德義日協約國敗局已定。淪陷區內南京政府主席汪精衛背部舊傷復發，3月轉日本名古屋醫治無效於11月10日病故。已如第四篇第三章之第一節「外交部長，駐日大使」中所述，在10月12日中央政治委員會臨時緊急會議上，議決通過陳公博為南京國民政府行政院院長，國府代理主席，兼軍事委員會委員長。那時的南京政府，在全面和平曙光乍顯之際，顯然是一個即將消解的看守內閣。褚民誼在汪的喪事處理結束後，即向陳公博提出辭去外交部長的請求，被多次挽留。

　　淪陷區內的廣東省，地處華南，遠離南京，地位特殊，一直受到廣東華僑出身的中央監察委員陳璧君之關照，1940年起由其弟陳耀祖擔任廣東省長。1944年4月初陳耀祖被刺身亡後，由汪精衛的重要助手陳春圃繼任。汪去世後，陳春圃即以個人原因堅辭省長職。陳璧君在陳公博任代理主席後南下坐鎮廣東，為尋找繼任省長而煞費苦心。作為美軍和國軍即將反攻進駐的前哨之地，此時離京赴粵任省長一職之險惡，顯而易見。在遭到多位南京政要人選的拒絕之後，她把目標轉向時任南京中央大學校長的陳昌祖。陳昌祖是陳璧君的八弟，自八歲被帶往法國留學開始，便得到其四姐陳璧君的精心呵護和栽培，視姐如母言聽計從，但是這次卻在嚴峻的形勢面前，堅決地拒絕了此項任命。陳昌祖在他的自傳[3.61]中，對他當時這種一反常態的舉動記憶深刻，有如下一段記述：

　　「我記得，在上海家中的一個晚上，她[2]向我提出了這個要求。我們站在紀念四哥[3]的祭壇前，畫中他的眼睛注視著我們。此時她突然要求我去廣東接任省長。當我表示拒絕時，她看著四哥的畫像，堅決地說：『以四哥的名義，

---

[2] 指陳璧君。
[3] 指汪精衛。

你必須去。我向他發誓，你必須接受這個職務！』我同時也看著四哥的畫像回答：『我向四哥發誓，我不去，我堅決不接受這個職務！』至今回想起來，我都會很震驚，那天晚上，我為什麼會這樣堅決。「我深知她從小把我帶大，為我付出了大量心血，這樣做會嚴重刺傷她，也在所不惜。當她知道達不到自己的目標後，就轉而將此任轉付褚民誼。」

褚民誼在其〈自述〉[1.61]第三段「到粵前後」的開頭，詳述自己不畏艱險離京赴粵，出任廣東省長兼綏靖主任的經過和動機時謂：「粵政府經陳公博、陳耀祖、陳春圃三省長及從旁主持之陳璧君後，『陳家祠堂』之稱號久已著名京粵間。自陳春圃不得已去職，汪夫人曾物色過不少粵之有資望者，如林柏生、李謳一、陳昌祖等，結果並無一人允予嘗試，最後乃及本人。

本人自知非政治人才，對於政治工作亦不感受興趣，且凡百親友均一致諫阻，請必勿行。本人亦以為粵中情形絕非本人或能改善者，故亦不願首途，自叢煩惱。顧汪夫人既連電相催，甚有一日三電者。就公而言，粵中亦不能長此無主。加以親朋之意，一則曰交通不便，危險極多；再則曰飛機在日人手中，易去難返；三則曰美軍登陸為期匪遙，何必徒供犧牲，人棄我取？四則曰語言不通，於粵不洽，一有事變，必走投無路、無法自全；五則曰一切廳長及重要職員均為汪夫人之親信，既無班底，何必作此傀儡，徒供利用？凡此所言，本人咸不謂可。本人行年六十三歲，自幼參加革命，歷險已多，對於生死兩途，平日早置度外，但求能有利於粵。交通艱難、旅行危險等事，均非值得考慮之問題。至於犧牲一事，苟其得當，亦正不必諱言。所慮者，唯恐不得犧牲之地而已。以言班底，本人認此為中國官場之惡習。一官之更，牽及侍役，文明國家未嘗有此。本人深信為之長者，苟能公以自律，誠以待人，則無論誰何，皆能為用，原不必盡用私人，在情拘勢牽之下任其作弊無度也。故親友所言，皆不足當吾之念。所鰓鰓過慮者，即到粵何為，所謂何以利粵一事而已。

因此一事耿耿吾中，故自四月至七月，經百餘日之長期，猶不能決吾行止。而汪夫人電報之督促，愈後愈急。本人此時亦忽有所覺，首途遂定。

當時國軍反攻、美軍登陸消息早已傳遍都門。本人以為，粵為嶺南要沖、革命聖地，人民物力豐富異常。和平政府之不足有為，在當時已為不可諱言之實事，則救國大業舍抗戰成功之外，寧有他途？南京眾目睽睽，殊難有所表現，轉不如在地迴天途之粵，或可以實現個人之主張。因即預定積極、消極二種目標：積極的者，則協助國軍，完成救國之大業；消極的者，則盡其在我，

保全廣東。至於吾志之能否遂行、目的之能否達到，則不復問，而艱難險阻亦有拼卻此身而已。此意既決，遂於七月六日毅然就道。當時部屬雖眾，第無人肯冒險相從，僅高齊賢、徐義宗二人贊助本人意志，不惜違父離母，拋妻棄子，慨然隨侍，固期本人能完成所望之工作也。此外，僅常侍一人，即蕭誠副官是已。此為本人來粵以前之經過。

或以為如上所言，似近於是迎合當前需要，易言之，即為辯護是也。實則不然，一可證之於未到粵前及抵粵以後之兩次談話；一可證之於到粵後所行之事實。茲分別說明於下：

本人於離南京時所發表之談話，其中足以表明本人此項意志者，一曰：『無論何時、何種環境，但能保存一分元氣，即不惜任何代價以求；但能安定一分民生，即不辭如何艱困以赴。』再則曰：『以愛粵省為保護粵省之原則，同時更順應自然趨勢，以求安定粵省民生。』而歸納其意於『本人此行原意正在於所謂今日何日之一言也』。

本人到粵後所發表之談話，其足以表明本人此項意志者：一曰：『本人此次南來，即欲以犧牲之精神，完成愛護廣東之志願。故吾人此番到粵真實之抱負，即是犧牲。』再則曰：『適應粵省當前之需要為施政之方針，但求所事得當，不問代價何若。』而歸納其意於『總之，減少一分糜爛，即增添一分幸福；阻止一點破壞，即加強一點生命。』

更有足以說明本人積極之志願者，其言曰：『借著整理廣東，來推進全面和平；借著收拾廣東，來恢復全國常態。』足以說明本人消極之志願者，其言曰：『不求巍功峻業，但求與民同安。在這個亂離驚險的時候，而能勉於安居樂業，這是和平主義的真諦，也就是本人在愛護廣東的工作過程中應負的職責。』

以上兩篇談話的要義，完全注重說明，在國軍反攻、美軍登陸時本人所持之態度，當時明眼人已能瞭悟及此。至於談話中仍有為和運張目處，須知本人當時為和運之一員，京、粵兩地當時之環境，實不許本人毫無顧忌之談話，能借機暗示到此種程度自謂用心不為不深、不為不切。」

《申報》（1945，4，27）上刊登了南京政府於4月26日發佈的命令，在准免陳春圃本兼各職的同時，免去褚民誼外交部長之職務，任命他為廣東省長兼廣州綏靖主任，以及廣東省保安司令和新國民運動促進委員會廣東分會主任委員。委任命發出後，如上所述，褚民誼經過一段時間的醞釀和準備，「於7月

5日午後偕同隨員一行,乘機飛粵履新,於離京赴任時發表講話,闡明治粵之基本與原則。」(《申報》1945,7,7)他於7月6日晨抵達廣州。廣州《公正報》於7月7日,如右圖所示,以大幅標題報道了褚省長飛抵廣州的消息稱,「廣東省省長褚民誼氏,自國府明令發表以後,因在南京經辦之事過多,故交代處置,頗費時日,復因衛太夫人仙逝,褚氏以半子關係,直待至盡禮發喪,方欲成行。褚氏本人右肘部生瘤,經醫割治,療養待瘥,加以氣候變動,飛機之航期不能準時,直至昨(六)日始偕隨員立法委員高齊賢、外交部亞洲司司長徐義宗,及副官蕭誠,抵達機場。陳中委璧君及周(應湘)民政廳長、汪(宗準)財政廳長、李(蔭南)建設廳長、許(廷傑)參謀長及松井聯絡部長等,均到機場歡迎。」褚氏小休後,即率同隨員赴黃花崗七十二烈士墓等處獻花致敬,並與日軍司令部進行禮節性互訪。隨後,「赴省府接篆,並召集省府職員訓話。」(《申報》1945,7,7)

1945年7月6日褚民誼飛抵廣州出任廣東省長,離京時發表治粵基本原則與主張之談話(《公正報》1945,7,7)

　　在該日的《公正報》上,同時將褚省長離京時的談話全文,公之於眾。「本人奉命長粵,首途在即」,褚民誼說道,「京滬關心粵事之人,屢以本人到粵後施政方針見詢。本人以為時至今日,非高談闊論之時,對粵施政如何,必須到粵後,實地觀察而定。蓋粵之處地不同、環境不同、經濟情況不同,絕不能以一般之理念,為治粵之張本。換言之,即必須對症下藥也。

　　粵省為革命策源地,又為國父孫先生及汪故主席之故鄉,在在均應愛護。事變以後,因交通及處地關係,在國府各轄省中,地位較異。吾人對粵,首先必須認清以上兩點。前者必求貫徹,後者必求適合。故本人到粵之後,必以最大之努力,以求貫徹愛護粵省之意;以求適合粵省之情。無論何時、何種環境,但能保存一分元氣,即不惜任何代價以求;但能安定一分民生,即不辭任何困難以赴。故以認識粵省為愛粵省之基本,以愛粵省為保護粵省之原則;同時更順應自然趨勢,以求安定粵省民生,以安定粵省民生為適合粵政之出發

點。以上兩點,即謂為本人治粵之基本與原則,亦無不可。希勿以『卑之無甚高論』見嗤,則幸甚矣。

本人久居中樞,安常守素,原不願繁劇及身,自當其苦,今日何日,乃突有嶺南之行,在本人則惶恐萬狀,深慮不能勝任,但本人此行,原意正在於所謂今日何日之一言也。粵在南天,地居前線,交通梗阻,情況複雜。本人雖非粵籍,顧自歐返國,首先服務即在粵中,曾長廣大,參加東征北伐,而且親朋徒屬粵人較多,故本人視粵,親如故鄉。今日何日,粵省危機四伏,民困不安,本人愛粵以誠,故不避煩難,遽承大命。本應早日赴任,第以公私待理,且交通不便,遲遲吾行。至於到任後,成敗利鈍,亦惟盡其在我而已,凡與本人有同感者,希匡其力之不逮為幸。」最後,他向在滬在京的中外友朋戚屬們的隆情送別,表達敬謝。通篇談話,袒露出他在「今日何日」的情勢下,不避艱險,毅然赴任,以達護粵保民的一顆赤誠之心。

7月9日上午九時,褚民誼在省府大禮堂舉行廣東省省長及駐廣州綏靖公署主任宣誓就職典禮,如右下圖所示,《公正報》於次日報道,「是日省府到各廳處長,綏署參謀長暨各處長、各師長、團長、總隊長、要港司令暨黨政軍高級長官,由陳中委璧君監誓。時屆開會,行禮如儀,新任褚省長兼綏靖主任,隨即宣誓就職。於交印後,省長兼主任向監誓官致敬,由監誓官陳中委致詞,省長兼主任答詞,各僚屬向省長兼主任致敬,繼由省長兼主任向僚屬致詞畢,此簡單隆重之新任褚省長宣誓就職典禮,旋于軍樂鏗鏘聲中,禮成拍照而散。」繼而,「新任褚省長于十時接見本市中外各報記者,對本省民眾發表講話。」該報全文登載了典禮上陳中委的致詞、褚省長的答詞和訓話,以及褚省長對民眾談話的全文。

褚省長對其部屬的訓話中,在感謝他們於新省長未到任前,循名守份所作的努力之後,著重針對中國官場中敷衍公事、因循守舊以及腐敗盛行的弊病,提出了

1945年7月9日褚民誼宣誓就職,向部屬訓話和向民眾發表談話(《公正報》1945,7,10)

第一章 勝利前夕,赴粵保民 15

「積極盡己、奉公守法」的八字要求和辦事要「案無留牘」「實事求是」即「敏捷、正確」的二個原則，願與全體公務人員共勉。

接著，他就治粵之大計，通過媒體向民眾發表講話。在敘述廣東為革命之策源地和自己第二故鄉的熱愛之誠後，他堅定地說道，「本人服官十三四載，皆在中樞，澹泊自甘，不任繁劇，此次將拜長粵之命，在本人則惶恐萬狀，深慮不勝。但本人以為愛護粵省，非必粵人始有此責，凡我國人，均有愛護廣東之義務。實踐此種義務，自不能顧及艱難，廣東需人愛護，在今日為最迫切；吾人愛護廣東亦以今日為最適宜。吾前已言，廣東可愛之條件甚多，自有其本身之價值存在。吾人欲保存此高貴之價值，必須有相當之犧牲。本人此次南來，即欲以犧牲之精神，完成愛護廣東之志願。但能保存廣東所有之優異，絕不惜任何之犧牲。故吾人此番到粵，真實之抱負，即是犧牲；既肯犧牲，所以能不避艱難，不畏險阻，犧牲一己，愛護廣東，區區之心，可質天日。

至於治粵大計，兩言可以盡之，即是貫徹愛護粵省之本心，為施政之標的；適應粵省當前之需要，為施政之方針，但求所事得當，不問代價何若。凡我國人，不論官吏、不論軍民、不論政治之立場、不論主義之信屬，均表贊同此項大計，群策群力，以建設新廣東。

又有人說，愛護二字意義甚廣，適應二字，界說極寬，可否稍示端倪，稍知所指。關於此點，本人亦以為應當略加說明，以便協力。不過牽涉的事項太多，一時竟不知從何說起。現在姑且舉個例來說。愛護之意，不僅一途，以言社會，則衹許建設，不許破壞；以言秩序，則衹許整備，不許摧毀；以言民生，則衹許安定，不許動搖；以言經濟，則衹許調整，不許投機；以言市場，則衹許繁榮，不許擾亂；以言農村，則衹許培植，不許剝削。此外教育、文化、民風、習俗、軍警、工商等事項，亦皆衹許有紀律的強化，不許作無意義的更張。總之，減少一分糜爛，即增添一分幸福；阻止一點破壞，即加強一點生命。苟能如此，不但廣東一省受益，即整個中國，亦同受其福。因為廣東一省的得失，全國各省都能受其影響。所以保全廣東一分利益，即保存中國一分元氣；安定廣東一省的秩序，即完成中國一部的和平。借著整理廣東來推進全面和平；借著收拾廣東來恢復全國常態。待全國的一切恢復之後，自然能影響到整個東亞的和平。所以欲保東亞，必先復興中華；欲復興中華，必須把握一個樞紐。廣東在中國有獨特的地位，能使廣東恢復到正常的發展，那末興華保亞的關鍵，即已在其中矣。其關係之重要如此，所以愛護廣東，為本人此來之

唯一的抱負。

　　至於適應二字的意義言之，即是因勢利導、順其自然，飢者予之以食、渴者予之以飲，滿足一切正義的需求，促進一切正常的進展，不求巍功峻業，但求與民同安。在這個亂離驚險的時代，而能勉於安居樂業，這是和平主義的真諦，也就是本人在愛護廣東的工作過程中，應負的職責。

　　以上所說，如以一般人的看法，真是『卑之無甚高論』。不過就這『卑之無甚高論』的工作，綿力能否勝任，尚在不可知之數。好在省長的地位，不過設計和率行，談到貫徹完成，是在全省人士的一致努力。廣東人向以剛毅、急切、團結、奮發著稱於世。本人到省後第一觀感，亦大致相同。本人深盼廣東人能發揮此種毅力，一志同心，協助本人，完成工作。不但於已然策行的事務如此，即本人所觀察不到、注意不週的事，亦盼隨時提醒，隨時督促，通力合作，能使本人不負此來，即是廣東之幸，亦本人之幸也！」

　　就職典禮當天下午六時，該報報道稱，「本省各界民眾，在中山紀念堂舉行歡迎褚省長蒞任大會。下午五時開始，中山紀念堂前，赴會民眾，即已絡繹於途。會場正門懸橫幅一面，上書『廣東各界歡迎褚省長蒞任大會』，左右伴以國旗。場內正中懸國父遺像，左右分懸國旗，四週張貼標語。是日到有陳中委、省府各廳處局長、綏靖參謀長暨各處長、各師長、團長、要港司令暨黨政軍各高級長官、來賓、各界民眾不下二萬餘人。時屆行禮如儀，由張伯蔭任大會主席團主席，並致歡迎詞，旋由新任褚省長致訓詞畢，高呼口號，禮成而散。會後並由本市數十個國術團體擔任醒獅，是日到會醒獅計有數十頭，旌旗蔽空，鑼鼓喧天，表演精彩，盛況熱烈。」從此拉開了他南下力圖護粵保民的大幕。

第二節　盡職盡力，與民同安

　　在完成廣東省長和綏靖主任就職典禮以及各界民眾熱烈歡迎之後，褚民誼即公開出面擔負此責，於次日（十日）下午四時，在省府大禮堂設宴招待中日長官及各界名流。除各機關官員外，還邀請市商會會長、廣東婦女會長、中日各報社社長等，共百餘人參加，濟濟一堂，賓主盡歡，至五時許散會。（《公正報》1945，7，12）

　　緊接著，《公正報》（1945，7，13）上報道稱，「新任褚省長奉中央命令兼廣東省黨部主任」，「於前（十一日）上午九時，到廣東省黨部宣誓就

職,是日參加典禮者,有省府各廳處長、各海陸軍警各機關高級長官、暨市黨部各委員、各級黨部工作同志、各民眾團體學校代表、學生等數百人。」

褚民誼在其嗣後的〈自述〉[1.61]第三部分「到粵前後」中談及到粵後的活動時寫道;「到粵之後,首先注意於各方面的情感及省綏兩署同仁的態度,經過兩個星期之體察,大致已然明瞭。次即注意於一般庶政的考查,為省刑簿稅及澄清積弊的預備,可惜本人七月九日就職,八月十日和平的曙光已然透露,考查的工作尚未完成,更談不到實行改革也。

但是在此期間,本人於省政會議席上,曾有取消建設獎卷之主張,但因新承包人方將接手,遂決議再試辦一個月。

本人一生痛惡煙賭,但在當時煙為廣東政費之命脈,賭為繁榮市面之媒介。本人雖堅決主張禁絕,惟必須籌有其他方法為代之後始可,因此不能不暫歸緩圖。其他捐稅是否苛雜,本人因無熟於地方情形之人為之協助,且蒞任之期亦短,故迄今未能完全明瞭。其他民政建設等事,亦皆在私行查考期中,因時間之過短,是以無甚興革。此皆為到粵後之事實,可請調查。」

褚民誼長粵後,一方面如上所述,到省府和綏署接事,考查庶務,為進一步興革政務,清除積弊創造條件;另一方面,努力以安民為本,頻繁與地方各界,特別是醫藥和文化界廣泛接觸,深入體察省情民情,努力實現與民同安。

在當時太平洋戰爭形勢瞬息萬變,美軍收復東南亞迅猛挺進之際,廣東地處國軍反攻、美軍登陸之要衝,不斷遭受美軍日趨頻繁的轟炸,如何減少損失、安定民生,迫在眉睫。為此,一方面如右圖所示,由褚民誼簽署,省府綏署會銜發出〈嚴懲擾亂治安歹徒〉之布告,在避免人心浮動的同時,防止各方歹徒利用盲目恐怖轟炸之機,散佈謠言,擄殺搶劫,擾亂地方,危害政府和人民。另一方面,在他親自主持下,積極調動社會各方力量,募集款項,努力救死扶傷。

《公正報》(1945,8,1)上,以〈褚省長關懷慈善,發起排球賽籌款,收入撥方

1945年7月22日為在美機轟炸廣州期間保民安民,褚民誼簽發〈嚴懲擾亂治安歹徒〉佈告《公正報》

便醫院善款〉為題報道稱,「本市城西方便醫院為本省著名慈善團體,邇來以物價暴漲,遂至入不敷出。茲悉褚省長為此,特發起排球比賽籌款。其辦法為將入場券向各界勸銷,所得全部券價收入,撥充該院善款。「總計預算收入在五百至一千萬元左右。比賽日期,現決定本月四日下午五時三十分,在青年館球場舉行。比賽人員為邀請本市排球名將組織元老隊,與本省聯合隊比賽。各隊員以為善最樂,均表同意,連日來並加緊訓練,以便屆時出陣。關於入場券方面,亦經印就,於昨日開始分送各界勸銷。」文中錄有褚省長勸銷入場券原函如下:

「敬啟者:本市城西方便醫院為吾粵著名慈善團體,數十年來救死扶傷,未嘗間歇。事變以還,瘡痍滿目,該院贈醫施藥,嘉惠群眾,不遺餘力。惟是經費之挹注,悉賴仁人之輸將,比以物價暴漲,支銷浩繁;加以空襲頻仍,無辜市民,死傷眾多,概由該院予以救卹,醫藥棺柩需費甚鉅,牽蘿補屋,時虞匱乏。民誼有鑒及此,爰為借箸代籌,定於八月四日下午五時三十分,假文德路青年館舉辦排球義賽,所有門券收入,悉數撥充該院經費。凤仰台端,疴瘝在抱,飢溺為懷,用特送上入場券×張,敬祈鼎助,廣為勸銷,藉勸善舉,無任翹企,此致某某先生。褚民誼啟。」

排球慈善比賽發起後。連日來認銷異常踴躍。並在此帶動下,8月2日,《公正報》(1945,8,3)上報道,「有成藥商鄒家園、世界行、荷蘭廠、施德之、良友等五家聯合良藥義賣,援助方便醫院經費。擇定市內最繁盛地點,建搭大牌樓三座宣傳。該藥商等特將該牌樓三大座趕搭完成,先為此次球賽盛會作擴大宣傳,藉勸善舉。」

如右圖所示,8月4日該報報道,「去月本市迭遭美機濫炸,屋宇燬塌,民眾死傷慘狀為空前所未有。褚省長關懷被炸受害市民,除一面強化防空救護,發掘收容等工作,於遇事時,儘量減少死亡外;一面設法籌募巨款,購備藥品為救傷之用。前日下午四時,褚省長特假國際俱樂部,召集本市紳商及各界名流,舉行茶會,討

1945年8月2日褚省長召集廣州紳商捐款,並組織「廣州市被炸受害市民救濟會」(《公正報》1945,8,4)

論救濟被炸受害市民。赴會者計：廣州市新聞記者公會、廣州市商會、洪門西南本部、省婦女會、廣州九大善堂、方便醫院等代表及……紳商名流數十人。政府方面列席者，有周（應湘）民政廳長、李（蔭南）建設廳長、陳（良烈）教育廳長、郭（衛民）警務處長、張（國珍）秘書長……參事等多人。席間先由褚省長致詞，略謂『來粵後，因公務關係，未及親到各社團及各界領袖名流拜訪，至為抱歉。今日邀請各位蒞臨，一以表示聯絡歡敘；一以討論關於月來敵機空襲市民受災慘重，應如何群策群力，以盡救死扶傷之責。在政府雖已竭其財力，以謀救濟，中央最近亦曾將救濟被炸粵民振款三千萬元匯到，惟茲事體大，非集群力無以繼續。』隨由周廳長報告空襲時期，本市發掘災場、救護傷者、埋殮死亡，及收容災民、傷者留醫等之工作情形，組織機構，暨省府今後擬加強救護工作，擴充發掘隊、救護隊，增加設備，籌設臨時收容醫院（在海珠北路舊鳴崧學校）、受災市民收容所（倉邊路倉邊市場）之計劃。但各項擴充計劃，在在需款，政府財力有限，仍有望于各界領袖、各位紳商，為精神上與物資上之協助也。」隨有方便醫院、華僑協會、省婦女會、醫師公會等代表相繼發言，「表明各界社團擁護政府，一致協力救死扶傷。經一致通過，組織『廣州市被炸受害市民救濟會』，並推定……等（二十一人）為委員。各出席富紳，並即席簽捐救濟款項，共一千七百餘萬元，並定於本月六日下午四時，在國際俱樂部舉行第一次委員會議，商討會務一切策進事宜云。」

前述之排球義賽因寬與時日推銷各種觀卷，冀增收義款，舉行日期從原定之8月4日推延至11日，後又因遇雨改至13日下午五時半在青年館舉行。為贈加收入，特別在場內蓋搭座位。入場券分為名譽卷國幣二萬元、贊助卷一萬元、普通卷一百元，可隨時購買。義賽次日報道稱，「此次善舉一切費用，均由某慈善家全數捐出。所收卷項，涓滴歸院，計截至昨十三日比賽時止，由義賽會經收各種卷款，共儲卷八百二十九萬四千二百元，已先後如數送交方便醫院點收，傷病貧胞深蒙嘉惠。（《公正報》1945，8，10-11；13-14）

在文化教育方面，褚民誼剛剛到達廣州，即於7月8日（週日）上午，已如第四篇第五章之第四節「重建骨塔，萬世景仰」中所述，抽空將從南京奉移來的唐三藏法師的部分靈骨，親自送往廣州六榕寺大雄寶殿供奉。（《公正報》，1945，7，11）

在廣州的中日文化協會廣東省分會，對於辦理文化事業，異常積極。該會以中日文化協會總會理事長褚民誼先生蒞粵就任廣東省長，於7月12日下午四

時假座國際俱樂部舉行歡迎大會。《公正報》（1945，7，14）上報道，是日赴會者全體理事、參議及中日會員並教育廳長、警務處長、日本副領事、新聞記者等共百餘人，情形異常熱烈。周理事長致歡迎詞，褚會長致訓詞後，復由理事長報告該會近一年來會務經過情形，「隨即提會恭請褚先生擔任名譽理事長，全體一致鼓掌，並起立致敬。」然後對理事會成員，按實際情況進行適當調整。「關於會務並由褚理事長指導，至五時四十分禮成散會。」

在7月12日省府第122次省政會議上，議決通過褚民誼兼任廣東大學校長（見左下圖，《公正報》1945，7，15）。接任後，他於8月3日中午偕同陳教育廳長，暨高（齊賢）、徐（義宗）兩參事，到校視察。次日《公正報》上報道，「抵達後，即由前代理校長現任校務主任委員陳良士，率領全體教職員恭迎如儀。隨由褚兼校長在禮堂對全體教職員訓話。訓話後，並到圖書館及各學院巡視，就中多所垂詢指示，至下午二時，始返省府辦公。聞褚校長定於下學期開學時，方補行就職典禮云云。」

為培訓體育人才，廣泛開展體育運動，據《公正報》（1945，8，7）報道，「廣東省政府教育廳與中日文化協會廣東分會商定，合同舉辦之廣東省會教員夏令體育講習會，會場係借用光孝路廣東大學附屬中學一部分校舍及體育場，業經開始調集省會各小學校體育人員及青少年隊教練為會員，一律參加講習。褚會長對於發展國民體育素極注意，特於本月五日上午十時，會同盟邦田

（左圖）1945年7月12日第122次省政會議議決褚民誼兼任廣東大學校長（《公正報》1945，7，15）
（右圖）1945年8月5日褚民誼在廣東省會教員夏令營體育講習會上講解太極操並示範（《公正報》1945，8，7）

第一章　勝利前夕，赴粵保民

代公使,並偕教育廳陳(良烈)廳長等,親臨會場巡視。褚會長蒞場後,並對各會員演講太極操起源、太極操原則及要義,並自將每段動作,親自示範,闡釋詳明,全體會員聆畢,咸異常興奮云。」(見前頁右下圖)

褚民誼對培養迫切需要的醫學人才,及開展紅十字會工作十分重視。廣州市醫師公會、東亞醫學會廣東支會、東南醫學院同學會三團體,於8月7日下午六時,假座國際俱樂部,聯合歡讌褚省長。《公正報》於9日報道,會上「先由醫師公會陳理事長琰英宣佈開會,並介紹在座會員與省長相見,東亞醫學會廣東支會王理事會傑致歡迎詞。旋由褚省長作極誠摯深切道謝,其次關於蒞粵以來感覺培養醫學人才迫切起見,積極籌設醫科學院,務於短期內成立招生,希望各醫藥同人協力進行。又關於上海東南醫學院沿革,暢為追溯,對於華南醫界同學同業,期望殷切。席間並由紅十字會廣州分會副會長陸如磋醫師,將廣州會務恢復,及致力救護事業,經過詳為報告,恭請褚省長出任名譽會長,即蒙褚省長答允。席上賓主洽敘,旁及其他醫藥見聞甚多。」

接著,該報於8月15日稱,「褚省長自兼任廣東大學校長以來,對於校務推進,不遺餘力。近復以適應當前環境,為作育醫學人才起見,深感增設醫學院,實屬刻不容緩。故於第125次省政會議通過,設立醫科學校,先招一年級生。並聞褚省長自兼院長,並聘定霍敏公等為教授,現經開始招生。其他如文法學院,及工學院等,並經增聘教育聞人程祖培及工程師羅清濱兩先生為教授。預料新學年開始,該大學師資,當更形充實,日來報名招考各生甚為踴躍云。」

如前節所述,褚民誼為南下任職,制定了積極進取和消極保護兩個目標。對於協助國軍這個積極目標,他在〈自述〉[1.61]第三部分「到粵前後」中這樣回溯道,「至於響應國軍、輸誠蔣委員長事,亦有值得記錄者。廣東海軍要港司令招桂章君,在京任海部次長時,曾相結識,與本人隨員高齊賢君尤為友善。高君所以南來之故項已言之,即贊助本人擬響應國軍之志願,以期同謀大業也。到粵後即與招司令聯絡,招謂已受蔣委員長委為先遣軍總司令名義,並謂國軍反攻、美軍登陸為期不遠。一旦戰事發動,廣州必首先糜爛,而廣州四野群盜如毛,居民留則遭受戰禍,走則陷於盜賊,所謂進退皆死也。且彼接受先遣軍司令事,日本駐粵之海軍武官肥後大佐及陸軍司令部富田參謀長咸知其事。彼已與肥後及富田商議,一旦戰事發動,希望日軍在廣州郊外作戰。勝不必談,敗可沿廣州邊境退卻,不必使戰禍累及廣州,而廣州治安招司令願負其責。肥後、富田均贊助其意。惟彼以一海軍司令名義,負廣州軍事責任,究嫌位卑,不足號召,故

肥後等咸願彼兼廣東綏靖主任。招司令以此與高君相謀，高君歸報本人，謂苟以綏靖主任讓招司令，招即可以立電蔣委員長報告此事，以取得與中樞聯絡之地位。本人雖亦贊成此項辦法，因茲事體大，非本人所能私相授受者。乃與高議辦法，擬先由本人與招司令面談，然後本人再分別接見肥後及富田，以便以彼二人之意電請南京，並告汪夫人。高君數次奔走，卒使招司令與本人相見，所談悉洽。本人接見肥後，正擬再行接見富田時，事為汪夫人及聯絡官松井所悉，松井不令本人更見富田，彼且擅自見肥後，蓋不贊成此事也，於是乎功敗垂成。然則本人之力圖與中央接近，此事已可為顯豁之證明也。刻高君仍在隨侍，招君仍在廣州，一切均可調查。本擬徐圖實現，不期結束戰事如此之速也。」

第三節　維護治安，靜待接收

　　1945年5月8日德國無條件投降，歐洲反法西斯戰爭勝利結束，亞洲和太平洋戰爭急轉直下，美、英、蘇三國在柏林附近召開「波茨坦會議」，期間於7月26日美、英、中三國以宣言形式發表〈波茨坦公告〉，敦促日本無條件投降。8月8日蘇聯加入共同宣言對日宣戰，美軍對日本本土相繼於8月6日和9日在廣島和長崎投擲原子彈造成慘重傷亡。在此震懾下，日本天皇於8月10日裁決在保留天皇制下，向盟國無條件投降，消息迅速通過廣播在世界上傳播開來。身在廣州的褚民誼，亦相應接到南京陳公博發來關於日本接受〈波茨坦宣言〉的電告。據他在嗣後〈自述〉[1.61]第三部分「到粵前後」中的記載，「本人在八月十一日曾接公博先生電，謂日大使谷正之曾言，日本已接受『波茨坦宣言』，對於南京政府，擬由中日雙方共同解消。雖公博先生亦謂中國本有政府，現在和平政府之任務既終，當自行解消云云。本人猶恐公博先生左右主張不同。使此問題成為國際間之細瘤，則一錯再錯，真將不

1945年8月12日廣州警備司令部成立，褚民誼兼任司令發表佈告（《公正報》1945，8，12）

可救藥。故兩致公博長電，暢論和平政府亟宜自動解消之理，並告以和平功罪應毅然負起，聽後公道的解決。公博先生來電，亦謂將獨負此責。不知何以忽又出走？可見左右之意見，固能動搖一人之意志也。附記于此，以存其實。

　　在全面抗戰勝利突然到來的形勢下，為防止可能引起的動盪和騷亂，損害社會和民眾的利益，綏靖署主任褚民誼立即挺身而出，為了集中粵省軍政力量加強治安，決組成廣州警備司令部並親自兼任警備司令。如前頁右下圖所示，「公正報」（1945，8，12）上發表警備司令佈告稱：「現奉駐廣州綏靖主任公署令開，派褚民誼兼廣州警備司令，許廷杰、郭衛民兼副司令，等因，遵於本月十二日就職視事，負責指揮軍警維持治安，際此時局緊張，凡有散佈謊言，及擾亂治安、經濟、金融等行為者，均照軍法從事，嚴厲懲處，決不寬貸，合行佈告，仰各界人等，一體知照，各安所業，是為至要，切切此佈。」

　　廣州警備司令部設立在廣州市政府地址內，於8月12日上午十時，在司令部禮堂舉行就職儀式，在當時日本未正式宣佈無條件投降的情勢下，這項新機構的成立和任命需要得到尚未解消的南京政府的認同。宣誓就職典禮上陳中委璧君蒞臨監誓並作訓話。「公正報」於次日報道，並全文刊登了褚司令在會上的講話。他就成立廣州警備司令部的過程和意義說道，「對於廣東的治安，本來綏靖公署可以負擔這種責任，不過為求指揮的更統一，力量的更加強，所以在昨天召開軍政臨時緊急聯席會議時，就決定即日成立警備司令部，以確保廣東的治安。「廣東的治安本不甚好，本人自到任以來，搶劫等案，幾乎時有所聞，幸而軍警各方，頗能盡力，使所有案犯，隨犯隨破，並且沒有甚麼過甚的事件發生，但是這樣我們還感覺到不夠。昨天緊急聯席會議，既決定即日成立廣州警備司令部，同時並決定本人以綏靖主任的資格兼任警備司令，許參謀長、郭處長分就警備副司令，教導隊紀總隊長兼任警備司令部參謀長，集中人才駕輕就熟。從今以後，務使每一個兵力、每一顆子彈，完全用於廣東治安上，使整個的居民得到安居樂業。凡有破壞治安，趁火打劫，擾亂金融，抬高物價，囤積居奇等等行為者，一經查實，絕對以軍法從事，毫無寬假。今天的典禮，省府及其他各機關的長官，蒞臨參加……深盼從今以後，一致團結，一致努力，確保廣東的治安。」

　　8月15日正午日本天皇廣播詔書，接受〈波茨坦宣言〉無條件投降。8月16日夜，蔣介石委員長在重慶，通過廣播對全國國民作戰爭停止紀念之講話。《公正報》（1945，8，19）上刊登其大意謂，「世界現在正為和平氣氛所包

圍，不論是昨日之敵與友，亦不論是何國人，將莫不深念長思此時之感動也。回溯中日之間，自民國二十年以來，因同族之爭，經幾許之艱辛體驗，迄今乃始迎來真正的中日提攜之日子也。故於今後，應互相提攜，復興亞洲，以謀兩國之發展。尤切望於我國國民者，厥為當今後關於中日間各種接觸，慎戒輕舉妄動，免傷兩國間有意義之和平基礎云。」

廣東省長褚民誼，於17日，以時局重大，特發表重要談話，《公正報》於次日（見右下圖），以〈當前急務守土保民〉為題，發表其談話全文如次：「八月九日，蘇聯向日本宣戰，滿洲境內，即發生戰爭事實。八月十日，國際間已有日本接受波茨坦宣言之廣播。八月十二日下午，日本大使谷正之，曾晉謁南京陳代主席，正式通告日本接受波茨坦宣言之經過。八月十五日，日本天皇陛下曾親自廣播此次日本接受波茨坦宣言之詔書，國際間全面和平之局勢，至此已然明朗，已然確定。在此整個世人疲於戰爭之際，得此消息，舉世人類，無不欣然。

至於南京政府問題，自應即時取消。蓋和平為吾人所主張。現在不祇推達到中日全面和平，而且達到整個世界之全面和平。吾人之志願已酬，故解消南京政府，自為當務之急。本人在八月十三、四日，即已電致南京，建議應從速實現，以慰天下，固已於十七日解消矣。

現在所最宜注意者，即各地匪徒，希圖俟機竊發，趁火打劫，使戰後生靈，重遭塗炭，此為最可慮者。本人在八月十日，接陳代主席維持地方之電以後，即於十一日招集本省軍政緊急聯席會議，決定尅期組織成立廣州警備司令部，本人親兼司令⋯⋯調集海陸各種得力部隊，維護廣州治安。並即嚴令各師長、各縣長，凡在省者，均應即日返防，嚴守駐地，確維治安。凡有搶劫擄掠，擾亂金融經濟，散佈流言，希圖淆亂社會秩序者，均以軍法從事。一切佈置妥貼之後，始聞得南京、重慶兩方面，均有同樣之命令發表，想在此情形之下，各地治安問題，當不致有任何影響也。深望我全國同胞，能徹

1945年8月17日褚民誼就日本宣佈投降發表守土保民談話（《公正報》1945，8，18）

底明瞭，務須沉著自處，完全尊重當局之意旨行事。千萬不可輕舉妄動，或因一時之興奮，而予奸人以起事之機；或因偶然之誤激而授匪徒以竊發之隙。須知奸人匪共，日伺隙於我人之旁，稍不小心，即墮其術。結果，身受其害者，仍屬良民。所以本人殷切希望，各地同胞，均能沉著自處，敬候當局主持，是為至要。

　　日本軍民相處，已五六載，過去之是非得失，今已不復存在，務望各以體諒相待，不得輕舉妄動，倘有違法行為，無論在何地方，均受嚴厲裁判。至於和平倡導者之功罪，吾人並不顧及。既為和平出而奮鬥，能見和平完成，此心已遂，此志已達，是非公罪，自有公論。

　　今日之當前急務，即在日本軍隊未撤去前，如何取得聯絡，維持治安；撤去時，如何與渝方取得聯絡，結束任務。蓋我人既聲明國必統一，黨不可分於前，斷不致效過去軍閥之割據於後也。國內之文武官員，務須恪遵雙方命令，守土保民。各色軍隊，不接命令，不得改編，或被收編。如此靜待統一的國、統一的黨來解決一切，使社會秩序不亂，地方治安不搖，經七八年抗戰與和平之各自奮鬥，而重復國泰民安。庶我人生則仰不愧於天，俯不愧於人，死則亦無愧見諸先烈於地下也。」

　　隨後，褚民誼即簽發了保境安民之〈廣東省政府、駐廣州綏靖主任公署佈告〉，如右圖所示，刊登在8月19日的《公正報》上。

　　同日（19日），褚省長對省府綏署及所屬各機關同仁訓話，勉勵嚴守職務維持治安，亦發表在次日的《公正報》上（見後頁右上圖），其大要如下：「諸位同事：本人現在以至誠懇之意，與諸位說幾句話。大局轉變，全面和平實現，這是諸位已經知道的事了。南京政府因為和平既已實現，所以自動解消改組為政務、治安兩委員會，以維持統一政府還都南京以前的治安。各地方則一如往日，照常執行政務，待政府之接收。

　　廣東地方，情形複雜，不逞之徒，時思竊發。單就廣州情形而論，全市若干萬商民居戶的生命財產，一切都寄託在我人身上。所以我們在職一日，即應當負一日的責任；有一天的責任在

1945年8月19日褚民誼兼綏署主任簽發保境安民佈告（《公正報》945，8，19）

身,即應當用全副精神來完成所負的任務,千萬不可存五日京兆的心理,和消極敷衍的態度。務必要振起精神,維持秩序,聽候統一政府的命令。」

同日(19日)下午三時,《公正報》(1945,8,21)上報道謂,「廣州警備司令部召集駐廣州陸海各軍警憲長官,開首次警備會議,關於本市治安之維護,及警備之計劃,縝密檢討,並經褚司令、許郭兩副司令、紀(仕賢)參謀長指示週詳,由當地原駐各海陸軍警憲極力負責,務使土匪宵小不能乘機竊發,確保市境治安,至五時許始散會,由褚司令發表敬告別働軍、先遣隊、突擊隊等各同志三事項如下:

1945年8月19日褚民誼對所屬作訓勉講話(《公正報》945,8,20)

1. 日本宣告和平,業經接受波茨坦宣言,南京國民政府,以和平既達,自動宣佈解消。根據蔣委員長廣播,及和平國府解散宣言,我們仍舊站在軍警憲政立場,負各人所擔任務,維持地方治安,聽候統一國府接收。各別働軍、先遣隊、特派員,在未奉到最高長官命令以前,靜待時機。如屬必要之行動,應派員到本司令部聯絡以全大局。

2. 本市地方寧謐,民眾安居樂業,各別働軍、先遣隊、突擊隊等,凡在市區內者,應深明所負使命,幸勿輕舉妄動,招搖生事,佔住民房。如攜帶武器,未經證明者,請送交警局暫為保存。同時現在尚未流行之紙幣,亦請暫勿行使,以免影響金融。

3. 關於別働軍、先遣隊、突擊隊等發出之傳單,或通告、報告等宣傳文件,如屬必要,可送交本司令部代發。如有歹徒假借名義煽惑造謠,當以反動論罪,嚴懲不貸。」

據此,如後頁右上圖所示,由司令褚民誼、副司令許廷傑和郭衛民聯合簽發〈廣州警備司令部佈告〉,連續刊登在8月22-23日的「公正報」上:「現在南京政府宣告解消,各地治安,暫由各地現有軍警切實維護,聽候統一政府派員接收,業經各方文電及廣播,明白宣示。本部負有維護本市治安之責,在未奉到正式接收命令以前,自應從嚴戒備以防宵小匪類,乘機竊發。各項隊伍,

第一章　勝利前夕,赴粵保民　27

在未奉到最高長官命令時，切不可單獨行動，擅自武裝希圖入境，以免滋生誤會，而亂秩序。如有少數隊伍因公往來，必須攜帶武器，或因局部宣傳，發放傳單等事，至希先期派員到本司令部連絡，妥為辦理，此不外防杜假冒軍職混入市內影響治安之虞。各武裝同志，有維護本市治安之同情者，當共喻斯旨。丁茲嚴重時期，合亟佈告週知，仰軍民人等一體遵照，此佈。」

關於日本接受無條件投降之初，褚民誼在粵的行止，在其〈自述〉[1.61]第三部分「到粵前後」記述如下：「日本接受『波茨坦宣言』之消息傳佈後，廣東時局頓告緊張。本人認為遂行意志之機會已至，乃發表談話，負責治安；並積極組織警備司令部，親兼司令，嚴令各師長、各縣長各守本位，如因要事在省者立即返任，保護地方及人民。旋於無線電中聆悉蔣委員長廣播命令，亦以保護人民、維持地方諄諄相誡，重慶廣播更有令各淪陷區當局帶罪圖功之語。本人既以自動的遂行保境安民，敬待中央派員接收，並遵照蔣委員長令，嚴囑各師、各隊不得擅自移動，不得收編及受編，並調彭濟華師回防廣州。原以為此種志願必能獲得各方諒解，共凜最高當局之意，各守原防，使本人得貫徹來粵初衷，使廣州一地可以秋毫無犯也。乃先遣軍、別動軍、李輔群、謝大傻等部隊咸欲開入廣州。本人對李輔群君責以大義，李遂取消開入省城之意。而先遣軍、別動軍等則爭先恐後，或多方聯絡省綏兩署重要職員，或與日方進行接洽，卒至省府民、建、教三廳長，綏署許參謀長、警務處郭處長等連名提出辭呈，並加入先遣軍方面工作。本人既內陷於孤立地位，外則先遣軍招司令已自行決定於八月二十三日在綏署就總司令職。本人知遵令盡職志願已難貫徹，乃以電稿由隨員高齊賢面交招總司令，請其代電蔣委員長，說明廣州治安自八月二十三日起由招總司令負責，及本人不能終職之情況；並在報紙刊登啟事，告知廣州市民，說明廣州治安由招總司令負責，本人則敬待中央命令。至省府一切仍派秘書長張國珍率眾科長維持，直

1945年8月20日褚司令、許、郭副司令簽發廣州警備司令部佈告（《公正報》1945，8，22-23）

至羅主席代表到粵後交待清楚始已。張君年已八旬，委屈負重，至足念也。此為本人到粵後一個月又十二天之經過。

「在日本接受『波茨坦宣言』以後，本人即決定遵守蔣委員長廣播之訓示，預備保境安民，靜候羅卓英主席或其代表前來接收。在環境緊急時曾電呈蔣委員長，說明環境惡劣之情形，懇轉促羅主席或其代表從速來接，原係由本人隨員高齊賢轉交紀仕賢隊長，懇其同學電蔣委員長者。如右下圖所示，該電文於8月21日公開發表在《公正報》上，謂「褚省長於昨（二十）日上電蔣委員長報告粵省情形，並促羅卓英主席早日蒞粵，原電如次：

「介公委員長鈞鑒：昨接公博先生來電，囑與粵主席羅卓英先生直接聯絡，俾將省政早日移交。現在羅主席駐節何處，無從探知。而廣州左近各先遣軍、別動隊、突擊隊等，對於鈞座各守駐地不得移動之廣播命令，多未確遵，咸思開入省區，接管軍政，而匪類更乘機蠢動，三三兩兩潛入省防，深恐一旦集中，擾亂秩序。雜軍乘勢破壞治安，縱能予以削平，吾民已復塗炭。敢祈鈞座轉促羅主席早日蒞臨，或指派其他負責人員代表，先期來接，以維地方。在羅主席或負責代表未到任前，民誼自當謹率所屬，力保治安，敬候鈞命。褚民誼叩。號（八月二十日）。」

8月23日招桂章就任軍事委員會廣州先遣軍總司令接管軍政（《公正報》1945，8，24），此後褚民誼便在家中靜待中央處置。期間，他殷殷挂念著他的下屬，以及曾在南京政府謀職的廣大公務人員在此動蕩局勢下的命運，於25日委託軍統局主任鄭鶴影上電蔣介石委員長，主動承擔責任，以免他們遭受株連。其電文亦引述在其〈自述〉[1.61]中：

「委員長蔣鈞鑒：查和運數年，是非俱在，功魁罪首，責有攸歸。至於中下級工作人員，除少數貪污者外，類皆委曲求全，忍辱赴命，飲痛數載，艱苦備嘗。近因各地交收、國軍入境，深恐發生仇視和運人員之不幸風潮，借公報私、仇殺無已。不惟影響治安，抑且貽笑國際，尤足為共產黨徒造機會。我公半生為

1945年8月20日褚民誼電蔣委員長報告粵情並促羅卓英主席蒞粵接事（《公正報》1945，8，21）

國，咸德在人，際此大戰初定之秋，正宜感召祥和，造福民族。敢祈公告全國，對於參加和運人士，咸予自新，概不追問。即使和運為罪，宜罪倡領之人，幸勿株連，以示寬大。至犯貪污等罪有據者，當另行檢舉，依法嚴懲。民誼五羊待罪，荷蒙矜全，至深懷謝，並懇推茲德意遍及和運同人，尤深感禱。肅此待命，伏乞垂察。褚民誼叩。有。八月二十五日。」

「至於本人」，他繼續寫道，「無論如何決聽候中央判決功罪後始自由行動。故當時頗有勸本人走避並願予以助力者，本人惟有敬謝而已。該和運果然為罪，將無所逃於天地之間，本人寧服國法，不願長作不自由之罪人。若本人所行，尚能邀得政府之公平裁判者，則不走避且轉勝於走避也。正待命間，鄭主任鶴影於八月二十六日傍晚忽來舍間，出示戴局長雨農轉示蔣委員長手令之銑日電二通。茲將原電抄錄如下：

『親譯。鄭鶴影兄：奉委座手令開：『日本已無條件投降，精衛先生過去附敵，雖罪無可赦，姑念追隨國父，奔走革命悠久，且已逝世，對其家屬應予免究。惟我軍入城在即，誠恐軍民激於義憤，橫加殺害，故汪夫人陳璧君等之安全，須飭屬妥為保護，送至安全地帶，候令安置，並將遵辦情形具復。此令。』等因。仰即遵辦，並將辦理情形，詳細具復為要。戴笠手啟。銑午。八月十六日。』

『親譯。鄭鶴影兄：奉委座手令開：『日本已無條件投降，褚民誼兄過去附敵，罪有應得，姑念其追隨國父，奔走革命多年，此次敵宣佈投降，即能移心轉志，準備移交，維持治安，當可從輕議處。惟我大軍入城在即，誠恐人民激於義憤，橫加殺害，須飭屬妥為保護，送至安全地帶，候令安置。此令。』等因。仰即遵辦，並將辦理情形詳報為要。戴笠手啟。銑未。渝。八月十六日。』

本人閱悉之後，並即轉知汪夫人。鄭主任意本欲汪夫人及本人遷移安全地帶，以便保護。但汪夫人及本人之意，均願仍在廣州，以免引起社會之驚異。此意有當時託鄭主任轉致戴局長之電報一通，可以說明。茲附如下：

『雨農仁兄勛右：頃承鄭鶴影兄傳來尊電，轉示蔣委員長對弟及汪夫人手令。委座寬大，我兄關垂，俱深銘感。至弟及汪夫人等安全問題，此間既無較佳地方可遷，且恐貿然遷移，轉以逃避之嫌，資疑社會；而道途混亂，戒備亦難。汪夫人對於母、夫靈堂亦不忍去，刻經各方商定，就弟等現居地址，負責保護兩家安全。知關注存，謹此奉慰。並祈轉呈委座，代達虔敬感謝之忱，是

為至幸。又，汪先生家屬尚有一部分在京，弟之妻及子女均在滬上，並祈傳諭保護，無任感禱。褚民誼叩。感。八月二十七日。』

　　從此以後，即在舍恭候中央安置。至九月十二日，被移至廣州市郊市橋地方東浦一樓屋中。同月二十日，又被移回廣州法政路一敝屋中。此本人到粵最後一段經過也。」

第二章　拘押監禁，直言陳詞

褚民誼在拘押和監禁期間撰寫的〈自述〉〈自白書〉[1.61]和〈答辯書〉[1.62]，連同江蘇高等法院的偵查、起訴、審訊之筆錄和江蘇高院及最高法院的判決書等檔案材料，已如第四篇第二章之第一節「獄中自述，坦言動機」中所述，由南京市檔案館彙編刊登在1992年7月出版的《審訊汪偽漢奸筆錄》[3.66]（簡稱《審訊筆錄》）一書中。

在他於1946年3月下旬至4月上旬所寫的〈答辯書〉的「附文」中，對其在廣州寓所內靜待中央接收，經國民黨軍統局一再以蔣委員長接見為名，從廣州易地拘押、轉解南京直至被監禁到蘇州監獄的全過程，及其私人資產被恣意處沒的情況，作出了如下說明：

「至粵省內，本由中央軍統局於去年三月間派招桂章為先遣隊總司令，久不就職，而日本投降後八日始補行成立先遣隊總司令部籌備處，即以為奪取廣州軍政權之機關。本人曾迭次勸告，請靜待中央大軍及正式官吏之來，而伊竟置之不理，仍以先遣、別動、突擊等隊名義從而威脅，本人不得不任其奪取，否則必生衝突。一衝突，勢必糜爛地方，誰任其咎？故自八月二十三日後登報聲明，廣州治安由招桂章負責，本人遂逸居待罪寓所。當時曾將上述情形電達委座在案。日方睹此情形，曾勸本人即日赴澳門暫避，由其護送，但本人迄未允其請。後得委座之善意電文，囑本人與汪夫人移居安全地點。而本人與汪夫人以為若離廣州，深恐引起社會上之誤會，反致市內不安，且何地為安全樂土，未可預知，城內不安全乎，城外反安全乎？故仍居原寓。待九月十日夕，中央軍統局方面由鄭主任鶴影，將戴局長來電轉示委座之手諭，囑本人與汪夫人赴重慶，特派飛機來迎，限次日起飛。本人等既以委座有此盛意，卻之不恭。本人與汪夫人均有感冒，延至十二日始成行，並依照委座電囑，行李少帶，隨員一人。後與鄭主任商得同意，本人帶高齊賢、徐義宗兩隨員，汪夫人帶隨員一人、女僕一人。迨出宅門後，車不向機場，而向珠江畔急駛。陪行者曰：『坐水上飛機』。一開船則曰，頃得委座電，有要事赴西安，請本人等到郊外安全地帶暫為休息，本人等始知受紿。即晚到漁頭住八日，到九月二十一日舊曆中秋節仍返廣州，而又聲稱張司令長官向華約與談話，其實並無其事。

羈留廣州又二十餘日。十月十四日舊曆重陽始用運輸機送本人等到南京。陪行者又給以到南京可見委座也。詎知到京後住寧海路二十五號，羈留又有四個多月之久。本年（1946年）二月十七日舊曆元宵之翌晨五時，所中聲稱蔣委員長召見，本人即偕陳公博先生、汪夫人匆忙出大門，經山西路口到中山路，車不東驅而西駛，猶以為赴鐵道部一號官舍見委座。一出挹江門，始知到車站赴蘇州，而陪行者尚諱莫如深。在車中陪行者又曰委座昨晚飛滬，蔣夫人亦在滬，囑本人等赴滬去見他們。此等一再矯一國元首之命而給本人等，所為何來？而檢察官曰：經中央軍統局將被告捕獲，而報上亦有登載本人與汪夫人逃匿邊界而受捕。實非『捕獲』，而用騙局也。本人既未逃遁，無所謂『捕』；又未藏匿，無所謂『獲』。軍統局本無合法捕獲人民之權，對於本人與汪夫人特別客氣，而出於騙耳。本人等以為日本投降後，吾人之和平運動目的已達。向以美軍登陸，日軍必抵抗，將以我國大陸為戰場。今則無飛機時來轟之危，更無槍林彈雨之厄，人民可免塗炭，內心非常快慰。故本人等靜居待罪，不但無出國逃避之念，而又無擇地偷安之想，何必假借一國元首尊嚴之名義以哄騙本人等耶？後來始知要本人等離住宅並囑少帶行李者，意在攫取本人等之資產。果然本人等一離住宅，即傾箱倒櫃，名為查封保管，而實在藉題收刮，本人首都之住宅亦同此情狀。好在本人無資產可言，不過書籍、字畫、衣服、家具及有關歷史性之照片、電影片、手卷等件，此動產也。所謂不動產者，南京頤和路三十四號住宅一所，乃於民國二十三年造成者。此宅造成後，本人僅住一、兩月，先後均由汪先生以友誼關係借住，將來亦或有充公之一日。本人生平素不爭權奪利，盡人皆知，產業有無原不足計也，舍此而外，實無一點產業。南潯祖遺住宅，『八‧一三』之役已燒毀無餘矣，特此聲明。」

　　從1945年10月14日至1946年2月17日，褚民誼被國民黨軍統局拘押在南京寧海路二十五號的看守所內。在此四個多月期間，他曾親自撰寫和上呈了如下兩份報告：一份是寫於1945年11月11日的〈褚民誼自述〉（簡稱〈自述〉）；另一是寫於1946年1月6日的〈國父遺臟奉移經過〉。後者詳述了1942年他親自從日人手中接收在北平協和醫院內發現的孫中山遺臟，並將其奉移到南京予以保存的全部過程。由於自己被拘押，為避免無人負責而造成的意外損失，文中特別提出存放在中山陵國父臥像前的國父遺臟浸泡在防腐藥水中，其藥水「每屆二三年應更換一次。民誼本定於去年，國父誕辰更換，因羈業未果，並請設法迅於注意，以免腐化。」此外，為了肝癌病症的研究，曾將協和醫院保存

的國父肝臟切片及臘塊借予上海中比療養院湯于翰醫師,「今聞鐳錠醫院已非湯君主持,該項切片臘塊,亦係國父遺體,應即設法奉還也。」其在羈留期間仍念念不忘保護國父靈臟的赤誠之心昭然可見(詳情見第四篇第五章之第二節「竭誠維護,國父遺珍」)。

寫於拘押初期的〈自述〉,則全面概述了他在淪陷區內提倡和平運動的經過,內容包括「參加和運之動機」「參加和運之經過」「到粵前後」和「忠實的批評」四部分。這些內容,特別是前三部分的內容大多已在本書前面相應的章節中予以引用,這裏不再贅述。他在最後「忠實的批評」部分中,首先對於南京政府在淪陷區內由於政治上的無力,對於「不肖者流囤積走私、貪墨等事」以及地方上「不少與日人朋比為奸,魚肉鄉里之事情」未能有效予以制止,深表痛心和批評。接著他指出,「至於奉公守法之公務員,非不知和運之不能有成,或牽於私情、或拘於生活、或限於環境,致造成欲罷不能之現象;而公務員之生活,則十之八九皆在飢餓線上掙扎……以此概之,中下階級更有可想見。本人在外長任內,憫部員之困苦,曾以私人名義設法津貼,然杯水車薪,實難濟事,比較言之,亦只可謂不無小補而已。故本人以為政府對此輩人員,總以減少牽累為宜,曾為此事,托鄭主任鶴影上蔣委員長有電一通。」(電文見本篇第一章之第三節「維護治安,靜待接收」)

最後他寫道,「本人參加和運之經過如斯。就動機而言,單純簡潔,殊不自以為有罪。在外長任內之委曲保民;在廣東省長任內之力求振作,與竭力謀通中央,響應國軍之事實;與夫在風雨飄搖中獨立維持廣州治安十餘日,敬候中央來接。為功為罪,本人咸不自知,惟希政府能徹底明瞭,加以至公至正之裁判。而尤盼者,希當局能明瞭本人所以草成此文之真意,在說明和平政府一般之情形,對於和平運動切實明瞭,萬勿多所牽累,以為參加和運者皆是叛國、皆是漢奸,本人實期期以為不可也。吾適已言,淪陷區之民眾無論如何不能全部西去,此為事實,絕非理論。若謂留在淪陷區者,即應受日人之宰割,而不加以顧恤,是政府自棄其民也。若謂宜加顧恤,則需有所組織,一有組織即指為叛國,此理縱能鉗世人之口,未必能盡服世人之心。故和平政府之罪為未完成其使命,不應過分順從日人,為貪污、為發國難財,為借日人之力,魚肉吾民。凡此種種,深望當世賢達加以注意。矧和平政府聞日人投降之後,即嚴令各地當維持治安,靜待中央來接,政府本身則自動消解,毫無留戀。此中情況順逆已分,故盼當道諸公能以寬大處置參加和平之份子,實所至望。」

此後，從2月17日開始，他從南京軍統局看守所被轉至蘇州江蘇高等法院看守所，據《蘇報》（1946，8，24）上發表的〈審判褚案經過詳紀〉中報道：「3月14日首次偵訊，褚氏「承認參加偽府各首長，並自認罪魁禍首」；3月17日二度偵訊，時間頗久，褚氏「態度鎮靜，答詞頗簡，略謂請求捨身救國，一死以謝國人」[4]；3月21日三度偵訊，並提陳公博出證，審問歷時頗久；3月28日提起公訴[5]。

　　4月15日蘇高院於下午二時廿五分開庭公開審訊褚民誼。如後頁左下圖所示《申報》於次日，以〈褚逆民誼審訊終結，答辯數小時自願一死了之，廿二日下午宣判〉為題進行了報道，其上還刊登了褚氏步出蘇院看守所赴法院時的照片。文中略謂，庭審由院長孫鴻霖任審判長、邢庭長石美瑜任首席推事，此外尚有推事陸加瑞、首席檢察官韓燾、書記秦達立出席。在訊問年齡、籍貫後，褚氏即朗讀其辯護書近三小時之久，至五時零五分。庭論休息十分鐘，經訊問後，宣告調查證據完畢。首檢韓燾起而論告，由褚氏及高院公職辯護人高溶辯論一過，至七時十五分庭上宣告調查辯論終結，定本月廿二日下午三時宣判，旋即退庭。據該報稱，「十五日法院旁聽席上仍極擁擠，不亞審訊陳逆公博之時。旁聽證共發三百八十五張，而旁聽者超出此數極多，遲至者幾無立足之地」。後頁右下圖示出了褚民誼在蘇高院法庭上進行答辯，以及會場上旁聽者擁擠之情況（相似照片廣泛刊登在當時的報刊資料上）。

　　該報上同時刊登了韓檢察官宣讀的起訴書旨意和褚民誼針對起訴在法庭上朗讀其答辯書的要點，上述兩文的全文均載錄在《審訊筆錄》[3.66]一書中。

　　〈起訴書〉主要以被告在淪陷區內參與組織偽政府，曾任行政院副院長、外交部長和駐日本大使等要職，簽訂和發表一系列條約和宣言，出訪日本，聯絡軸心國取得承認等活動，作為「通謀敵國、圖謀反抗本國」的罪行，予以控告。褚民誼在1946年3月下旬至4月上旬所寫並在法庭上朗讀的〈答辯書〉[1.61]中對此分為九點，逐一進行了辯駁。有關褚氏在淪陷區內為救國救民而參加組府的目的，他在政治和外交上有職無權的實際情況，以及他在淪陷區內力圖保障民安、保存國家元氣所做的諸多努力，在本書題為「在淪陷區的作為」的第四篇中，業已用大量事實作出了詳盡說明，這裡不作贅述。此外，在起訴書中還列有多處毫無事實根據的控告，例如指控他於1938年即奔走參與

---

[4] 經褚氏當場閱簽的該偵查筆錄全文見[3.66]。

[5] 檢察官於3月21日擬就的起訴書全文見[3.66]。

「汪逆兆銘與日寇秘密議和」；在行政院副院長任內「曾允許敵寇在其佔領區內設立華北振興公司，又中支那振興公司，並在其下設分公司十五處，凡該區域內行政、交通、糧食、礦產等項，無不受其統治，任其處分，以供軍用」；以及在廣東省任內，與敵寇商定「增加廣東海關稅八萬萬元，以其半數補助軍用」等等，經褚氏此番抗辯而被撤銷，檢察官所作起訴之主觀任意性由此可見一斑。真可謂「欲加之罪，何患無辭」了。

褚民誼除在庭審上朗讀其「答辯書」[1.62]外，還以油印單行本的形式在會內外散發（原件示於第四篇第二章之第一節「獄中自述，坦言動機」中）。該書分為「正文」和「附文」兩部分。「（一）正文係答辯檢察官代表政府提起公訴而控本人者；（二）附文係本人敢以待罪之身、將死之言，就『懲治漢奸條例』各款而逐一辯之，以貢一得之愚。」褚氏在全文最後如是說。

鑒於褚民誼與汪精衛是聯襟，並曾在政府中有上下級的供職關係，在當時情況下，很容易想當然地對此作出脫離實際的無稽推測。為此他在答辯書「正文」之初，就首先道出了他與汪精衛之間的真實關係：「被告本人與已故汪先生不但以親戚關係為聯襟，又以倡導革命為同志，游學法國為同學，研究學術與主義似師生，服務黨國是長官與僚屬，並極欽佩其為人克勤克儉，至於為黨、為國、為民，有勇猛精進、鞠躬盡瘁、死而後已之精神更為欽佩，非僅如起訴書所稱感情甚篤已也。

本人於中日事變以前，專致力於黨務、教育、醫藥諸端。至『一・二八』國難臨頭，不得不應汪先生之邀，出而任行政院秘書長。若無國難，本人極

1946年4月15日江蘇高等法院開庭公審褚民誼（《申報》1946，4，16）

1946年4月15日褚民誼在江蘇高等法院庭審上答辯時的情景

第二章　拘押監禁，直言陳詞　37

願遵守吳稚暉先生之囑，不參加政治工作，以本人與各方面關係太多也。故『一·二八』以前，蔣、汪二先生之幾次分合，如廣州之中山艦事件也、寧漢分立也、擴大會議也、非常會議也，本人均不與聞，且不參加。迨至國難嚴重，若不起來共赴，是直無人心耳。故得汪先生自南京來電，邀本人擔任行政院秘書長後，即商諸張靜江先生，彼亦以為可。次日即由上海南站偕張靜江、吳稚暉、李石曾諸先生同赴南京，本人即就行政院秘書長之職。迨民國二十四年底，汪先生受傷後辭職，本人亦即引退⋯⋯『八·一三』後，雖時往來京滬，但在政府西遷、南京淪陷前返滬，仍繼續主持中法國立工學院之院務。曾於民國二十七年秋間七月一次、八月一次，往返滬漢、滬渝間，均為該院經費問題，不關政治。乃檢察官謂本人『實與其謀』，未免出於影射或猜測。是年七、八月間，距十二月汪先生離重慶飛河內之時，尚有四個月之遙。且本人曾於偵查時以滬漢、滬渝兩次往返之任務告之，而檢察官不置信，一意推測。是可推想，無往而不可推想，殊背采證認事之原則。況密約之訂於何時何地，本人未有所聞，而檢察官知之。即以汪先生至越南河內與日使影佐、今井訂立密約，但近衛之聲明始於是年十二月二十三日，汪先生之艷電發表於十二月二十九日，則本人是年七、八月間之赴漢、赴渝，非關密約尤可知也[6]。

　　他在「正文」中對起訴書所加之「叛國」罪名如是答辯道，「今已抗戰勝利，南京國民政府是否為破壞抗戰之唯一工具，姑且不論，而加本人及和平同仁以叛國之罪是不可不辯。試問：叛國，叛了哪一個國？南京政府成立以前，北部有臨時政府、中部有維新政府、南部有維持會，均不相統一，又不能與日本對峙、折衝，以減少日人之橫蠻，以掩護人民之生命。當此時也，目見耳聞之淪陷區人民遭日軍民之凌辱，無可告訴，不但財產不可保，而生命亦時受危迫。苟無仁人君子出而解人民切身痛苦於萬一，則今日之淪陷，不知道淪陷到若何狀態？且當時國軍戰勢不利，有退無已或有不戰而退者，則將陷整個國家於胡底。「故和平運動，即本人讀艷電後，亦以為蔣先生與汪先生分工，初雖殊途，將來終必有同歸之一日。是一方面直接抗日，一方面間接抗日；一則正面、表面上抗日，一則反面、裏面抗日。所以日人謂重慶武裝抗日，南京和平

---

[6] 分別詳見第三篇中之第一章第三節「整頓革新，引領奮進」，第二章第二節「斡旋統一，謀劃訓政」，第四章第四節「文化使者，國際合作」和第六章第一節「國難當頭，國府任職」等部分；及詳見第四篇第一章之第一節「法租界內，維護教育」和第二節「發展生產，籌畫救難」。

抗日，是則南京政府成立後抗戰力量非惟不破壞而反加強[7]，且有戰必有和，遲早而已。昔歐洲有連年之戰，終有和平之一日。且吾國地大物博，人多又有悠久之歷史，斷不可忍為孤注之一擲，要必留有餘地以冀挽救於萬一，庶不致一蹶而亡國滅種。「二次世界大戰既爆發，不幸之幸，聯合國勝利，德日均敗。故南京國民政府成立之日自有原因，而取消之日亦自有其理由。徒以意氣而目在淪陷區內謀有組織者為漢奸、為叛國，實不思之甚也。」

在正文部分結尾時他寫道：「起訴書所列與以上九點已詳辯之矣，請審判長依法審判。但檢察官不當以莫須有之罪加於本人身上，且有捏造供詞之嫌，而有更甚於屈打成招者。要懲治本人，只要依第一款已有規定判死刑，不要從輕判決本人以無期徒刑。一則可以滿足檢察官之希望；二則一般無槍階級之附和者要求政府懲辦漢奸，與有槍階級之橫暴者威脅政府釋放政治犯而漢奸除外，亦可以滿意；三則本人行年六十有四，尚稱頑健，或許尚有幾年或十幾年可活，徒然還要政府或家庭供養，未免太靡費，而於心有所不安。環顧國內無飯吃的人太多了，若將本人在無期徒刑內之伙食費用以為教育兒女之費，或推本人之食食不得食者，均無不可。總之，不要把有用之食物養一無用之老人，覺得太不經濟，所以本人情願以一死了之。因本人久將生死、毀譽、名利等置之度外。不死於三十五年前之排滿革命，一也；不死於民國三年之倒袁革命，二也（曾偕李烈鈞先生等由法返國，途經地中海遇水雷；印度洋遇德國之阿姆頓兵艦，於是上岸；繼於檳榔嶼又遇擊沉俄、法之兵艦）；不死於歐戰德機轟炸巴黎，三也（民國四年又赴法留學）；不死於廣州劉楊之變，四也；不死於北伐第二批出發，五也（當時同行者孫夫人宋慶齡、宋子文、蔣作賓、陳群諸先生及蘇俄最高顧問鮑爾庭（鮑羅廷）等，途經江西遇一大木橋時，橋塌，人馬俱墮河中）；不死於清黨以前，奉命秘密北上，幾死於北洋軍閥之手，六也；不死於清黨開始，本人正奉派赴法，迎汪先生返國。船到西貢，接滬電謂汪先生已抵滬，即換船東返，一抵滬，疑本人為共產黨即送法捕房。幸本人語法語而又於離滬時帶有法總領事之證明書為護照，故不及遇難，七也；不死於視察新疆經萬里沙漠，又遇馬仲英之變，八也；不死於『一・二八』後遷都洛陽，『八・一三』後常於夜間往返京滬，及南京淪陷前受日機之轟炸，去年又受美機之轟炸南京與廣州，九也。九死而不死，今則聯合國勝利與全面和平日

---

[7] 原經濟欠發達的抗戰地區所需之重要稀缺物質，得以從原經濟發達的淪陷區內源源不斷得到補給就是其中的一例。

月重光，生死無余慮及。今不死，則將死無所矣。故今日為國家而死，死有榮焉！」

接著在「附文」部分，褚民誼不顧身在囹圄，從全民族利益的大義出發，直言陳詞，剖析當局制定的〈懲辦漢奸條例〉之不適用性，並無情地揭示其對淪陷區民眾以征服者自居，在政治上進行打擊，在人身、財產、經濟等方面進行瘋狂掠奪的錯誤行徑。

他開篇為淪陷區內之廣大公務員請命道，「再，本人素志已如上述矣，但回顧一般曾為生存計，服務於南京國民政府各院、部、會、署、所、局以及各省、縣、市之選、特、簡、荐任等大小官吏，除為人民檢舉確有犯罪證據者外，餘請政府對凡已羈押者從寬判決，已判決者早日釋放，未羈押者不予追究，不必對於未判罪者禁止其一定年限內為公職候選人、或任用為公務員。蓋國家正在戰後，急謀大規模之建設，已感人才缺乏，而反將曾服務得有經驗之大小人員只問偽不偽，不問奸不奸，一律監禁之、羈押之，以年限限制其任用。此種凍結、剷除、抹殺人才，以數百數千計，實為國家一大損失。且彼輩皆生產者，負有抑事附蓄之責，一旦逮捕拘押而處以有期或無期徒刑，則其家屬因而受累者更不知凡幾，勢將有傾家蕩產之虞，更為民族之一大損失也。

且更有進至細研〈懲辦漢奸條例〉，雖一再經行政院、參政院、立法院、最高國防會議修改，再三經過國民政府公佈，法至完備而實不適用於今日。此非為本人著想，藉圖逃罪，特為一般無辜被羈押之和平同志說法。何者？在日本投降，南京國民政府自動取消後之情勢下不適用也。當此條例訂立時，以為日本不至於馬上投降，預定美軍在華南、華中、華北登陸時日軍必出面抵抗，淪陷區之偽官、偽軍、偽商、偽民必助敵應戰，一也；或日本投降後，而所謂偽政府、偽軍隊擁兵自雄，扼守要域，把持物資，破壞與淪陷區相接之交通，以抵制中央軍接收人員之東下，實行割據之勢，又吸收四週匪軍、匪徒以擴大淪陷區，二也。在以上之兩場合自可適用。但南京政府素抱和平統一之目的，預計將來美軍登陸中央軍大舉反攻之際，將必率所屬部隊及人民從而內應，同時與中央政府預先所派之先遣隊、別動隊、突擊隊及地下工作人員並肩作戰，夾擊敵人，不難收事半功倍之效，此南京之初衷也。不意時機急轉直下，日本無條件投降，出於意料之外，致反正之心失表現之機會，此豈南京之意所及哉？然於日本投降之後，即自動取消政府，靜候接收，以符夙願。此該條例不適合於今日者一。至南京國民政府所管轄之區域非淪陷於南京政府之手，乃

取之於日本佔領之後。迨日本投降後,各省、市、縣、鄉村治安由南京國民政府通令各級軍政長官負守土保民之責,以靜待中央大軍及正式官員來接收;而重慶方面亦有蔣委員長親自於日本投降三四天前,每晚連續為同樣之廣播兩三夜,責成淪陷區各地軍政人員守崗位、維治安,軍隊不得移動改編或歸併,並且有將功贖罪之勉勵。是則南京與重慶雙方命令同一語氣,所謂不謀而合,足見南京之心即重慶之心也。此該條例不適用於今日者二。惜各地之先遣隊、別動隊、突擊隊本為美軍登陸以夾攻日軍之用,今日本投降無夾攻之必要,乃不遵守委座之廣播命令,均爭先恐後搶來接收。別處之接收狀態本人雖不詳,而報載各地之情形大同小異。即本人所親歷其境之廣東而言,本可合理合法、很從容的待中央之大軍或所派正式之省、市長官來接收,庶秩序可保,官方與民間無論公產、私產、公營事業、民營事業,無絲毫之損失。不幸中央大軍及正式官吏未到以前,搶來接收,秩序亂而社會不安矣,影響日後之物價大漲特漲,良非淺鮮,而對於大量之物資存於各處倉庫者,少數人不能或不敢分佔者,則出之以封固。其為害也,一則造成物資斷流,促使物價飛漲不已;二則封固日久必發霉、出蟲、生芽、朽爛、鼠蝕。此種暴殄天物,深為可惜。敵人以戰養戰於統制物資政策下,南京國民政府尚不斷的為民交涉、抗議,制止其收買米、麥、雜糧、布匹、絲茶等,已收買者不使其搬走而平價出售以抑低物價。故各地所餘留下者不在少數,自有其主管機關移交時之清冊可查,無容本人再多贅也。」

他在詳述於廣州守土保民靜待接收,遭軍統欺騙而被羈押的情形(見本節起始部分)之後繼續寫道「就該條例第二條列舉所規定之犯罪行為而言,皆在抗戰區內,即在未淪陷以前所在地之立場為前提。若在淪陷已久(南京國民政府成立在民國二十九年三月三十日,距國軍退出南京,日軍進佔有兩年三個半月之久)之地區,則事實上無犯第二條各款之可能。所謂淪陷區者,國軍戰敗而退或不戰而退,所拋棄之土地。土地淪陷,而人民亦淪陷矣。未淪陷前,有守土保民之父母官,如省、市、縣長官先國軍而西退,被棄之人民又不能在淪陷前悉數跟隨政府西遷,然被棄之人民難道就無生存權乎?國軍不得已為一時之退而拋棄,非永久不想收復,故不必自焦其土地,自喪其元氣。地方官早已遠遁,而地方之秩序就聽其紛亂乎?當然盼望有仁人君子者出面而維持。有維持者出即目為漢奸,夫政府陷人民於水深火熱之中而不知救,有搶救之者反目為漢奸。然則被淪陷之人民雖極痛苦,苟延殘喘於水深火熱之中,尚不足

以抵其不能隨政府後退之罪乎？必焦其土地，滅其子遺而後快乎？古之暴君尚不敢、不忍出此，號稱中華民國者反加甚焉。天下之不仁，孰有過於此哉？又憶第一次世界大戰時，德兵侵入比利時京城蒲魯賽（布魯塞爾）時，有蒲魯賽市長馬克斯者不怕死，仍繼續維持市政，使市民不致受敵人之直接統治，以減少市民之切身痛苦。敵人所要之糧食，市長不避艱險為之代籌，以免敵人向市民奪取。戰後和平，失地恢復而繼續仍為市長，比利時全國人民及國際間只有嘉許他的勇敢與慈悲，並未罵他為通敵附敵者，歌其功不處罪。法、比、瑞等國，凡鄉村、市、縣長均為民選，故皆能保民如赤子，守土如家庭，遇危難無不竭誠維持地方安全，一若船主之遇危險，必為最後離開船位之一人，或與船偕亡。今我國對於地方官之不守，與軍人之不戰而退，或戰而不力，或敵人遠在數十里之外而先縱火洗劫以去者反不追究，而對於搶救淪陷區而維護被淪陷人民之生存權者謂為漢奸，定其罪曰：『圖謀反抗本國者』，國家之綱紀殆矣。更有甚者，昔之見敵而退，或不見敵而退者，今則以聯合國之勝利為勝利，敵降而入淪陷區，自為征服者，不知收撫人心，只知強奪物資，實則一旦和平後，敵偽之財產物資不必搶奪，自可從容憑清單接收，使點滴歸公，一搶奪則紛亂而弊端百出。人民之資產應當妥為保護，不應據為戰利品以自肥，實有為敵人之所不敢為而為之者，天下之不義，孰有過於此哉！

　　接著他在逐一分析〈懲辦漢奸條例〉第二條所列的十四款罪行之規定時，更進一步地指出在敵人佔領的淪陷區內為維護民眾生存權而採取適當措施之必要，決不可與抗戰區內的情況相混淆。例如，對於犯第十款擾亂金融之罪時，他寫道，「或曰發行偽票，即為擾亂金融之罪魁禍首，本人雖非財政當局，但可以從旁應之曰：中儲券之發行，一以抵制日本軍票之發行；二以法幣來源斷絕，無通貨不足以救濟市面。其後通貨逐漸膨脹，在發行額之無限制耳。然人民所受之痛苦，不若勝利後法幣一元兌二百偽票之甚也。規定此兌換率者何厚於日本少賠償百九十九倍？何薄於淪陷區、華中、華南人民蒙一百九十九倍之損失？華北規定法幣以一兌五聯銀票，則華北人民少吃虧幾十倍，此等人民之損失，豈又南京政府所致之耶？加之以刺激物價之狂漲無已，更不可勝言。」

　　敵人佔領的淪陷區原是中國政治、經濟、人文薈萃之地，淪陷區內廣大受敵人欺壓的民眾乃我中華民族的同胞兄妹，在抗戰全面勝利國土恢復之際，理應對淪陷區內曾受日本侵略者欺壓的百姓予以撫慰，全國人民攜起手來，同心一德重建家園。然而蔣介石國民黨當局，「昔之見敵而退，或不見敵而退者，今則以

聯合國之勝利為勝利，敵降而入淪陷區，自為征服者」，假打擊「敵偽」之名，行肆意掠奪之實，接收大員貪腐橫行，社會黑暗，經濟崩潰，民心盡失。褚民誼在法庭上的辯詞，直言不諱，切中當局敵我不分倒行逆施之要害。這難道不就是在抗戰勝利的大好形勢下，以抗戰英雄自居的蔣介石者們，其收復淪陷區之後建立起來的全國政權，僅存短短三年而告終的一個重要原因嗎。

詩經中云：「知我者謂我心憂，不知我者謂我何求。」這不正是，胸懷憂國憂民赤誠之心的褚民誼，在當時那樣嚴峻情勢下的真實寫照嗎！

第三章　求仁得仁，虹橋慶生

　　1946年4月22日下午三時，江蘇高等法院對褚案進行宣判，《申報》於次日報道中略謂，蘇高院出席的審判人員與上週開庭時相同，褚氏到庭後，由審判長訊問姓名畢，即起立「宣讀判決主文曰：褚民誼通謀敵國，圖謀反抗本國，處死刑，褫奪公權終生，其所有財產，除酌留家屬必需生活費外，沒收。」並將判決理由朗誦一過（判決書全文見該報及[3.66]）。褚氏聞判後，「一再欲宣佈其被判決死刑之感想，為庭上制止」。接著庭上告之，如不服判決，可於十日內聲請覆判，但即使被告不欲要求覆判，高院依法亦應向最高法院聲請覆判。褚氏聞之曰；「我很滿意，我上次審判時即自請就死，至今已符本志，而外面人希望嚴辦漢奸的，如今也可以滿意了，檢察官已達到他的目的，大概也滿意了。」當審判長訊其「服不服」時，他答曰：「當然不服，不過上訴是不要上訴的。」褚氏對此判決結果早已作好準備，該報稱，判決結束褚氏步出法庭時，「曾將其先用複寫紙繕就之『宣判後的感想』數份，分送各記者，文末並用墨筆簽名。」

　　蘇高院作出判決後，身在監外的褚妻陳舜貞，為使其夫獲得公正判決竭盡努力，於5月3日為覆審向最高法院提交聲請狀。5月24日最高法院作出了「原判決核准」的判定（《申報》1946，5，25）。（上述兩個文件的全文見[3.66]）。6月2日先已判處死刑的陳公博和褚民誼一起，由看守所轉至獅子口第三監獄，分別收押在禮字監一號和二號。陳氏於次日即於監內執行（《申報》1946，6，4）。此時最高法院對褚案的裁定書亦已下達，「褚妻陳舜貞表示不服，於6月5日上午十一時許，具文向蘇高院聲請再覆判。」（《申報》1946，6，6）

　　陳舜貞以其夫在淪陷區內保全國父靈臟及遺物所做的奉獻為由提出再覆判聲請，《申報》（1946，6，25）上報道稱，蘇高院自接獲其再審聲請狀及各種新反證後，經原審人員數度會議研究，認為初審對於此項有利於被告之重要證據未予審酌，並有南京寧海路看守所詳細紀錄可稽，「聲請人所述各節，如果屬實，則事關效忠國父、保存文獻，尚非無處理漢奸條例第三條[8]之情形

---

[8]　該條例規定，漢奸曾為協助抗戰工作或有利於人民之行為，證據確鑿者，始得減輕其刑。

「自應有再審之理由」。遂於24日下午三時許，發表主文為〈本件開始再審〉之再字第四號刑事裁定書，其所附的「再審理由」亦同時在該報上刊出。

鑒於當時實行檢察獨立的司法制度，承辦該案的韓檢察官認為蘇高院核准褚案開始再審的裁定「實屬不當」，於6月25日對此提出抗告，有待三審法院作出最後決定。關於褚民誼保存國父靈臟和文物的事實，以及軍統局對此的調查確證，已在第四篇第五章之第二節「竭誠維護，國父遺珍」中詳述。這裡僅需指出的是，戴笠死後軍統局負責人鄭介民曾於5月22日親書呈報蔣介石，附上收回的總理遺體內臟切片臘塊標本一盒和臨床紀錄照片一冊，報告其派員調查、洽取並於是月15日在監內提詢褚民誼之經過，陳明該標本「當屬總理遺體無疑」。蔣氏於6月16日批文交由陵園管理委員會收管並告知中央秘書處在案。接著鄭介民又進一步於6月27日，向蔣介石呈報了曾在上海保管該標本的醫生湯齊平關於總理遺臟奉迎保管的證詞，本擬呈閱後轉發江蘇高等法院參考，但蔣氏卻於7月8日批語「不發」而擱置。（「臺國史館」檔案）當時國民黨內外包括孫中山的親屬在內，大多對此情前無知聞，此案公之於眾後，引起社會上廣泛關注，流言蜚語充斥於耳。

針對韓檢察官對再審一案的抗告，據《蘇報》（1946，7，7）報道，7月6日「褚妻陳舜貞又提呈國父靈臟奉移實況照片一冊，並抄錄前呈李法官奉移經過一件，續請高院轉呈最高法院駁回抗告，其原文如下：竊氏夫褚民誼，被判漢奸，奉江蘇高等法院三十五年度再字第四號裁定主文，本件開始再審，檢察官提起抗告，業於七月一日具狀聲請駁回抗告在案。茲檢得日人所攝靈臟奉安實況一冊，計三十頁，記載甚詳。此事於三十一年氏夫見報紙紛載日人接收協和醫院後，檢閱存儲記錄專冊，發現第A二九四Z及A二九四F藥水玻璃瓶，浸置國父靈臟，乃親往北平，迎回奉安。其存儲記錄之原冊，仍存協和醫院；其由日人攝成之照相本一冊，曾交湯于翰醫生保存。聞總軍部派彭壽先生調查，已向湯醫生接收，理合將靈臟奉安實況照相一冊，並抄錄前在南京看守所時，呈李法官奉安經過原文一件，呈送鈞院鑒核，續請駁回抗告，伏乞俯准，實為聽便。謹狀江蘇高等法院轉呈最高法院。」該報上同時刊登了褚氏在南京看守所內所呈的〈國父遺臟奉移經過〉全文。

此外，正如褚民誼在其〈自述〉[1.61]第二部分「參加和運之經過」中所述，他「在外交部長任內，代民眾向日人索還房屋、財產、車船、工廠以及其他一切社會利益共有多起。尤其從日本憲兵之任意逮捕、拘押及橫施酷刑之掌

握中，完成許多保全民眾之身體、居住等權益事項」，事實俱在。對此，在陳舜貞不懈提出再審聲請的同時，得到了當年受益的社會公正人士的公開支持。他們頂住輿論壓力、不顧受牽連的危險，舉證呼應，實屬難能可貴。例如《蘇報》（1946，8，24）在〈蘇高院審判褚案經過詳紀〉一文中就有如下記載：「七月三日，上海冠生園經理冼冠生，以交涉釋放該店職員趙澤民、張似文為理由，為褚逆邀功，請求再審。」

　　冠生園是冼冠生於1918年在上海創辦起來的一家馳名中外的食品公司。據程道生、俞庵著「冼冠生與冠生園」（四川省政協文史資料委員會編，「文史資料集粹」第3卷經濟工商編，四川人民出版社，1996）中記述。褚民誼曾於1934年應邀入股該公司，任第四任董事長，冠生園出版的《食品》月刊的刊頭，亦為他所題。1937年上海陷落，冠生園在漕河涇的工廠被日軍佔領，其總管理處和營業處在英租界內得以幸存，原在其他各地的分店相繼停業。在此形勢下，冼冠生決定將公司中心遷往內地，得到了國民政府的支持，曾建立後方罐頭廠，供應軍需，同時在重慶和西南各地廣開食品和飲食分店，為後方民生和市場繁榮發揮了積極作用。1941年底太平洋戰爭爆發，日軍佔領上海公共租界，冼冠生進一步將公司職員撤往重慶，不幸落入敵憲魔爪，從而出現了褚民誼以外交部長身份交涉營救脫險的一幕。

　　抗戰勝利後回到上海的冼冠生，為褚案之公正判決，挺身而出予以作證。上海《大公報》，於1946年7月5日以「冼冠生為褚逆作證」為題，刊登了7月3日本社蘇州通訊稱：「上海冠生園食品公司總經理冼冠生，為證明褚逆民誼在敵偽時期，任偽外交部長時，該公司協理薛壽齡等十五人，於三二年（1943年）二月十七日赴渝服務時，被敵憲逮捕，曾請其與上海敵憲隊長敵酋木下榮市竭力交涉營救，乃於三月二日全部獲釋，具狀高法院所述事實，負責證明。」[9]

　　接著，於「七月十二日，上海陸根記營造廠經理陸根泉又為褚逆訒功，謂曾協助國防工程，有功抗戰，有利人民。」（《蘇報》1946，8，24）如此等等。蘇高院以上述證明不能改變「通謀敵國，圖謀反抗本國」之罪責，而一概予以駁回。

　　已如第五篇第一章之第三節「維護治安，靜待接收」中所述，褚民誼在

---

[9] 薛壽齡是冠生園創始人之一，獲釋後不久於1943年11月10日病逝，褚民誼在其訃告上題詞「長才遽逝」以致悼念。

廣州期間，蔣委員長曾以褚氏的革命經歷和維持廣州治安之表現，做出了「當可從輕議處」的手令。據此手令以及新近提出的諸多利民證據，陳舜貞在其7月初提出的聲請被最高法院駁回後，又於8月初再一次提出再審聲請，其理由為「被告追隨國父奔走革命多年，此次敵國投降，復能洗心革面，準備移交，維持治安，當可從輕議處。又前國立工學院沈松亭、金陵中學校吳春江、國立南京臨時中學校學生、上海冠生園冼冠生、陸根記營造廠及嘉定厚綸絲繭廠等皆紛呈為被告證明有利於人民之事實，自亦得為聲請之新證據。」《申報》（1946，8，23）上報道稱，蘇高院以同前之理由，於8月22日上午作出裁定，「陳舜貞再次重行再審之聲請駁回。」至此褚氏家屬為謀求該案的公正解決，業已竭盡了最後努力。

其實，為力圖在淪陷區內護國保民，褚民誼早已抱定「我不入地獄，誰入地獄」的決心，將毀譽和生死置之度外。庭審之上更以往昔「九死而不死，今則全面和平日月重光，為國家而死，死有榮焉」之壯語，來結束他的辯辭。他對法庭死刑判決之罪名表示「當然不服」，然而卻當庭主動請死，彰顯了無私無畏「求仁得仁」之大義。此時身在囹圄中的他，耿耿於懷的則是，當局者以「征服者」自居，對原淪陷區內眾多公務員和廣大民眾，恣意進行欺壓、掠奪而釀成的嚴重後果。為此，他一再不顧自身安危，直言譴責，勇於擔當，為民請命。

那時，在監外的家屬屢次向法院提出的再審聲請，並非出於他的本意。正當她們竭盡努力四處奔波時，他卻親書紙條交與其妻上呈蔣委員長，明確表示「請委座不要為我的減刑為難，仍維持死刑原判」。褚妻未遂其意將信條藏下，直至1963年她去世後，長女褚孟嫄在整理母親遺物時，才從衣服口袋裏發現出來。當時孟嫄在南京農學院任教，考慮到這份文件的重要性，她將此信條上交該院領導，希望能作為國家的一份歷史檔案予以保存。

褚民誼在監內依然保持一貫的樂觀態度，據前述《蘇報》（1946，8，24）報道，他被判死刑於6月3日轉入獅子口第三監獄等待執行後，仍繼續「揮毫練拳，一如往昔。」甚至還聽聞他「高歌滿江紅及蘇武牧羊」。據獄中難友們回憶，他不但自己按時練拳，還帶領大家健身，一起練太極拳和太極操。他勤儉手巧，常用紙製作器物，例如曾幫助難友製作燈罩等。後頁右上圖示出的是，他用廢食品罐頭製成的水杯，直徑70厘米、高90厘米，杯口部分開啟罐頭留下的痕跡明顯可見，為了絕熱保溫，在其外厚厚地緊包了一圈紙。他的長女

是眾子女中唯一由母親帶入監內探望過父親的。探視期間，褚氏將這只自己親手製作使用過多日的杯子，贈與其女，其「上善若水」「自強不息」之寓意，盡在不言中。這件永久的紀念物，前後相傳，珍藏至今。

1946年8月23日上午褚民誼在蘇州獅子口監獄內執行死刑，次日《申報》（見右下圖）和當地的《蘇報》等各大媒體均紛紛以大量篇幅對此進行報道。現將上述兩報的報道綜合引述於下；

該日「上午六時許，京滬蘇錫各報記者雲集第三監獄者，達三十餘人。迨七時四十五分，蘇高檢處臨時改派檢察官梁挹清為監刑官，偕書記王學豪，率法警六名，乘車駛抵……至八時正，在獄內教誨堂佈置臨時法堂，梁檢察官偕陳典獄長、王書記官升座，命法警至禮字監二號囚室簽提褚逆。」當姚、曹二看守入監房時，褚氏洗盥正畢，靜默偃坐牀上閱書，聞訊後央法警赴女監處轉告陳璧君。陳逆聞訊「急囑法警少待，隨即書一便條呈梁檢察官，內云：『昨日奉院方裁定駁回，今晨抗告已送出』，用意當係制止執行。梁檢察官遂以電話向韓首席請示，奉諭：『不停止執行』。」褚氏乃更衣而出，「左手掌佛珠一串，至女監門口與陳璧君握手道『再會』，陳逆以手絹掩面飲泣，未作一言。」《申報》如是報道。

褚民誼在監內使用過的自製水杯，贈與前來探視的大女兒

1946年8月23日褚民誼在蘇州監獄內被槍決的報道（《申報》1946，8，24）

當他步出禮字監時，據《蘇報》稱，「十餘位攝影記者，正高舉攝影機準備攝影。褚逆乃含笑向各記者稱：『照得好一點，因為這是最後一次了。』言畢，即行立定，等候記者攝影，其狀甚為鎮定。攝影既畢，然後由法警押至預設之公案前。」經檢察官一一問明姓名、年齡、籍貫後，「旋梁檢察官稱：『你的重行申請再審，業已駁回，執行命令，亦已到達，現在即須執行，不知你有無遺言？褚逆覆言答稱：『從公博先生死後，我天天在等著執行。雖然我的妻子一再向高院申請覆判再審，這不過是她們家屬所做，盡盡人事而已，

實際上完全不是本人意見。我以前也曾常常說過，我已經九次歷死而不死，這第十次本來也就可以死了。我年已六十四歲，試思尚有幾年能活，所以本人對死，並無所慮。不過一個人死要死得光明，故深望一般人們能閱讀我的答辯書。因為我作為和平長官時候，所有文章，多係他人代筆。而答辯書，則確為本人所親寫。』言畢，梁檢察官即稱：現在本人係奉命前來執行，並非……，語未畢，褚逆民誼即高稱：『好極！』。檢察官又問其對家屬有無遺言。褚逆乃稱：『家屬常常來看我，有話早已說完了，所以今日並無遺言。唯我死以後，希望能移送入醫院解剖，這是我的志願。因我自幼好拳術，身體則甚良好，解剖後，可以檢查有無其他疾病。而且內臟及骨骼，均可作為醫藥標本。因為這樣，還可以省去一口棺材。人生在世，本該作些有利於人類之事。我在歐洲時，即常常看到有這一類事情。』言至此，稍待片刻，始又稱：『我的屍體，最好送（蘇州）天賜莊博習醫院，因為本人和該醫院過去得了關係』云云。檢察官最後又訊有無其他遺言。褚逆沉思良久，乃微言稱：『判決書裁定我的家產，除家屬必須生活費外，全部沒收。實則我的家產可憐得很，即全部給予家屬，亦不敷家屬生活所需也。』」

此外，《申報》上對褚民誼在法堂上的表現，亦有如下記述：褚逆踏進臨時法堂，「未向庭上行禮，傲然立公案前。」當梁檢察官問其有無遺囑時，「始答『沒有遺言』，繼而稱：『我生死俱極坦然，生固無所慚愧，死則須有價值。希望能將我遺體送天賜莊博習醫院解剖。因我外表雖極壯健，而內部實有病症，願供醫學家研究，俾製成標本，作我死後貢獻。』復謂：『我十七歲時曾在博習醫院學習一年，故極有關係，當能收我遺體，不致拒絕。』「梁檢察官續訊家屬地址，答稱：『雖時常有人來接見，然不知現居何處，南京本有住宅，惟早已遷移。』再訊『有無遺言？』褚逆略作沉思，少頃而答：『對家屬沒有遺囑，惟我有一妻二女三子，希望政府能為我教育子女。至於所判沒收財產一節，實則我的財產極可憐，政府既有酌留家屬生活費的規定，希望可以留得寬裕一點，以免我妻晚年還要奔走衣食。』梁檢官諭以『你子女教育，政府自必負責，你還有什麼話要說嗎？』褚逆搖首示意，梁檢察官即諭令退庭，命法警將褚逆押赴刑場。行經監舍時，囚犯均探首外窺，褚逆頻頻舉手招呼曰：『我先去了！』

迨簇擁進刑場，褚逆甫步至左前側圍場旁，執行警周九成即乘其不備，自後發槍，一彈命中腦殼，自鼻梁右側射出，褚逆應聲撲倒，詎尚未著地，即縱

身仰臥，頭東北、腳西南，雙手握拳曲舉兩肩膀，眼微張，血流滿面，經吳地檢處派檢驗吏王椿榮蒞場檢驗，梁檢察官始返院復命。」[10]對於精通太極拳之道的褚民誼，倒地前倏然縱身轉臉朝天的驚人之舉，坊間各種佳話傳說不脛而走。「這是你父親無愧於上天的臨終表達」，褚妻陳舜貞向孩子們道出的，難道不正是他向世人的明確宣示嗎！

關於褚氏之身後事，據上述二報報道，褚妻陳舜貞已於22日晚車抵蘇，23日晨閱悉報載，即携長子叔炎和長女孟嫄，暨親戚采芝齋店主金培元及母胡氏，趕到第三監獄，時已九時一刻。家屬見狀悲痛欲絕，由金培元出面辦妥領屍手續後，經赴仁濟局蘇州殯儀分館接洽，派出夫役四人將遺體移至該館候殮。褚妻及子女親屬等趕到，將遺體洗滌，更換黑色綢緞絲綿袍、褲，黑緞鞋，白襪，並於項頸另加佛珠一串，其楠木壽材早已準備，略加髹漆。有基督教張耆齡牧師致送十字花架一座，置於遺體前，並為之禱告。因須待居滬之戚屬來蘇奔喪，訂於次日進行大殮。

關於褚氏執行後監內的情況，《蘇報》上亦有點滴報道稱，「褚逆珍藏三串佛珠，腕下懸一挂，禮字號監二號室內窗沿壁釘兩挂。同情褚逆死狀者，不乏其人，尤其奇怪的是法圈內，某看護小姐，據傳哭了一清晨，記者欲落筆為記，伊破涕笑說：『別記下去啊！』，某公竟責詢記者：『你們高的那家興？』第二個聲音是：『大家都是中國人啊！』至於褚氏監中遺物，「即由陳逆璧君前往一一撿點。計捆包袱大小十件，內有金剛經一冊、太極拳圖一冊、洋裝法文書一冊，以待家屬具領。據協助料理之看守語記者稱，褚逆之洋裝書內，書有信函數件，當即為陳逆所收藏。」等云。

褚民誼的最後攝影：（右）步出禮字監；（左）邁向臨時法堂（《申報》1946，8，24）

---

[10] 「蘇報」載，該時為上午八時三十分。

入殮後褚民誼的棺柩先暫存在蘇州仁濟殯儀館內，在張靜波等親友的大力協助和安排下，用火車載運到上海，於1946年10月安葬在「虹橋公墓」內。墓壙佔編號M197和M198兩個穴位，如下圖所示，墓碑造型為一石刻花圈，中書「先考慶生公之墓」七個大字。褚公之名原「慶生」，為明志更之為「民誼」字「重行」，以終其生。應生死輪回之數曰：

　　平等自由民正誼，大同博愛重實行；
　　捨身求仁濟眾生，無怨無悔終得仁；
　　虹橋飛渡達淨土，般若涅磐慶永生。

上海虹橋公墓內褚民誼之墓。葬於1946年10月，褚妻陳舜貞守立其旁（攝於1949年）

後記

　　褚民誼一生注重教育，臨終時的遺願除將自己的遺體送醫院解剖為人類作最後奉獻外；他最挂念的是在其身後如何使子女得以教育成才，承先人之志為國盡力。他留法回國與陳舜貞於1924年12月31日共結姻緣後，膝下共有二女三男，按出生先後依次是：褚孟媛（女，1925，10—2014，1），褚仲嫣（女，1927，3—1985，11），褚叔炎（男，1931，11—2022，9），褚季燊（男，1934，1—）和褚幼義（男，1935，9—）。前二個女兒出生在國民革命策源地廣州。國民革命軍攻佔上海他出任上海中法國立工學院（原中法國立工業專門學校）中方校長後不久，即將家安於該校院內，三個兒子均先後出生於此。七七抗戰爆發國府西遷，他仍在位於法租界的校內堅守崗位，直至1940年他在汪精衛南京國民政府中任職後，才舉家遷至南京。他將自己唯一於1934年在南京建築的私宅（頤和路34號）借給汪精衛，自己則住在租用的南京西康路21號內，直至抗戰勝利。右下圖是全家於1941年2月27日春節在西康路21號宅門前的合影。

　　褚妻陳舜貞純樸、善良，幼年時曾隨同舉家赴法學習近二年，回國後接受過中等教育，婚後主要操持家務，從不參與政事。1946年褚民誼去世，她在家庭財產全部被沒收，僅剩少量私人財物和部分親友的支持下，一位中年女性獨自挑起了扶養五個子女的重擔。她秉承其夫的意願，在當時十分艱難的條件下，努力堅守如下二個目標：一是盡一切可能使子女們受到高等教育；另一是要求子女們努力學好本領，立足社會，決不從政。為此她默默地承受著一切政治、經濟和精神上的巨大打擊和壓力，例如：曾於丈夫去世後，在南京被無辜羈押數月，兒女們被迫分散寄居

1941年2月27日春節，褚民誼、陳舜貞與子女闔家在南京西康路21號宅門前的合影[1.63]

親友家中；脫險後定居上海初期，為避免騷擾不得已隱姓埋名年餘之久，如此等等。然而她卻從不向後代們訴說和表白那些過往政治上的恩恩怨怨和內心的苦楚，以免使他們受到政治紛爭的干擾。其實，父母的上述期盼，早已教育並植根在孩子們心中，父親發生不幸後，母親更以此為鑑，告誡孩子們。眾子女在家長的教誨下，也自覺地按照父母的要求而自強不息。

父親去世那年，大女兒孟嫄已在金陵大學農科就學，一年後二女仲媯考入上海震旦女子文理學院，三個男孩則仍在中小學學習。那時母親要為眾多子女籌措學費和生活費，日感逼蹙。入學後不久的仲媯，學業出眾，學校擬以獎學金送她到美國上學。但她考慮到當時家庭的困境，母弱弟幼，姐姐又在南京行將畢業的情況，主動放棄留學機會，休學謀職補貼家用，擬待姐姐畢業後再繼續學業，便於1948年考入中國航空公司工作。

由於蔣介石國民政府腐敗失政，1949年敗走臺灣。離開大陸前，將在南京、上海等地監獄中的政治犯，包括原淪陷區內的官員，刑期低於無期徒刑的一律予以釋放。褚家原在監內和監外的親友們大多在此時舉家前往香港和國外躲避。留下還是隨大溜帶著孩子們撤走，陳舜貞面臨著嚴峻抉擇的關口。為此她曾派時在廣州的大女兒，專程赴香港考察。結果表明香港並非樂園，在那裏不但生活難以為繼，更談不上實現給兒女們以良好教育的目標；而且令她最難以割捨的是丈夫褚民誼的安葬之所，因此毅然決斷留在了上海。

是年，孟嫄畢業於南京金陵大學農學院，分配到山東工作。1953年與在林學院就職的林文棣結婚後，定居該院，並調至南京農學院從事教學和科研工作，積極推廣種植梅樹、發展梅子產業，曾獲年度建設南京市功臣稱號，曾主編「中國果樹誌·梅卷」，並獲國務院特殊津貼。在航空公司任職的仲媯，1949年隨機到香港後，公司解體無法返回，遂赴臺灣投親，在臺北師範學院繼續學業，與齊熨結婚後定居臺北。1953年以品學特優之成績畢業後，她即修書輾轉稟告身在大陸的母親，興奮地聲稱終於實現了父母的宿願。此後她主要在學院教授中文和英文，並積極參與國際婦女界的活動。三個兒子先後均就讀於上海南洋模範中學，分別考入上海交通大學、清華大學和北京鋼鐵學院，於1950年代畢業分配到各地工作。叔炎長期從事和主持多種大型現代化船舶輪機方面的設計和建造工作，曾獲國家科學技術進步二等獎及數種省、部級獎勵。季燊先後在學校和工廠工作，任教期間相繼開設八門機械製造方面的專業課程，均獲好評。幼義畢業留校從事材料科學的教學和科研工作，曾獲多項省、

部級科技進步獎；後期任職學會，著力推動和組織國際學術交流活動。

　　子女們先後離開上海工作和求學後，母親陳舜貞曾一人留居上海。1955年「肅反運動」中，家庭再次遭受查沒，她將僅存的少量手飾主動全部上交，政府除發給她維持生活的費用外，還給以獎勵，並表示孩子們上大學所需費用，政府照章予以供給並可申請必要補助。1958年「大躍進」期間，她被迫清理出上海，由大女婿和女兒接到南京林學院家中侍養。左下圖是幼兒褚幼義婚後不久偕妻袁玉珍於1962年暑期到南京探視母親時，在大陸的全部兒女與母親團聚，於南京林學院宿舍前的合影。那時兒女們業已全部按照所期盼的目標受到高等教育自強自立，第三代也開始後繼有人，母親十分欣慰。然而，由於長期心力交瘁，罹患肺結核有年，不幸於1963年1月16日溘然離世，她向諸兒女留下遺言「你們兄弟姐妹要團結互助」。兒女們銘記先輩的教誨和厚愛，將先妣陳舜貞的骨灰葬入上海虹橋公墓先考慶生公的墓內，合葬安息。

　　在先後步入暮年之後，眾兒女們在「以人為本」思想的啟示下，從2005年開始著手，以是否有益於人民作為判別標準，重新審視先父褚民誼在當年的所作所為，在國內外進行深入調查研究，以還原其歷史本來面目。右下圖是四姐弟（時仲媯已故），孟嫄、叔炎、季燊和幼義，2006年8月6日在南京姐姐家聚會時的合影。通過深入商討和集思廣益，拉開了與國內外有關人士合作，編寫本書「褚民誼紀實全傳」的序幕。

1962年暑期，兒女們與母親團聚時在南京林學院住宅門前的的合影。右起後排：林文棣、褚叔炎、褚季燊、褚幼義；中排：褚孟嫄、陳舜貞、袁玉珍；前排：孟嫄的長次二子

2006年8月6日在南京褚孟嫄家中姐弟們聚會時的合影。左起：褚孟嫄、褚叔炎、褚季燊和褚幼義

褚民誼書法概覽

　　褚民誼自幼在慈父褚杏田習字養心的諄諄教誨下，每日勤學苦練，積數十年之不懈努力，終創別具一格有「顏容柳骨」之譽的楷書書法，廣受人們喜愛，在本書前述各章節中，分別已有表述。如第四篇第四章之第二節「陽明與禪，明心見性」中所述，他曾逐日書寫「陽明與禪」一通，歷時載半。於其書跋之始寫道：「予少趨庭，嘗聞先君之教曰：『習字可以養心，柳書以心正筆正為規，尤示人以養心之道。』遵而習之，積久彌樂，迄今數十年，恆用是以求心之養。每當窗明几淨，展卷臨摹之際，輒覺心神恬適，恍恍乎若侍先父而接誡懇。雖然嗜予書者多，而予之書實未嘗進也。」寥寥數語生動地勾勒出他的習字過程和養心感悟。左下圖所示為褚民誼於1939年為「鬻書救難」在書房潛心揮毫之攝影；右下圖是柳公權（誠懸）所書之「心正則筆正」的條幅。

　　褚杏田對其子褚民誼的培育傾注心血，恆以「三到」，即讀書必須「心到、口到、眼到」；習字必須「心到、眼到、手到」，嚴加要求，這在〈重纂褚氏家訓彙疏考〉[1.60]的家信彙疏中有充分體現。即使在褚民誼遠涉重洋出

1939年褚民誼為「鬻書救難」在書房潛心揮毫[1.63]　　　　　　　　　柳公權所書之條幅

國留學期間,他仍念念不忘督促和指導其子堅持日日習字。褚民誼於1904年離家赴日本留學近載後,於1906年轉赴法國。其父於1907年2月22日從家鄉去函的開頭說道:「前年爾在東京,曾借方家柳帖寄汝。此帖未知帶到巴黎否?望留意勿失!後附狄梁公碑,尤佳。每日抽出一小時臨寫,既以靜心,復能習字,兩利之道,不可忽也。爾字甚有根基,每日臨摹,必能長進;於身體尤為有益。」

褚民誼在該信之後註疏曰:「民誼書法,先臨率更,後習誠懸,並從楊哲臣先生學書規,對於摹臨柳帖之法,獲益匪淺。楊氏有手臨柳帖全部墨蹟,裝成兩冊,至今猶存篋衍殊可貴也。方家柳帖,攜之蹟至日本,後攜至巴黎。本擬遵從父訓,每日寫一小時,祇以學業既甚繁忙,國事尤為栗六,因之寫時甚少,力不從心;直至民十三返國,民十四長廣東大學,始得每晨習臨玄祕塔一二頁,日以為常;北伐軍興,業又中輟。近自七七事變以後,為璧君姐寫楊明與禪一通,總計四萬餘字,一年有半,始克完成,平均計之,每日須寫一二百字也。去年(民國二十八年)因慶祝岳母陳太夫人七秩大壽,又以紀念先慈五十週年、先繼慈三十九週年之喪,並應日本友人犬養健先生之屬,共寫佛經四卷。字雖未必有進,而靜心養氣之益,髣髴有得於中,於以知先父訓誨之言,無一非經驗體會所得也。」[11]

接著,高齊賢對褚民誼(尊稱為師)的書法特點謹註如下:「吾師學柳,堅勁似之,圓潤過焉,綿裏裹針,譬之適得之人謂顏容而柳骨。實則吾師未嘗寫平原,初擬率更。率更瘦勁,且視誠懸為過。圓潤之致,是出自然,福澤使之,非人力也。師之為人,信念堅、持念久,其書柳也,始而習之,終亦不變;雖嘗一度寫河南,未幾即復歸於柳,一筆不苟,秀潤欲流。平生見柳字即保存之,家藏有宋拓玄祕塔一部,值三千金,『藝術叛徒』劉海粟所贈也。」這裡道出了褚民誼與畫家劉海粟之間一段鮮為人知的佳話。

劉海粟是我國現代傑出的畫家和美術教育家。早年創辦上海美術專科學校任校長。他勇於突破世俗,採取男女同校、人體模特寫生等舉措,曾一度被持舊觀念者視之為「藝術叛徒」。褚民誼提倡美術和美育,留法歸國後,曾任該校董事,與他早已相識。已如前第三篇第十章之第一節「提倡美術,酷愛攝影」中所述,1930年褚民誼代表國府率團參加比利時國際博覽會,邀請此時正

---

[11] 率更－歐陽洵;誠懸－柳公權;平原－顏真卿;河南－褚遂良。

在歐洲訪問的劉海粟擔任國際評獎委員會中國評獎委員，他的繪畫作品亦在會上展出，獲「優等獎」。七七事變後，劉氏亦曾留住上海租界區內，期間褚、劉兩人過從甚密，成就了這樣一段故實。高齊賢對此寫道：「先是海粟見師寫柳字，即携此帖（宋拓玄祕塔帖）請題跋。師即書於卷尾曰：『予幼承庭訓，書學誠懸，初以楊哲承先生臨本為依，後始親及碑版，臨摹晨夕，終此無更，而數十年來從而模仿者，玄祕塔也。愛之既深，求之益力，所閱拓本，以百十數；且兩遊秦會，訪問原碑，流覽摩挲，不忍釋手，會心千古，寄意遙深，但初未以其漫漶磨滅為志滿也。及觀此本，字跡溫潤，剝食無多，紙墨雙佳，拓工週細，華源真氣，充沛行間，照眼琳琅，嘆為觀止。有宋墨拓，傳世既稀，如此佳本，尤稱絕世。海粟先生，畫名昭海內，兩洲稱巨匠，一代識宗師，詎知其三代傳家，有兹環寶，柳書劉畫，難併美俱，予故喜而為之跋也。』海粟得題跋後，復不時來師許，看師作字，相對恆甚久。忽一日持帖至，謂師曰：觀君作字，悟柳書子所以為佳。此帖在我無所用，以之相贈，帖得主矣。師因其三世傳守，為值甚高，焉能便受。海粟曰：吾已加跋，不能止也。因展帖視之。果見海粟寫於前跋之下曰：『予以藝事與重行先生交，所志既同，相期自厚。第公昔旅外，予以校事留滬淞；及予赴歐，公又勞國於海內，各以事累，良會為難。故相交雖久，把晤無多，春樹暮雲，時勞夢穀。八一三後，國土淪夷，繭足春江，以畫自遣。適公亦在滬，因得晨夕過從，抵掌頃談，會心彌水。而每當晤言之際，觀公作字時多，圓勁之神，秀潔之氣，如鋼隱絮，出入二原，先生從事之勤，尤令予有所深感。因念家藏宋拓玄祕塔碑三世矣，脫以贈先生，或為觀摩之一助，寶劍烈士，紅粉佳人，用既適人，物亦得主，公必不負此碑，此碑亦當引公為知己，予尤釋然於彼此之得其所也。因誌顛末，資紀念焉。』

師見海粟意甚誠，遂受之，並以南通張家舊贈明畫一幅，轉贈海粟。復題於海粟之跋之後曰：『予前題此帖，以為環寶。今海粟先生以予之所習者相類也，乃舉以贈之為予有。予當之，愧且喜。愧虞其無所進，喜樂其有所師。卻恐負之，再拜受之。自兹以往，當體海粟見贈之意，肆吾力以盡吾天，並當寶海粟之寶如海粟之自寶其寶也。特書此以誌吾意；更以南通張敬禮先生見贈其封翁退庵先生所藏石頭陀畫一幀轉贈海粟可以留紀念，海粟當不卻我也。』」我國自古素有書畫不分家之說，這段佳話，道出了兩位藝術家之間心心相印、相互愛慕的情愫。

我國書法藝術淵遠流長，是中華燦爛文化中的一個重要組成部分，褚民誼對此十分仰慕，為維護和收藏其精品大作、國之瑰寶不遺餘力。如後兩頁圖所示，至今在臺灣國家圖書館內，保存有褚民誼於民國二十二年（1933年）手書題銘、精加裝幀的如下六個編號的珍貴法帖：

─《淳化閣法帖》十卷，漢章帝書題，明萬曆年間（1573-1620年），明禪翼墨拓本，10冊：34.5×21.6厘米（24.7×16.8厘米）（MA002305402）。內容：第1冊，歷代帝王法帖；第2-4冊，歷代名臣法帖；第5冊，諸家古法帖；第6-10冊，法帖。圖中所示為第7冊王羲之書二。

─《大唐太宗文皇帝製三藏聖教序》，唐太宗御製、宮爾鐸跋（清）、褚遂良書（唐），唐龍朔3年（663年），墨拓本，1冊：34.4×21.5厘米（29.1×17.7厘米）（MA000026777）。

─《懷素千字文》，釋懷素書（唐）、秦旺鑴（明）、余子俊跋（明），余子俊、明成化6年（1470年），蟬翼墨拓本，1冊：34.4×21.6厘米（31.7×15.3厘米）（MA000237072）。

─《智永千字文》，釋智永書（唐），宋大觀3年（1109年），蟬翼墨拓本，1冊：34.4×21.6厘米（24.2×14.9厘米）（MA000237025）。

─《草書心經》，王羲之書、舊題（晉）、孫仁跋（明），（刻立者不詳），蟬翼墨拓本，1冊：4.4×21.6厘米（MA000236896）。

─《有唐撫州南城縣麻姑山仙壇記》，顏真卿書（唐）、師皋颺題記（清）、楊俊英鑴刻（清），師皋颺、清咸豐庚申（1860年），1冊：34.7×21.6厘米（26.4×15.7厘米）（MA002312522）。

褚民誼不但愛帖寶帖、養心習帖，更以其精湛的書法貢獻於世。已如前列各章所述，他經常為有關期刊雜誌書銘題字，以促廣益。他樂於為親歷之事件題寫碑銘，以誌永久。他作字的無私奉獻精神，廣為人贊，尤以1939年初在日軍圍困的上海法租界內「鬻書救難」著稱。上海難民救濟協會在《申報》1月7-9日連續三天刊登的「褚民誼先生鬻書救難啟」中謂：「褚民誼先生書法宗顏柳，出入晉唐，書名之盛掩其政治，平日籠鵝挾縑而求者，接踵於門。比居海上不廢翰墨，以徇本會之請，願書聯五百，以貽當世愛慕其墨寶者。所收潤資，悉以捐助本會救濟難民，並指定以一部分撥允教育難童之用。本會復以潤值請，先生笑曰，既以為振卹流離計，吾何忍懸高值以炫世，每聯具國幣五金

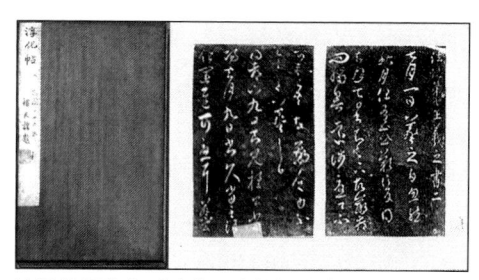

褚民誼題銘之《淳化閣法帖》（十卷中之第七卷 晉王羲之書二）（「臺國圖」MA002305402）

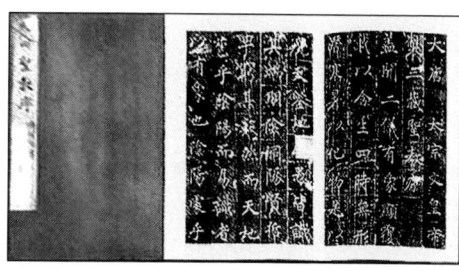

褚民誼題銘之《大唐太宗文皇帝製三藏聖教序》（唐褚遂良書）（「臺國圖」MA000026777）

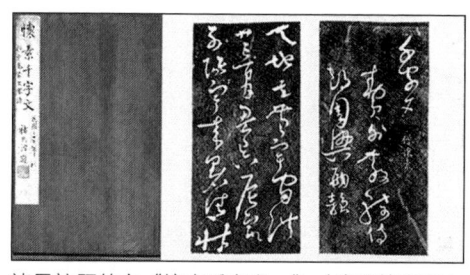

褚民誼題銘之《懷素千字文》》（唐釋懷素書）（「臺國圖」MA000237072）

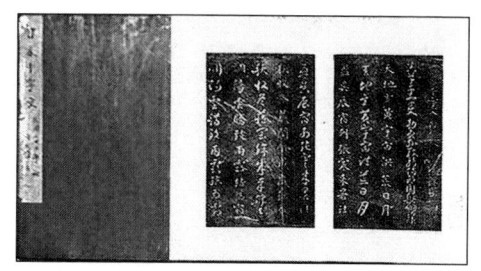

褚民誼題銘之《智永千字文》（唐釋智永書）（「臺國圖」MA000237025）

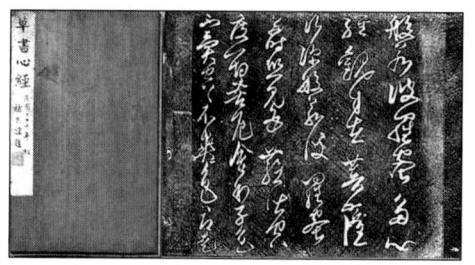

褚民誼題銘之《草書心經》（晉王羲之書）（「臺國圖」MA000236896）

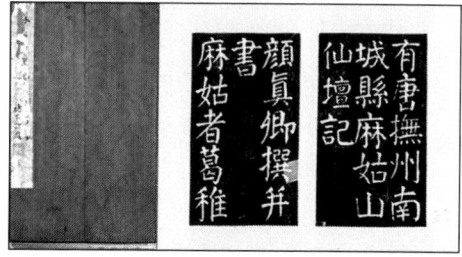

褚民誼題銘之《有唐撫州南城縣麻姑山仙壇記》（唐顏真卿書）（「臺國圖」MA002312522）

足矣，此尤見先生風格之過人。嘗聞釋氏之救世度人設種種法，今先生此舉，亦此物此志也。」（詳見第四篇第一章之第二節「發展生產，鬻書救難」）許多愛褚字者將所得之書聯珍藏至今，屢現於坊間網絡和賣場之上。

褚民誼歷年來的書法作品繁多，可歸納為碑文、書經、題字、信函四類，本文擇選若干，集中圖示於後，以窺其一斑。

石刻碑文，銘記史實，傳世書法，歷代沿襲。褚民誼所題之碑刻頗豐，惜政局變幻，多遭損毀。幸改革開放以來，遵重歷史之風漸興，部分碑刻被搶救復原，得以重見天日；有些石碑雖已無蹤，但有當年拓片，遺存於世。作者通

過資料查尋，現場探察，足跡遍及南京各大古寺、貴州盤縣以及臺北圖書館和國史館等處，至今發現存世之碑刻或遺留之拓片，計得如下十項，按題文之時間順序分列於次：

《重修工部祠堂記》，張繼題額、蕭瑜撰文、褚民誼書石，西安杜工部祠，1932年，碑失，墨拓法帖照相影印冊：34×21.1厘米（24.2×16.7厘米）（「臺國圖」MA000241073）（詳見第三篇第六章之第一節「國難當頭，國府任職」）。

《重建攝山太虛亭記》，吳稚暉題額、褚民誼撰並書，南京棲霞山，1935年仲秋，碑失，墨拓尺寸162×78厘米（「臺國史館」001016133001003m-5m；復旦大學圖書館）（詳見第四篇第二章之第三節「謳歌寂然，真情流露」）。

《重建攝山太虛亭捐款人姓名及捐款數目》，褚民誼書，上碑之背面墨拓。

《碧雲洞碑記》，褚民誼記並書，貴州盤縣碧雲洞摩崖石刻，1937年季冬，王銓芳監製，石方尺寸約寬2米、高1米（詳見第三篇第六章之第七節「京滇週覽，通途西南」）。

《中央黨部還都紀念》，褚民誼書，南京，1940年3月，碑失，墨拓尺寸152×56.5厘米（「臺國圖」MA002234778）（詳見第四篇第三章之第一節「職權範圍，迎來送往」）。

《重修雞鳴寺記》，褚民誼撰並書、黃慰萱刻石，南京雞鳴寺，1940年4月，碑之一面，碑體尺寸164×82厘米（詳見第四篇第二章之第四節「重修雞鳴，修美向善」）。

《寂然上人碑》，釋仁山撰文、褚民誼敬書、黃慰萱刻石，南京棲霞寺，1940年重陽，碑分左右兩塊嵌於牆上，每塊尺寸約142×47厘米（詳見第四篇第二章之第三節「謳歌寂然，真情流露」）。

《修建楊仁山居士紀念塔紀念堂記》，褚民誼撰並書，南京金陵刻經處，1943年3月，碑嵌於牆上，尺寸106×52.5厘米（詳見第四篇第四章之第一節「文化溝通，化解干戈」）。

《擴建觀音殿碑記》，褚民誼撰並書、黃慰萱刻石，南京毗盧寺，1943年9月，碑體尺寸136×67厘米（詳見第四篇第三章之第三節「觀音大士，普度眾生」）。

《迎奉東來大士紀念碑誌》，蔡培謹撰、褚民誼敬書、黃慰萱刻石，上碑

之背面。

　　上述各碑的碑文及其歷史和現狀，均在相應標註的本書有關章節中詳述。後面僅示出《寂然上人》碑的拓片作為代表。該碑位於南京棲霞寺內，由仁山法師撰文、褚民誼敬書，於1940年重陽節為紀念該寺高僧寂然法師的光輝一生而立，特別是碑中記述了南京大屠殺期間寂然法師於寺內設立佛教難民收容所，救助老弱婦孺二萬三千餘人達四月之久的愛國主義事跡，深受人們敬仰。全碑由前後兩塊組成，原嵌於方丈門內牆的顯著位置上。抗戰勝利以後，不但其上的撰文人和題碑人的名字被鏨毀，而且碑被取下砸成兩段棄入廢石叢中，法師的事跡亦因此諱忌緘言而逐漸被人淡忘，直至2000年在清理廢石堆時該碑才得以重現。褚民誼之書法獨具特色，特別是碑上殘留有他的「重行」鈐印（見示圖），確證該碑為褚氏所書無疑。一度被湮沒的寂然法師的愛國主義壯舉也與此碑一起被發掘出來，而為現今人們廣泛傳頌。

　　除上述碑文外，如後圖所示，本書作者還保存有以拓片形式發表在1934年出版的《吳興周夢坡訃告》[3.29]一書中，褚民誼的書法作品〈周夢坡輓詩〉[1.31]（見第一篇第二章）。南潯的周、褚二家為鄰居世交，如後圖所示，該輓詩分四段，每段八句，每句五字，共計160字。詩後寫「湘舲譜伯大人千古」「如姪褚民誼敬輓」，加蓋「南潯褚氏」和「民誼」二枚鈐印。

　　如前所述，褚民誼經常應邀或為了慶賀和紀念親人題寫書文或佛經，常以此作為每日的習作，日積月累，深悟要意，作品完成後大多贈送有關當事人珍藏。其中，為紀念先妣吳太夫人逝世五十週年誌寫的《金剛般若波羅蜜經、般若波羅蜜多心經合冊》[1.50]以及為紀念先繼妣蔣太夫人逝世三十九週年誌寫的《佛說阿彌陀經》[1.51]兩部，分別完成於1939年7月30日和11月13日，並於1940年以線裝精製影印帖出版面世，供後人臨摹誦讀，一併示例於本節後圖。正如第四篇第三章之第三節「觀音大士，普渡眾生」中所述，他曾在不同場合，將親自恭寫的金剛經[1.50]，贈與日本佛教各界及朝野名士，意圖通過發揚中日兩大民族在佛教上的共同信仰，達到逐步實現永久親善的目的。此外，他還在1944年10月10日三藏塔落成典禮上，把他所撰寫的《佛說阿彌陀經》[1.51]連同《頌聖集》[3.55]一起作為紀念，分贈與會賓客（詳見第四篇第五章之第四節「重建骨塔，萬世景仰」）。

　　至於褚民誼的題詞則難以計數，除已在報刊雜誌上公開發表外，大多藏於私人手中。褚氏書法隨年歲之增長而不斷成熟，至1940年代初達到爐火純青的

境地，作品也以此時期最為豐富。後面選登了1920年代至1940年代期間，前述各章節中未曾示出過的幾幅作品。

褚民誼遵循心正筆正之規，以一絲不苟的楷書書法示人；而在平日的生活和工作中，為了便捷，常用行書字體書寫信函。後圖中示出了他分別用行草和行楷書寫的兩封信件，以全方位地展示出褚民誼的書法特色。

褚民誼書法選登

1940年褚民誼題寫的《寂然上人碑》拓片。碑由兩塊組成，每塊尺寸約寬172厘米、高47厘米，每字3.5厘米見方。碑首題銘示於左圖。褚民誼字重行，右圖是他在碑末落款處的兩枚鈐印，上枚「褚民誼印」被毀難辨；下枚「重行」保存完好，可作憑證。每塊碑的碑拓分二張依次圖示於後

《寂然上人碑》第一塊碑拓之一

《裰然上人碑》第一塊碑拓之二

《蔹然上人碑》第二塊碑拓之一

其高恐民疾
不求馬惟和
位汉則汉可敬失也二
名名功重實月偶早成
主立功名盡亦從是月
一德立年之畫教替定
人又二縣六待文替禪巳
上立軺十傳得大卧髦師以
綱而國不報山人之不忍逕法用敦垂開
縄不目歸右側門功因字煩浞故令不等
向自知馬德傳勒之貞跟人欣然拓上
仰寂日戴上言為銘人故悟速馬
孔道考人如云正覺也銘日無常江天
長棲襞陵有光完法利敎澤流
雲山盛德萬古倉蒼

《寂然上人碑》第二塊碑拓之二

（左上圖）1934年出版的《吳興周夢坡訃告》（29.5×18.5厘米）[3.29]
（下兩圖）上書中褚民誼撰寫的〈周夢坡輓詩〉[1.31]：

淞水寒波咽，家山暝日遙，名編傳志乘，稀壽厄松喬，鄰宇依前望，歸帆最後邀，鷓鴣溪畔路，回首益蕭廖。

世已開新局，人猶重老成，治縣奉簡補，正茭管篇評，事業關通惠，艱難見捆誠，舉觴椒奠感，何止姿桑情。

平生匡濟略，揮灑寄琴詩，逸趣禪參畫，奇文字訪碑，林亭隨點綴，立達此襟期，仰止理安塔，千秋永孝思。

子訂金蘭簿，孫偕博望槎，墅曾青嶂借，鄉竟白雲遐，寶鼎沈檀暈，瑤籤典籍華，登堂還悵惘，亭樹暮陰斜。

湘舲譜伯大人　千古

如任褚民誼敬輓　鈐印（「南潯褚氏」和「民誼」兩枚）

（注：詩中標點為本書作者所加）

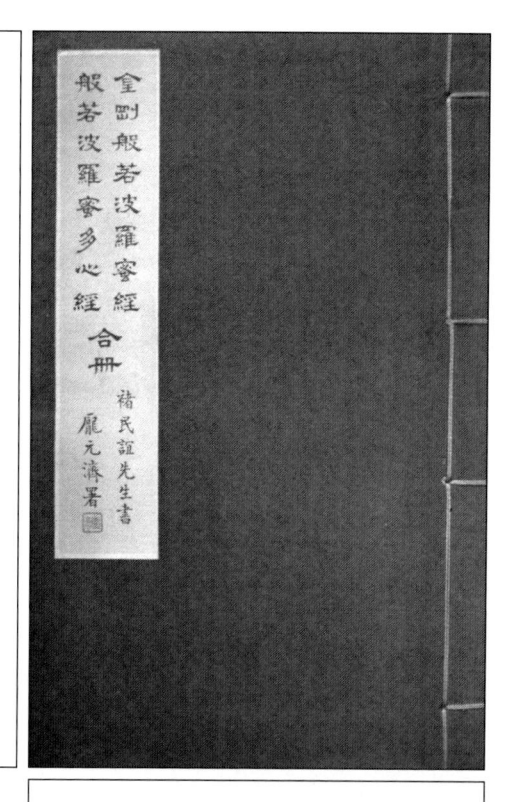

1939年7月30日（農曆己卯年六月十四日）褚民誼為紀念先姒吳太夫人逝世五十週年誌寫的《金剛般若波羅蜜經、般若波羅蜜多心經合冊》，於1940年以線裝精製影印帖出版，版面尺寸31×19厘米（21.6×14.3厘米），全書61頁，其中含書寫經文共計100面[1.50]：
（右上圖）封面，浙江吳興南潯書法家龐元濟題寫書銘；
（左上圖）書銘頁，書法家溥侗題寫；
（右下圖）首頁，褚民誼誌記。

本書以手書〈保寧勇禪師示看經警策文〉為導引、依次刊登〈金剛般若波羅蜜經〉和〈般若波羅蜜多心經〉兩部手書經文，三文前均配有插圖，分示於後。前者連同示出其書寫經文的首頁，後兩者均連同示出其經文的首末兩頁

褚民誼書法選登　71

夫看經之法後學須知當淨三業若三業無虧則百福俱集三業者身口意也一端身正坐如對尊顏則身業淨也二口無雜言斷諸嬉笑則口業淨也三意不散亂屏息萬緣則意業淨也

保寧勇禪師 示看經警策文

金剛般若波羅蜜經

金剛般若波羅蜜經
鳩摩羅什譯
褚民誼敬書

法會因由分第一

如是我聞一時佛在舍衛國祇樹給孤獨園與大比丘眾千二

斷疑生信絕相超宗頓忘人法
解真空般若味重重四句融通
福德歎無窮
南無祇園會上佛菩薩
南無祇園會上佛菩薩
南無祇園會上佛菩薩

般若波羅蜜多心經

般若波羅蜜多心經 觀自在菩薩行深般若波羅蜜多時照見五蘊皆空度一切苦厄舍利子色不異空空不異色色即是空空即是色受想行識亦復如是舍利子是諸法空相

大神咒是大明咒是無上咒是無等等咒能除一切苦真實不虛故說般若波羅蜜多咒即說咒曰揭諦揭諦波羅揭諦波羅僧揭諦菩提薩婆訶

般若波羅蜜多心經畢

敬為

先繼妣蔣太夫人逝世卅九週年紀念寫此貝葉以誌孝思

阿彌陀經

中華民國二十八年十一月十三日己卯十月初三日忌辰

男褚民誼焚香盥手

佛說阿彌陀經

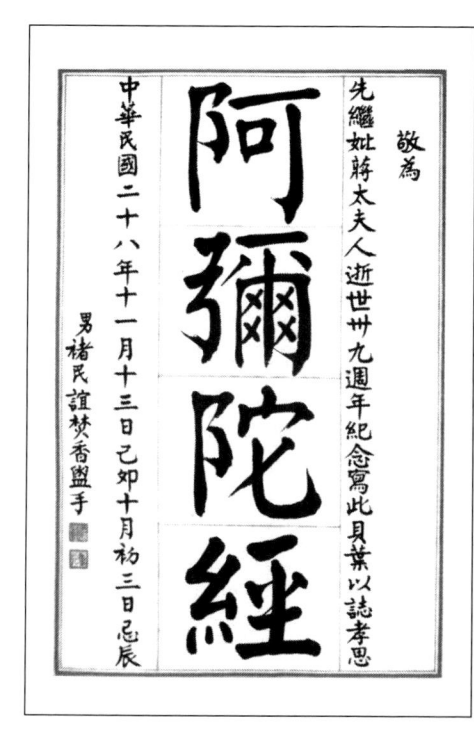

褚民誼敬書
汪兆銘敬題

佛說阿彌陀經 如是我聞一時佛在舍衛國祇樹給孤獨園與大比丘僧千二百五十人俱皆是大阿羅漢眾所知識長老舍利弗摩訶目揵連摩訶迦葉摩訶迦旃延摩訶

1939年11月13日（農曆己卯年十月初三）褚民誼為紀念先繼妣蔣太夫人逝世三十九週年誌寫的《佛說阿彌陀經》，於1940年以線裝精製影印帖出版，版面尺寸29.5×19厘米（21.6×14.3厘米），全書21頁，其中含書寫經文共33面 [1.51]：
（右上圖）封面，汪精衛題寫書銘；
（左上圖）首頁，褚民誼誌記；
（右下圖）經文首頁；
（後頁圖）經文末頁之回向文

褚民誼書法選登　75

回向文

願以此功德　莊嚴佛淨土
上報四重恩　下濟三途苦
若有見聞者　悉發菩提心
盡此一報身　同生極樂國

吳興褚民誼敬書

褚民誼題辭選登
（右上圖）1929年褚民誼為《社會科學與歷史方法》一書作序並題辭，譯著者為法國里昂中法大學畢業生張宗文；
（右下圖）1929年10月褚民誼偕妻陳舜貞在北京為慶賀李石曾之女李亞梅二十生辰題辭；
（左上圖）1934年褚民誼為《榆關抗日戰史》一書之題辭

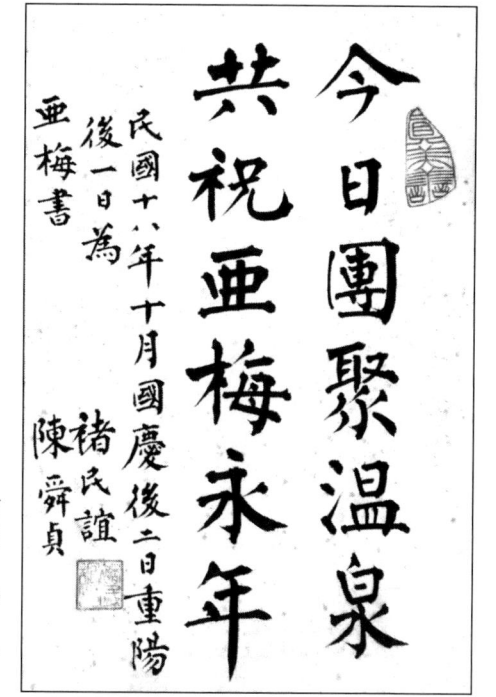

褚民誼書法選登

澹泊以明志,寧靜以致遠

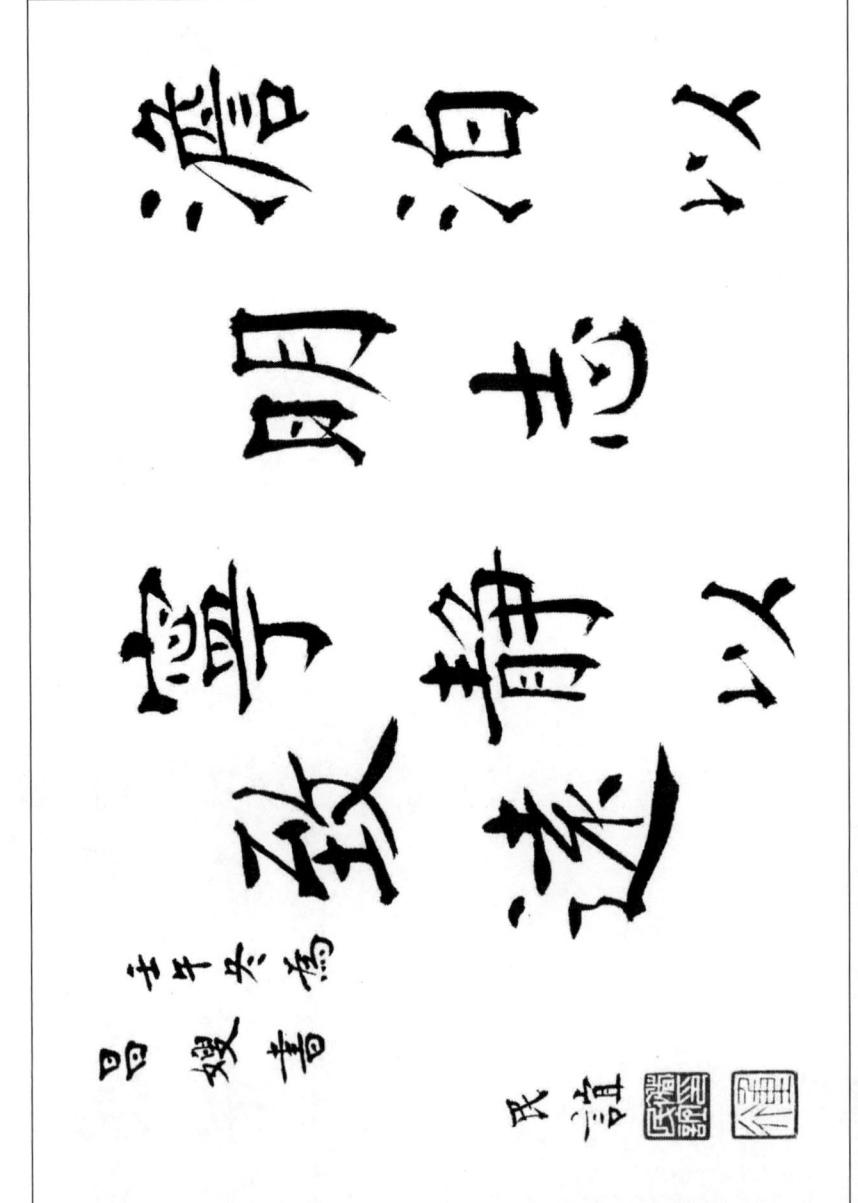

壬午冬為昌祖嫂書 民誼

1942年褚民誼為祝賀朱執信之女陳昌祖之妻朱始卅三歲生日題辭（21×27厘米）

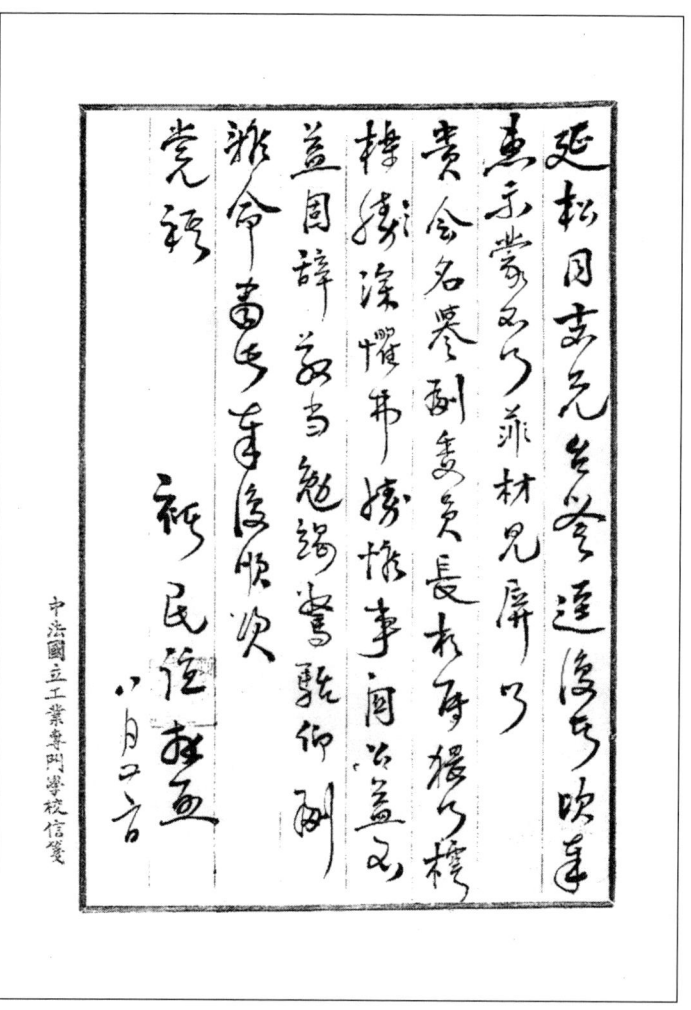

褚民誼的行草體手書信函示例。1929年8月22日褚民誼致函「中華國產綢緞上海救濟會」主席王延松，接受擔任該會名譽副委員長之邀聘（詳見第二篇第五章）。函曰：延松同志兄台鑒，遲復者，頃奉惠示，蒙不以菲才見屏，以貴會名譽副委員長相屬，猥以樗櫟勝之，深懼弗勝，惟事關公益，不益固辭，敬當勉竭駑駘，仰副雅命，當此奉復，順頌黨祇。褚民誼拜啟，八月二十二日（上海檔案館S230-1-87-19）

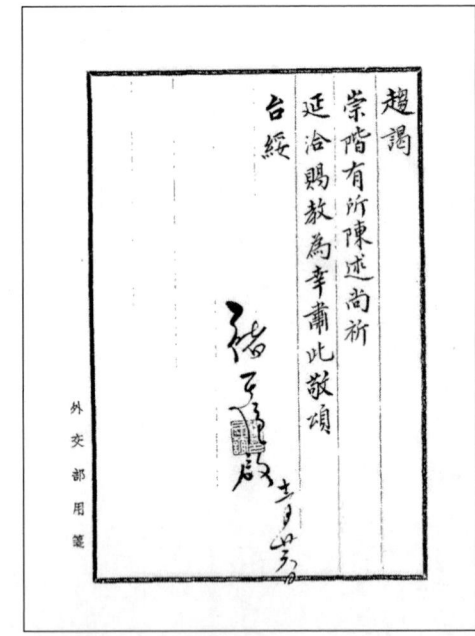

蘊齋先生大鑒敬啟者久違
榘範時切馳思辰維
道躬康泰
福履綏和至為忭頌家國多難世事
益艱中日之事變未終太平洋之戰爭
又起舉世惶惶迄無寧日吾人目擊心
傷痛定思痛星星之火足以燎原誠非
虛語是故欲致世界於祥和必先謀取

趙遏
崇階有所陳述尚祈
逆洽賜教為幸肅此敬頌
台綏

褚民誼 啟

褚民誼的行楷體手書信函示例。1941年12月8日太平洋戰爭爆發，日軍進駐上海租界，褚氏於12月26日親筆致函金城銀行上海分行經理吳蘊齋，申明大義，請教他在上海「協力匡扶」「保持未傷之元氣，藉圖復興之道」。全信四頁，此係首末二頁（上海檔案館Q264-1-1345-7）

褚民誼大事年譜

1884年

清光緒九年癸未羊年臘月20日子時，公元1884年1月17日午夜，褚民誼誕生于浙江省吳興縣（今湖州市）南潯鎮，時逢祖母六十花甲大慶，取名「慶生」、號「頌雲」。

1889年

生母吳太夫人殁。

1899年

入蘇州天賜莊博習醫院，師從美國名醫傳教士柏樂文。

1900年

義和團運動起及繼母蔣氏病重，離蘇返鄉。10月繼母病故，

1901年

入明理學塾學習。年底遵父命娶妻張氏（三年後生一子名阿龍，1906年得天花早夭，不久張氏亦積鬱而亡，時他已遠在法國從事革命）。

其時他已樹立了民族革命思想，將「慶生」之名，自改為「明遺」，以明之遺民自許。

1903年

轉入潯溪公學學習。

1904年

是冬，得同鄉張靜江資助，赴日本留學。到達後先在東京學習日語。

1905年

2月1日入日本京都第三高等學校預備班普通科學習。

卒業後回國，留居上海，等待張靜江，以便赴歐求學，期間曾參加浙江同鄉的排滿秘密組織樾社，社長為葉青伊。并曾習溫州拳數月。

1906年

5月4日，在張靜江的資助下，与張全家一起自上海起程，乘法國郵輪赴法留學。途經新加坡時，由陳楚楠、尤烈介紹，与張靜江同日正式加入同盟會，即著手籌劃在法國建立中國印字局，以行革命宣傳

7月5日，抵達法國馬賽，轉赴巴黎。

1907年

是年前後，在張靜江的資助及褚民誼、李石曾和吳稚暉等人的共同努力下，中國印字局在巴黎建成。

6月22日，《新世紀》週刊[2.2]創刊。由世界社署名出版的《世界》畫報[2.3]第一期以及《新世紀叢書》等諸多刊物先後出版，著力宣傳社會革命的思想。他在負責日常繁重的出版和發行工作的同時，以「民」和「千夜」等筆名，在《新世紀》週刊上發表大量文章，就中以長篇連載之〈普及革命〉和〈無政府說〉為其代表。期間，為了明志，取「平等自由，民之正誼；大同博

愛，重在實行」之義，更名為「民誼」字「重行」。

在張靜江和李石曾的贊助下，開辦「風箏公司」。

1908年

《世界》畫報第二期及其增刊《近世界六十名人》畫報[3.1]等刊物面世。

1909年

負責接待孫中山到訪巴黎，寓居中國印字局內數月。

在海外的革命宣傳受到清廷極力阻撓，他以中國印字局經理身份公開出面鬥爭，使在法國的《新世紀》週刊得以延續。同盟會在日本出版的《民報》同期被迫停刊，從9月25日起稿件併入《新世紀》週刊發表。

11月16日，法國國家工業產權局批准發布他於6月份申請的〈改良型風箏〉專利[1.1]。所製風箏，在巴黎大宮飛機賽會場公開展示，并赴比利時首都布魯塞爾參加比利時王家飛機賽事，均獲嘉獎。

積極參與李石曾在巴黎創辦的「豆腐公司」，曾將產品於11月至12月在巴黎大皇宮舉行的「萬國食品博覽會」上展出。

1910年

4月24日至11月7日，比利時為慶祝獨立75週年，在首都布魯塞爾舉行世界博覽會。中國館於6月21日揭幕，展品部份來自國內，部份由在歐洲的華商提供。他攜風箏并代表巴黎「豆腐公司」參加展出，駐會近半載，產品獲三項超等獎及金獎和銀獎各一項。他本人還獲得獎勵參展人員的公贈獎。

5月21日，《新世紀》週刊由於經費等原因，出版至第121期後停刊。

10月，他與法國拉鹿阿教授撰寫的〈中國毽子〉[1.2]的法文論文，發表在巴黎《中法友好協會簡報》第二卷第四期上。

風箏公司因製作成本高，加之仿製爭利者多，因虧損而於是年停辦。

1911年

年初，與李石曾等人一起代表豆腐公司參加在法國巴黎舉辦的農業展覽會。

10月10日，武昌革命起義爆發後，他即偕張繼等回國，奔走於寧滬間，贊襄革命。年底在上海，經黃興介紹與剛從獄中出來的汪精衛相識。

1912年

1月1日，孫中山就職臨時大總統，在南京組成中華民國臨時政府。褚民誼赴南京積極參於活動。年初，張靜江与褚民誼等輸集捐銀十万兩以助軍餉。

3月間，孫中山派他同黃郛和姚勇忱在上海成立「同盟會上海總機關部」，他被公推擔任總幹事。

4月間，吳稚暉等人在上海發起成立「進德會」，他積極參與，成為履行「六不」（不賭博、不狎妓、不置妾、不官吏，不議員、不吸煙）的首批會員。

是年，參與發起組織在北京的「留法儉學會」；同時還參與在上海發起組建「世界社」。

9月間，他隨張靜江乘西伯利亞火車赴法國繼續求學。

年底，汪精衛、陳璧君、曾醒、方君瑛攜陳昌祖、方賢俶、曾仲鳴、方君璧等一行八人亦到達法國留學。

1913年

是年，他獲官費資助，赴比利時入布魯塞爾自由大學醫科自然科學預科學習。

1914年

歐戰爆發一個月後，他偕同李烈鈞等乘船返國，參與反對袁世凱的鬥爭。途中曾發生遭遇德國兵艦等險情。輾轉路經南洋時，他與那里的革命黨人會合，留住於檳榔嶼、星加坡等處，并曾主《蘇門答臘黨報》筆政。

1915年

到達上海從事倒袁活動。不久為躲避袁世凱的抓捕，他隨張靜江出走日本，與孫中山、胡漢民、居正、戴季陶、廖仲凱、蔣介石等會合。

9月間，他離開日本，三度赴法國。

10月14日，入巴黎醫科大學預科學習。

1916年

3月29日，赴法勤工儉學運動蓬勃開展，由中法雙方共同發起組成的「華法教育會」在巴黎成立。他是發起人之一，蔡元培和汪精衛分任中方會長和副會長，李石曾和李聖章任中方書記。

歐戰吃緊，他從巴黎遷居都爾，一面在都爾醫學院繼續學業；一面將巴黎中國印字局遷來，出版《旅歐雜誌》《華工雜誌》《華工週刊》以及《旅歐教育運動》[3.2]等刊物。

6月22日，在都爾醫學院獲物理、化學和自然科學學業證書，完成醫學預科學業。

8月15日，《旅歐雜誌》[2.5]創刊，開始時由汪精衛、蔡元培、李石曾等人任主編。

11月6日，入波爾多大學醫學院正科學習。

1917年

在波爾多繼續亦工亦讀。汪、蔡、李等相繼回國後，他于2月起代行《旅歐雜誌》主編，直至翌年3月停刊。

1918年

繼續在波爾多大學醫學院正科學習。11月第一次世界大戰結束。

1919年

戰後歐洲經濟衰退，赴法勤工儉學運動遇到嚴重困難緊急叫停。為利用國外有利條件培養國內高水平人才，吳稚暉倡議在海外創辦中國大學，得到李石曾、蔡元培、張靜江、褚民誼和汪精衛等人的贊同，以及法國里昂政、學、軍各界的支持。

年底，李石曾回國募款，由褚民誼以北京大學駐歐通信員身份在法國全面負責在里昂的建校工作。

1920年

1月間，由他擬定出建校規劃《創辦法國里昂中國大學啟（緣起、理由、簡章）》[1.3]的中、法文本。

3月23日，他與張繼一起前往里昂聖·伊雷內堡廢炮臺視察校址。

7月，由他負責動工將該廢炮臺改造成學校。為此，他中止了在波爾多大學醫學院的學業，遷居里昂，專心督建，同時抽空在里昂醫學院學習。

1921年

是年前後，北京大學校長蔡元培赴法，與時任教育部駐歐留學生監督高魯以及褚民誼三人組成中法大學中國代表團，與法方商討建立里昂中法大學事宜，5月初步達成協議。不久蔡回國，由高、褚二人繼續負責。

3月7-25日，中國絲業代表團一行8人到法國最大的絲業中心里昂，參加在那裏舉行的「里昂萬國貨樣展覽會」，拜會法國絲業總會，並參觀訪問當地主要絲織廠家，瞭解對華絲，特別是對輯里絲的意見和要求，力圖挽回華絲在國際市場上的頹勢。褚民誼全程陪同輯里絲業代表，協助處理諸多境外事務。

7月8日，為了適應法國法律上的許可，成立中法雙方共同管理、由法國人擔任法人的「里昂中法大學協會」，「里昂中法大學」作為它的下屬運行。協會董事由中法雙方的發起人組成。里昂大學醫學院院長雷賓和北京大學校長蔡元培分任法方和中方董事長，董事褚民誼與里昂大學中文教授古恒，分別兼任

中方和法方秘書長，主持日常工作。

8月間，里昂中法大學校址整修一新，吳稚暉從國內帶領從北京、上海、廣州三地錄取，來自14个省的第一批新生百餘人，乘郵輪赴法國。9月25日新生進入校園。

10月10日，里昂中法大學開學，吳稚暉任校長，褚民誼任副校長，曾仲鳴任秘書長。

1922年

11月間，他辭任里昂中法大學副校長，入斯特拉斯堡大學醫學院攻讀醫學博士學位。

1923年

6月底，修畢博士所需課程後，入斯特拉斯堡醫學院組織學研究所，師從法國榮譽軍團四級勛位獲得者、著名組織學教授保羅·布安，對兔子的陰道隨卵巢發育的週期性變化，進行深入的組織解剖學研究，取得了新發現。

期間，代表北京大學出席在巴黎召開的法國細菌學創始人巴斯德誕辰百週年紀念大會。

1924年

2月間，完成博士論文《兔陰期變論》[1.4]，6月5日以優等成績通過論文答辯，獲醫學博士學位。該論文由斯特拉斯堡醫學雜誌社以中、法文合併出版。蔡元培為該著作親題序言，肯定該論文的意義。

5月至7月間，「中國美術展覽會」首次在歐洲，於法國斯特拉斯堡萊茵宮內舉行。該展會由留法美術界的霍普斯會和美術工學社籌辦，展出中國古代和現代藝術品近五百件，轟動一時。蔡元培和褚民誼分任展會榮譽理事長和副理事長，出面主持，并為《中國美術展覽會目錄》專輯[3.4]撰寫序言，前者用中文題寫，後者以法文譯出。此外，褚氏還精心製作中國式彩燈，懸掛殿內各處，為展會增添熱烈的民族氛圍。

暑期，參加米盧斯中學組織的暑期旅遊團，到南歐考察，全程二十餘天，從法國到瑞士、塞爾維亞、保加利亞、土耳其，過黑海，至羅馬尼亞、匈牙利、奧地利等處，再回瑞士而重返法國。

他獲得醫學博士後，為發掘中醫瑰寶，特別是改良中藥，繼續加修藥學，獲藥劑師學位。

11月10日，離開斯特拉斯堡，搭郵輪回國。

12月23日，抵達香港。他遵愛國華僑衛月朗之囑赴廣州，與已在1922年訂婚的陳舜貞（衛氏之養女）完婚。

12月31日，褚民誼與陳舜貞在廣州舉行婚禮。時孫中山已北上議事，汪精衛等人偕同前往。胡漢民作為留守代行大元帥府職務，廖仲愷任國民黨軍代表。褚陳聯姻，承伍朝樞為主婚人，胡漢民為證婚人，廖仲愷及古應芬為介紹人。

1925年

年初，被聘為國立廣東大學教授。該校由孫中山於年前在廣州革命策源地創建，鄒魯首任校長，因孫中山在北京病重離校北上。

2月4日，大元帥令褚民誼代理校長，并於2月6日下令將里昂中法大學定為廣東大學的一个海外分部，以統籌管理。到任後不久，創辦《國立廣東大學週刊》[2.8]。

3月12日，孫中山在北京逝世。

7月1日，國民政府在廣州成立，實行黨政軍統一領導，鄒魯繼任廣東大學校長。

8月中旬，原廣州公醫學校併入廣東大學，成立「廣東大學醫科學院」，任命褚民誼為醫學院院長。9月14日到校任職，10月1日該院開學。

是秋，參加平定廣東軍閥殘餘勢力的第二次東征，任東征軍總指揮部軍醫處處長。10月13日革命軍攻克惠州取得決定性勝利，恰逢長女褚孟嫄降生，取名「韡韡」，以茲慶賀。

10月14日，回校主持醫科學院。18日召集第一次教授會議，議決各項重要改革議案。同日醫學院學生會舉行會議，歡迎褚院長及各位教授和新同學。

10月23日，主持醫學院第四次教授會議，決議將原廣東公醫護士學校更改為國立廣東大學醫科附屬護士學校，并應廖仲愷夫人和蔣介石夫人的請求，准

予暫借本學院為附設中國國民黨黨立女救護員習所地點，並協助擬定簡章等。

東征勝利後，在廣州遭陳炯明叛亂所毀的「執信中學」被修復。該校原系1922年孫中山倡議為紀念朱執信烈士而創立起來的。學校恢復後，褚民誼與蔡元培、譚延闓、何香凝、陳公博等人被增補為該校董事。

11月20日，褚民誼等組織「醫師公會」呈報之章程和名冊，獲廣州市政府核准備案。

12月1日，國民政府任命時在北京的顧孟餘為廣東大學校長，陳公博暫兼代理校長。原校長鄒魯因參與西山會議派在滬另立中央，被廣州國民黨中央開除一切職務。

褚民誼回國後還受聘于北京大學，成為譚熙鴻創辦的生物系內最早的四位教授之一，於1925-1926年度為首屆一年級學生教授博物學。在北京期間，通過譚熙鴻的介紹，拜太極拳大師吳鑒泉為師，領悟到太極拳之精妙。翌年初他回廣州署理廣東大學校長後，即邀吳鑒泉之子吳公儀來校任教，將太极拳引入大學校園，并從此堅持不懈地深入研習和大力推廣太極拳。

1926年

1月4-19日，在廣州舉行國民黨第二次全國代表大會，重申繼續執行孫中山「聯俄、聯共、扶助工農」的三大政策，褚民誼（時在北大任教）雖未出席，但在會上當選為候補中央執行委員。

2月19日，國民政府照準陳公博辭去代理廣東大學校長職務，同時任命褚民誼署理廣東大學校長兼籌備中山大學事宜，并聘褚民誼為教育行政委員會委員。

2月21日，他到校接事。次日主持第67次校務會議，決議仍由他兼任醫學院院長。

3月1日，在廣東大學舉行教育行政委員暨廣東大學校長就職宣誓典禮，國民政府委員會主席汪精衛和常務委員譚延闓蒞場作證。新設立的教育行政委員會中的五位委員到會宣誓就職後，褚民誼在學校大操場行隆重的校長宣誓就職禮。

3月20日，發生「中山艦事件」，除國民黨與共產黨的矛盾外，國民黨內蔣介石與汪精衛間的分歧日益突出。

5月間，汪精衛離職赴法養病，汪、蔣聯合主政的局面解體。在這樣動蕩的政治情勢下，褚民誼從大局出發，排除各種干擾，到校後即親自主持歷次校務

會議，從67次起直至7月5日的第82次會議，無一缺席，專心致志地對廣東大學進行整頓改革，以三民主義為指導，努力倡導學生在德智體諸方面全面發展。

期間，他推行了一系列革新措施，例如：為廣泛聽取全校師生員工的意見，在院務委員會之外，設立「國立廣東大學評議會」；在醫學院內實行分科管理，并增加附屬醫院內學生臨症及貧民就診時間；為應對法國物價高漲，增加廣東大學海外部里昂中法大學學生的生活補助費；支持文科改革的「擇師運動」，并妥善處理由此引起的風波；為總結和規範學校各項工作，編輯出版了《國立廣東大學規程集》和《國立廣東大學概覽》；重視發揮各類社團的作用，相繼在校內成立了國立廣東大學醫學會、國立廣東大學化學會、東方學報社、廣大世界語學會、國立廣東大學體育協會以及廣大學生會之平民學校等；此外，他還組織師生到黃埔軍校參觀訪問，定期邀請社會名流來校演講，組織豐富多彩的體育和文娛活動，等等。

在他的引領下，配合革命形勢開展一系列政治活動，例如：隆重舉行紀念孫中山逝世一周年典禮和講演活動；憤怒聲討「三一八」段祺瑞政府槍殺學生慘案，以及舉行紀念「五四運動」「五七國恥日」「五卅慘案」和「六廿三沙基慘案」等群眾性的反帝愛國活動。廣東大學作為領頭者，上述政治活動大多與廣東省和廣州市聯合舉行，除在校內召開大會外，師生們會後還上街游行，散發宣傳材料，并組織小分隊深入市區演說。他在總理紀念週上發表〈三民主義與三育訓練〉的演講，旨在將師生的革命熱情，引導到全面發展的實際行動中。

他的另一職責是在整頓廣東大學的基礎上，籌建「中山大學」。在3月13日第70次校務會議上議決，組織「籌備中山大學委員會」，褚民誼任委員長。

4至5月間，在他主持下由廣東大學秘書處匯編出版了《國立廣東大學規程集》[3.7]和《國立廣東大學概覽》[3.8]。

4月6日至6月22日，在廣東大學接連召開十一次中山大學籌委會會議，詳細審議通過了國立中山大學規程草案，呈報國民政府批准。

6月間，廣東大學秘書處出版《中山大學討論號》[3.10]。其上，他與醫學院教授溫泰華聯合提出了〈國立中山大學醫科學院之革新計畫意見〉[1.5]，并立即按計劃將醫學院附屬醫院的管轄權從外籍院長手中收回，以解決醫院與學校相互脫節的問題。

廣州國民政府統一廣東之後，立即著手準備北伐。褚民誼參加完第二次東征後仍挂職軍中，欲辭去校長職，積極投身其中。國民政府於6月1日下令挽

留他繼續署理校長，直至新任校長戴傳賢到校任職。當時戴氏遲遲未到，為使「中山大學」能按計劃於秋季招生開學，他提出十條議案為此做好準備。

7月9日，國民革命軍從廣州誓師北伐。

8月17日，國民政府命令國立廣東大學著即改為國立中山大學，并任命戴傳賢為中山大學校長，未到校前由新任教育行政委員經亨頤兼代。

8月27日到9月1日，「中國科學社第11次年會」在廣東大學召開，褚民誼作為東道主負責接待，會上報告本校成立後之經過，并作題為〈科學與生命〉之學術報告。

9月4日，國民政府批准褚民誼辭去署理國立廣東大學校長兼籌備中山大學事宜各職。

10月15-21日，在廣州召開國民黨中央執行委員會全體委員及各省黨部各特別區黨部代表聯席會議，討論應付時局、發展黨務等各項重要問題，譚延闓主席，褚民誼出席。時蔣介石在前方指揮軍事，汪精衛仍在法國養病。會上議決「請汪精衛銷假回國案」，推定何香凝、彭澤民、張曙時、簡琴石為代表，後又增加熟悉法語的褚民誼，擬擇日一同前往敦請。

10月18日，蔣介石總司令在北伐前線發電，委任褚民誼為國民革命軍總司令部後方軍醫處處長。

12月，國民政府及國民黨中央移至武漢，月初他奉派與中央同志，宋慶齡、宋子文、蔣作賓、陳群及蘇俄最高顧問鮑羅廷等人一同第二批從廣州出發，經湖南、江西南昌，10日到達武漢。

1927年

2月初，他受蔣介石派遣由南昌啟程秘密轉輾赴北平，試圖與李石曾一起設法請俄政府撤回顧問鮑羅廷。

3月10日，在武漢召開國民黨中央執行委員會全體會議，褚民誼出席并在會上提出〈國民政府增設衛生部之建議〉。他以當前革命潮流已由破壞時期趨於建設，為應環境與民眾之求及民族生存之健康出發，遵照總理遺訓，從衣、食、住、行、育、樂六個方面，對設立衛生部的意義和迫切任務進行了詳細論說，是我國政府建制歷史上，設立衛生部門的最早創議。

此外，該次會上再次呼籲在國外的汪精衛立即回國主政，并著派褚民誼赴

法國迎接。

3月18日，北伐軍攻佔上海，時值他的二女兒褚仲媯誕生，為了紀念，取名「申申」。

3月下旬，褚民誼奉派携代理國民黨中央常務委員會主席張靜江的親筆信，從上海乘船赴法迎接汪精衛。但船到西貢接電汪已返抵上海，他即換船折返，於3月底回滬。汪氏則於4月初去往武漢。

4月18日，國民政府在南京成立。寧漢出現分裂，他到武漢去拉攏，未果。

4月23日，中央政治會議上海臨時分會第六次委員會，增補自漢返滬的褚民誼為委員。

4月27日，國民政府任命他為「中法國立工業專門學校」校長。由於時局動盪，學校未能恢復正常秩序。他商教育部，將40名學生分兩批資送到比利時留學。

5月初，中央政治會議上海臨時分會議決成立「上海教育委員會」，推舉褚民誼為主席，在政局的轉折關頭，主持滬上教育。8日舉行教育委員會第二次會議，聘請幹事和秘書，制定本會組織大綱，明確權限，開展工作。會上議決了包括任免上海教育局長，以及有關大中小學校的接管、人事、經費、設施等緊迫問題。

5月9日，中央政務會議上，批准了李石曾等人提出的建議：在滬設教育行政委員會辦事處；開辦中央研究院，推張靜江、蔡元培、李石曾、褚民誼、許崇清、金湘帆為籌備員；開辦勞動大學，內分勞工學院、勞農學院兩部，推張靜江、金湘帆、許崇清、蔡元培、李石曾、褚民誼、張性白、吳忠信、嚴慎予、沈澤春、匡亘生等人為籌備員，院址在上海江灣。

5月13和19日，先後召開國立勞動大學第一和第二次籌備會議，李石曾主持，褚民誼等人出席，制定規劃，指派學校負責人。6月10日通過了勞工學院組織大綱，推聘沈重九為院長。

5月15日，成立於1924年的湖州同鄉組織「湖社」在上海務本女學校開社員大會。褚民誼到達上海後不久便通過楊譜笙和鈕師愈的介紹加入該社，在會上被選舉為第四屆候補（次多數）委員，並於19日召開的第三、四屆委員會聯席會議上遞補為委員，分工負責教育方面的工作。

7月以後，國民黨內各派對「清黨」的政見趨於一致，重新走向統一。

7月20日，莫干山肺病療養院開幕，褚民誼是創始人之一。

9月3-7日，中國科學社在上海假上海總商會召開第12次年會。南北教育和學術界名家學者，匯聚一堂，交流學術，共商科學興國大業。會前褚民誼與竺可楨、翁文灝、何尚平、何魯等人一起被推舉擔任演講委員會委員。開幕式上他代表中央教育行政委員會致辭，詳論科學救國之要意，并在會議結束前，代表科學社對工商界致謝。

9月15日，寧、漢、滬三方代表在南京舉行聯席會議，褚民誼出席。會上議決成立國民黨中央特別委員會（以下簡稱「中央特委會」），改組國民政府和國民黨中央軍事委員會。

9月19日，中央特委會第三次大會上推定特委會常務委員及中央黨部各部委員。其中，褚民誼、吳鐵城、孫科、林煥庭和宋子文任商民部委員，並推選褚民誼擔任「中央黨部商人部」主任，在寧主持部務。

10月1-10日期間，先後在上海舉行第一軍軍長劉峙、在常州舉行第九軍軍長顧祝同、在上海舉行第二十六軍代軍長陳焯、在杭州舉行浙江省政府委員等的宣誓就職典禮。接著11月1日在上海補行第十三軍軍長張定璠兼任上海特別市市長的宣誓就職典禮。他受中央特委會常務委員會的委托，在上述就職典禮上，代表中央黨部出席監誓并訓話。

10月14日，商人部在南京召開第一次部務會議，褚民誼主持，落實組織機構，全面安排各項工作。

10月17日，國民黨中央特委會第六次會議議決，由鄒魯、褚民誼和傅汝霖先行擬定訓政實施方案委員會組織大綱。經中央第九次會議修正通過後，褚民誼等五人即被中央特委會指定為「訓政實施方案委員會」常務委員。

11月7日，國民政府成立之初建立主管研究和教育的大學院制度，褚民誼被聘任為大學院大學委員會委員，發佈在是日的《時事新報》上。

11月11日，褚民誼應邀到上海復旦大學演講，講辭要旨；一、求學問須求為社會而不為個人的學問；二、政治未上軌道，可多致力於革命，政治已上軌道，則須多用功讀書。

11月18日，國民政府第17次常會議決，任命褚民誼為監察委員。

11月間，他以黨既清而又合，為發揮自己學識之所長，向中央提出辭去黨內本兼各職，赴法國繼續從事學術研究的請求，因受中央及各方的挽留而暫緩。

12月3日，國民黨二屆四中全會舉行第一次預備會議，褚民誼等被遞補為中央執行委員。他在國民黨重組恢复統一的關鍵時刻，受命組織中央秘書處，

出任秘書長。

12月17日，汪精衛引退，離滬赴歐，四中全會由蔣介石負責籌備召集。會議地點確定在南京後，中央秘書處即先行於31日由滬遷寧。不日，蔣介石亦偕國民政府主席譚延闓由滬抵寧復總司令職，並通告各委員來寧召開四中全會。

是年，由郭琦元於1926年秋在上海創辦的「東南醫科大學」成立校董會，請北伐抵滬後的褚民誼擔任主席校董。

1928年

1月3日，國民政府議決派褚民誼赴歐調查衛生，俾以後政府整理衛生積極參考施行。

1月間，四中全會原擬月初召開，但由于各派意見分歧，一再推延。為此他推遲出國，多方進行斡旋，并於1月17日在申報上公開發表題為〈分治合作即分工合作〉的論文，提出了正確處理中央與地方的關係，避免各走極端，從亂走向治的意見。

2月2-7日，國民黨二屆四中全會在南京召開。褚民誼在3日的大會上提出了〈改定中央黨部組織標準案〉[1.6]。提案中闡述了「德、智、體、美、群」五育全面發展的教育思想，並依此建立黨的中央機構。其中的「群育」是他基於人的社會性，在此首先提出來的。

2月10日，他到上海中法國立工業專門學校就職，高中部恢復上課，并宣布赴歐考察期間所有校務由李宗侗代理。

2月11日，自滬登船赴法國。此次奉使赴歐考察衛生半年有餘，歷訪瑞士國際聯盟會，以及法、比諸國，考察各國衛生行政和社會衛生狀況；同時還在國際上開展揭露日本釀成濟南「五三慘案」真相等諸多宣傳活動。期間，曾于7月中旬，應邀訪問比利時，到各大學做主題為《新中國》[1.7]的系列演講，並關心中國留學生的學習和生活狀況。

7月21日，因在國外不克參加八月在南京召開的第五次中央全會，致電吳稚暉、蔡元培、張靜江和李石曾諸委員，向會上提出包括在政府中「增設衛生委員會或部」的八項提議。

9月14日，乘船回到上海。通過在歐洲廣泛深入的調查研究獲得大量資料，有關衛生的書籍就帶回兩大箱。特別是他代表政府與設在瑞士日內瓦的國

際聯盟衛生組織建立了密切聯係，從該組織取回的資料就有十數厚卷。此外，他還征得了法國方面的幫助，擬應對疾病流行，在上海創辦細菌研究學院（巴斯德學院），回國後他即向中央報告并提出建議。

旅歐期間，他一直堅持太極拳運動。為使單人也能練習太極推手，在旅途舟中萌發創意，發明太極球、太極棍等太極推手器械，成為首先實行國術科學化的一項創舉。

9月24日，國民黨169次中常會議決，補充褚民誼為政治會議委員，繼續主持秘書處的工作。

10月1日，他作為中法國立工業專門學校中方校長和訓育主任，第一次與全體學生見面講話，提出了辦學設想和對學生的要求。

是日，國民黨第171次中央執行委員會會議，推舉他負責籌備北伐勝利後，在首都南京隆重舉行的國慶活動。他針對當時政見紛爭之亂象，於國慶前夕撰文〈北伐以來的回顧與希望〉，呼籲以黨義為重，團結一致，發展大好形勢。提出了按總理之建國大綱，「政策統一、權限分明、分工合作、實事求是」的十六字方針。

10月10日，他於國慶節之際，發文〈衛生救國論〉，呼籲全國上下重視衛生。

10月11日，「衛生建設委員會」成立。該會由中華民國建設委員會會同內政部、南京特別市政府設立。是日召開第一次委員會議，推定褚民誼、胡定安、宋梧生、彭濟群等七人為常務委員，褚民誼為常務主席。議決在首都建設中央醫院；為防治傳染病，在上海設立巴斯德學院，并推動北平及其他地區防疫處的工作；在南京、北平、莫干山等地建設天然療養院等三項規劃。

在褚民誼大力推動下，國民政府議決衛生行政從內政部下屬的衛生司獨立出來，專設衛生部，以加強管理，這在我國尚屬首次。為此，他向中央提交了〈衛生部設置之意義及其組織法之說明〉的建議。衛生部成立後，國府任命原內政部長薛篤弼擔任該部部長，他則積極從旁協助。

10月15-20日，中央國術館舉行第一次國考，在公共體育場隆重開幕，各省應考員三百餘人，各界來賓及參觀者達數千人。該館於是年3月成立，張之江任館長。蔣介石、譚延闓、馮玉祥、李烈鈞、李濟深、戴季陶、何應欽、朱培德、張靜江、褚民誼等黨政軍要員應邀出席開幕式。

10月26日，出席「大學院大學委員會」。鑒於教育部取代了原大學院，會

議議決將該委員會更名為「教育部大學委員會」，褚民誼繼任委員。

10月29日，應邀在大夏大學的紀念週會上，做題為〈個人衛生〉的講演。

10月30日，《時事新報》上發表了褚民誼題為〈體育與勞働〉的論文，闡發了勞心與努力相結合以及教育與生產勞動相結合的意義，並在此基礎上向教育部提出了〈以勞働工作代替體操案〉。

11月1-10日，在南京召開第一次「全國禁煙大會」，有來自各省、市以及全國性組織的五百餘名代表出席。在1日的開幕式上褚民誼代表中央黨部致訓詞，指出為鏟除鴉片的禍害，要將禁種、禁運、禁吸、禁售同時實行，須由政府與民眾團體聯合，共同籌議實行。該訓詞以〈以革命的手段來剷除鴉片〉為題，編入國民黨中央執行委員會宣傳部，於該年刊印的《禁煙宣傳彙刊》[3.15]中。

11月5日，應邀在交通大學做題為〈勖學生以科學救國〉的講演。

11月8日，「南通大學」開學。該校由原農、醫、紡織三個專門學校合併而成。褚民誼應邀出席，在次日第一次校董會上，被推舉為董事會主席，何玉書任副主席，張孝若為校長。

11月11日，為溶合各派以促進國術之發展，由褚民誼、李芳宸等發起組織的「中華國術協會」，假中法工專開成立大會，褚民誼被推為理事長。事前曾在褚氏主持下，於是月3日在該校召開第一次籌備會。

11月17日晚，上海各大學聯合會借寧波同鄉會舉行同樂會，由胡適之主席，到十八校及來賓蔡子民、韋慤等一百四十餘人，會上褚民誼表演國術太極拳和舞劍，又與吳經熊相繼踢毽子，宣傳和提倡這項平民體育運動的優點。

是日《申報》上發表了褚民誼〈國術與體育〉的論文，為引導國術向正確方向發展，闡述了「提倡國術，當以合於體育為目標，而使之科學化、團體化」的意見，提出了努力將國術發展成為一種有組織、有系統、有學理、有法術的最完美的體育，以貢獻於世界人群的目標。

11月22日，「中華國貨展覽會」在上海開辦二十餘日後，市政府舉行記者招待會。褚民誼應邀在會上發表演講。除強調國貨展覽會舉辦之必要外，著重闡述了「國術與體育」問題，並作太極拳表演。嗣後又於12月2日展會湖州宣傳日上表演太極拳，以助盛況。翌年元旦，展會閉幕後，褚氏發表〈對於中華國貨展覽會之感想和希望〉的演講。提出根本解決辦法：一是政府要保護民族工商業，取消不平等條約，關稅自主；在民眾方面要提高愛國心，不買外國

貨；並且希望國內的學者工業家發憤研究科學，改良製造，一洗中國工業落後之恥。

11月24日，《申報》上披露了〈褚民誼對運動比賽的的意見〉，力圖糾正體育追求比賽而不以健康為目的錯誤傾向，首次提出了以器械測力和生理學測量代替激烈對抗比賽的標準比賽方法。在此基礎上他向衛生部、教育部提出了〈改良體育以保健康案〉。

11月25日，褚民誼主席召開「醫藥評論社」發起人大會，有過半數的三十餘位發起人出席，討論通過了本社之緣起和簡章草案，以及《醫藥評論》半月刊的出版等事宜。

11月28日，他訪歐歸國定居上海後回故里，在南潯南柵父親家中補辦喜酒。有嘉業堂主南潯首富劉鏞之長孫劉承幹等出席。

12月3日，應邀在國立暨南大學做題為〈體育與衛生〉的講演。

12月15日，衛生部首次發出舉行全國大掃除的通令，首都於當日在市府大禮堂召開大會，向南京和全國發出衛生總動員，并進行一次衛生知識大普及。大會主席團由薛篤弼、褚民誼等人擔任。此次活動除號召幹部和市民在街道和室內進行大掃除外，還舉辦名人及專題演講會，通過中央廣播電台向全國廣播。褚民誼的廣播演講題目是〈鄉村衛生與城市衛生〉，提倡革除不衛生的壞習慣，在衣食住三方面搞好個人衛生，并針對城市和鄉村各自的特點，提出了諸多具體的建設意見。衛生部還宣布，今後每年初夏5月1日和年終12月15日，各舉辦一次衛生運動大會。

12月16日，褚民誼在滬寓所內歡宴南來與國府談判的法國公使瑪爾及滬領事等賓客。中方有工商部長孔祥熙、淞滬警備司令熊式輝，以及留法歸國名人鄭毓秀、宋梧生等人出席。宴畢，由褚氏偕展會主席趙晉卿，陪同法使法領參觀中華國貨展覽會。

12月25日，由褚民誼發起在國貨展覽會期間舉行的踢毽子比賽，分別經22日和23日的試賽和預賽後，於是日下午在國貨展覽會音樂亭進行決賽，褚氏親任評判並於31日展會閉幕時頒獎。

12月26日褚民誼偕其尊人褚杏田及絲商邵如馨，謁行政院副院長兼軍政部長馮玉祥，詳細討論中國絲業復興問題。

12月25-27日，「美社第一回照片展覽會」在南京通俗教育館舉行，觀眾免費入覽。作品共有二百餘點。該社是是冬由張篷舟等攝影愛好者發起創立

的第一家民間攝影團體。褚民誼是其早期會員,參展照片有風景廬山「雲霧」「蓮花洞」「白鹿洞」及「西貢之虎」「西湖之月」「寶叔塔下」「歸帆」等多幀。此外,尚有個人照片裝訂成冊者,計褚民誼所攝各國風景六冊、太極拳一冊,張蓬舟所攝東征雜綴一冊,及何玉書巡視江南寫真一冊等。又於展覽日期間,在會場中贈送出品特刊一種,及《時報》贈品。美社攝影展的成功舉辦,引起京、滬藝術界的關注和歡迎。其後的各次展會則采取在京滬各地輪展的方式進行。

1929年

1月1日,《醫藥評論》[2.15]創刊。褚民誼任社長,旨在提倡民眾科學化、社會衛生化、醫藥科學化和政治衛生化。出版前期為半月刊,他任主編,編輯部設在其寓所內,1930年獲比利時國際博覽會金獎。1932年9月15日改為月刊,他仍為社長,宋國賓任編輯部主任,直至第151期(1937,7,15)後停刊。褚氏在該刊上就議政和科普等方面前後發表文章40餘篇。

1月10日,國民政府宣告成立「國軍編遣委員會」,擬統一并裁減軍隊編制,大幅縮減軍費開支,在全國設六個編遣區辦事處,分區實施。

2月12日,世界社為促進中法文化事業,蔡子民、吳稚暉、張靜江、李石曾、王寵惠、褚民誼,魏道明,鄭毓秀,特邀請中法各要人,歡宴於中法學堂新屋。

2月23-25日,在南京召開「中央衛生委員會第一次會議」。該委員會系衛生部接受褚民誼等人的提議,為規劃全國衛生建設,邀集專家組建而成。會議由衛生部次長劉瑞恒主席,國民黨中央黨部委派褚民誼委員到會致訓詞。他對各位委員專家寄語重任,諄囑歐美各國的先進衛生方法值得效仿,但要加以研究和鑒別。會上提案四十餘件,他與宋梧生、顏福慶商議,擬具了包括:〈學生及公務人員應施行體格檢驗〉〈通商巨埠應設立花柳病治療所〉〈亟應製造BCG痘苗以預防癆瘵〉〈應分設新舊醫藥研究所〉等四項議案。

此外他還在會上提交了〈改良體育以保健康案〉,提出了運動比賽擬採用標準比賽和各級學校運動宜列入踢毽子一門的建議,於24日討論議決交衛生部和教育部辦理。

為了取得經費支持,會議一結束,他就向國民黨中央政治會議提出了,請

由中央撥定關稅及退還庚款之一部分，作為衛生建設所需經費之議案。

會後，意外地出現了所謂「中醫存廢問題」的激烈爭議。其誘因是，會前衛生部頒佈了〈醫師藥師暫行條例〉，由衛生部成立前內政部下屬的衛生署制定出來。該條例要求凡具有醫師資格者，必須註冊登記取得證書後方能行醫。會議進行了認真討論，根據中國現時嚴重缺乏醫師的狀況，作出了放寬資格要求和延緩登記限定期限的修改。消息傳出後，眾多中醫群起反對，「廢止中醫」的指責聲鵲起。對此，褚民誼在不同場合接連發表了〈必如何始能致醫藥前途昌明與光大〉以及〈褚民誼演講醫藥問題〉等論說，以澄清中央衛生會議之實情，及其本人秉持「改良中醫，發展中藥」的旨意。

3月初，由前中法國立工業專門學校法方校長梅雲鵬於1912年7月創辦的「上海法文協會」增添李石曾、褚民誼為董事。

3月5日，第六次國軍編遣會常會上，他被指定為第四編遣區辦事處黨代表，3月11日國民政府正式委任他為該區辦事處委員，辦事處的主任和副主任分別是白崇禧和胡宗鐸。不久轄區內發生湖南兵變，對抗中央，該辦事處遂於4月1日奉國民政府令撤銷。8月31日國民黨中常會上批准了褚民誼的辭呈。

3月11日，下午三時在學校大禮堂舉行中法工專成立八週年紀念典禮，褚出席致詞。

3月15-28日，在南京召開國民黨第三次全國代表大會，正式宣佈軍政時期結束，訓政時期開始。會議進行了一系列人事安排和組織處理。褚民誼當選為候補中央監察委員。會上他提出如下三項提案：（一）〈訓政時期黨政工作應分別規定案〉，以圖糾正日益顯露的「追求行政權力，黨政不分」之弊病；（二）〈確定衛生建設經費以固國本案〉，強調衛生乃強國利民之公益事業，必須由國家給以必要經費支持方能臻效的意見；（三）〈登記專門人才以便量才錄用案〉，建議設立專門人才登記機關，以使人盡其才、才盡其用。

4月8日，為改組北洋政府時期成立的原中比庚款委員會，中國和比利時政府雙方確定出新的人員名單。中方代表團經行政院議決，由有關六個部各派一名組成，委任教育部代表褚民誼為委員長，委員外交部胡世澤、鐵道部黎照寰、內政部杜曜箕、衛生部蔡鴻、財政部曾宗鑒；比國代表五人，史德曼任委員長。

4月10日至5月10日，教育部在上海召開「第一次全國美術展覽會」。這是我國首次由政府出面舉辦的全國性美術展覽會，展出書畫、金石、西畫、雕塑、工

藝美術和美術攝影等作品萬餘件。蔡元培和楊杏佛分任名譽會長和副會長；會長蔣夢麟，副會長馬敘倫，吳震春；總幹事陳石珍（後孟壽椿代）。大會聘請國民政府最高長官蔣介石、譚延闓等22人為名譽評判員；地方長官和各界名流熊式輝等9人為名譽顧問。展會最高機關為總務委員會，委員26人，常務委員11人，負責處理各項事務。褚民誼任常務委員，並在會上展出多幅攝影作品，其主題有〈晨曦〉〈海面渡船迎夕照〉〈靜物〉和〈小友〉等；並於會前發表題為〈美術與人生〉的論文，著重說明美育及舉辦全國美術展覽會的意義。

4月14日，經褚民誼等發起，「留法比瑞同學會」在上海開成立大會。褚主席，並被推選為執行委員。

4月21日，褚民誼在中法國立工業專門學校的寓所內，召集中比庚款委員會中國代表團第一次談話會，議決中國代表團辦事細則，聘任劉錫昌為大會中方秘書，農汝惠為法文佐理，田守成為中文佐理。嗣後，劉錫昌又被確定為中比雙方會議的秘書。

4月25日，應邀到崑山縣立中學發表題為〈中學生應當怎樣修養〉的演講，對學生「德智體美群」五育全面發展進行了深入淺出的講解。

5月10日，「中比庚款委員會」在南京外交部外交賓館舉行成立典禮。議決第一次會議由中方委員長主席，以後會議，雙方委員長輪流主席。會上兩委員長先後演講，闡明本委員會的任務和議事原則。

6月1日，孫中山靈柩在首都舉行奉安大典。褚民誼推定為中央黨部全體職員參加迎櫬行列的總指揮。並在上海參與負責籌建孫中山銅像和紀念堂。

6月6日，杭州「西湖博覽會」開幕。該展會由浙江省政府主席張靜江創議，於去年10月27日成立籌備委員會，褚民誼任委員兼參議。黨政要員，朱家驊、林森、褚民誼、孔祥熙、蔣夢麟、蔡元培等出席開幕式。展會規模宏大，展出物品14.76萬件，觀眾累計2000万人次，至10月20日結束，在國內外產生重要影響。

展會開幕之際，浙江省國術館補行成立典禮。國內武術名家到會表演，他應邀出席講話，提出國術要民眾化和科學化的口號，并將新發明的太極推手器械與武林高手比肩亮相。

展會期間，張靜江發起在杭州舉行全國運動會，經國民政府蔣主席復電贊同後，即著手籌備。教育部擬屆時召開全國體育會議，特設全國體育會議籌備委員會，指定褚民誼為委員長。為此他曾于7月中旬由滬赴杭，進行實地考察

和指導。

6月17日，中比庚款委員會在上海召開第二次大會，開始對資金資助提案逐項進行討論。委員會從4月中旬任命組成到8月5日第九次大會的近四個月時間裏，在中方委員長褚民誼的悉心籌劃下，歷經九次全體大會，以及在他的寓所內召集的六次中方代表團提案預備會議，和七次雙方聯合提案審查會議的充分醞釀和討論，中比雙方共同制定出資金補助的全盤計劃，歸納為教育、衛生、慈善三大類，共計35項。大會結束後，設立常務委員會，執行日常工作，由中方褚民誼、曾宗鑒、黎照寰；比方史德曼、愛勒斯、呂比斯共同組成，每月開會一次，任期一年，得連任。此外，還決定組織衛生建設基金委員會，聘請蔡元培、李石曾、宋梧生、葛成之、劉永純、褚民誼、蔡鴻七人為委員。

6月間，上海革命週報社作為革命叢書，將褚民誼在法國從事革命時期，在《新世紀》週刊上發表的〈普及革命〉和〈無政府說〉兩篇長文，以《普及革命》[1.8]為書名再度發表。

6月20和21日，入夏以來上海霍亂流行，褚氏先後視察了「上海平民醫院」和「急救時疫醫院」。兩者均為救助貧民的義務醫院。前者由褚民誼、許世英、林康侯、杜月笙等人發起成立；後者由院長黃楚九、王曉籟、葉山濤等創辦，已成立四屆，本屆董事會公推褚民誼為名譽院長。，

7月13日，為填補我國無藥科專業人才培養之空白，褚民誼、李石曾與上海醫藥界名流二十餘人，在上海舉行「中法大學藥學院」發起大會。他在會上發表實施方針，并針對新藥大量仰仗外人進口的局面，明確提出發展我國藥業，從自行販售，到自製，進而創新三步走的方針。該校由中法大學和上海新藥業公會共同資助，並得到中法教育基金委員會的撥款以及後來法租界工部局的贊助。會上推選褚民誼等九人為董事。在隨後召開的第一次董事會上，通過了該院簡章，公推褚民誼為院長，蔡元培為董事長，宋梧生任教務長。

7月間，褚民誼編撰的《太極拳圖》[1.9]專著，合并在中法大藥房所屬上海九福公司發行的《康健指南》中出版，免費向公眾發放。該專著首次將他於1926年攝得的全套吳鑑泉太極拳式和他最新發明的太極推手器械（棍和球）公諸於世。

7月15日，在南京假勵志社表演太極拳，並陳列新發明的太極拳推手器械，同時加演總理奉安影片，特邀中央黨部全體人員參加。

7月19日，「上海平民醫院」得到了黨國商報各界的贊助，是日召開董事

會，推舉褚氏為董事長。

7月21日，中法大學創辦人蔡孑民、李石曾、褚民誼，宴請上海藥界等30餘人，舉行「中法大學藥學院」第二次籌備會。會後即於8月份開始招生，正科四年，并設有補習班。

8月間，大東書局將他近二三年來的言論和提案，蒐其要者，彙編成冊，集文56篇，取名《褚民誼最近言論集》[1.10]面世。該書与此前出版的《普及革命》[1.8]一書相聯系，從中可以窺出他始於辛亥革命「以民為本」思想的發展脈絡。

8月16日，他在《醫藥評論》上公開發表〈致衛生部部長薛篤弼書〉。針對該部至今猶未能執行中央衛生委員會作出的各項決議，特別是對部頒醫藥師登記條例作出放寬和延期執行之修改決議，遲遲未予實行，褚民誼予以嚴詞質詢。

8月21日，為挽救國產絲業衰敗，於是月初成立起來的的「中華國產綢緞上海救濟會」，特函聘上海市長張岳軍為名譽委員長，褚民誼和虞洽卿為副委員長。

8月20和24日，中比庚款委員會首批資助赴比利時的中國留學生，分兩批出國。此次派送留學生，與試者百餘名，通過中方褚民誼，比方愛勒斯，會同教育部特派員楊芳共同考試，錄取20名。据中比友誼會統計，自1929年至1930年間，全國14个省份中國留比學生共計274人，其中受有教育部官費者16人；受有中比庚款津貼者64人。

9月4日，比利時國王阿爾貝一世簽署命令授予褚民誼「利奧波德二世大臣勳位勳章」。該獎項由中比大學聯合會向比國科學藝術部呈報推薦，其後通過在北京的比利時駐華大使向褚民誼正式頒發證書和勳章。

9月16日，從維護醫師自身的權益出發，在褚民誼的支持下，於上海成立「全國醫師聯合會籌備委員會」。

9月23日，按教育部規定要求，「中法大學藥學院」更名為「中法大學藥學專修科」，於是日舉行開學典禮。褚民誼學長主席並致詞，法國總領事霍克林到會演說，前駐法代辦齊致代表中法大學向來賓致謝詞。

9月24-25日，應館長張之江之邀，作為國術館考試評判員，出席在南京舉行的第二次中央國術館考試。

9月27日，他偕夫人到達北平訪問，晤李石曾，訪法國公使，處理一九中法科考團事宜。還應邀出席國家農學院開學典禮，發表長篇演說，並應省黨部

請，參加紀念週演講等活動。

10月5日赴內蒙古察哈爾和綏遠等邊遠貧困地區，實地考察比利時人在那里業已開始興辦的醫院和學校等慈善事業，考查中比庚款委員會支持這些重點項目的資金分配及實際效果，約一周後回北平逗留數日，於17日啟程返回南京。

10月16日，行政院據工商部和教育部提議，任命他為中國參加「比利時國際博覽會」代表，該展會為紀念比利時獨立一百周年將於1930年5月3日至11月3日舉行。經費除政府撥款外，尚獲得中比庚款委員會的資助。經他呈報，組成「國民政府參加比國博覽會代表處（籌備處）」，以褚民誼為總代表，劉錫昌為副代表。籌備處設在中法國立工業專門學校褚寓內，其下設總務、會務、編制三組分工辦事。

10月26日，大華醫院及附設之產科學校在法租界寶華路建造之新屋落成後，於是日成立董事會，舉行第一次會議，眾推褚民誼為董事長。

11月2日，中國科學社在上海興建的「明復圖書館」舉行奠基典禮。蔡元培主席，孫科揭幕，各機構代表及社員吳稚暉、蔣夢麟、褚民誼、楊杏佛、胡庶華、王雲五等百餘人出席。

11月8-10日，「美社第二次攝影展」首先在上海時報館舉行，計人像、靜物、風景出品約共二百點。社員二十餘人，大都均有作品送會。黨國聞人何應欽、褚民誼、何玉書諸氏，各有作品數件在場陳列。到場觀覽者，半日間計有三百餘人。來賓可無須入場券。接著，該次展會於是年12月6日至8日轉至南京中央大學舉行，開幕當天到者約二千人，計有作品一百七十四幀，為社員中三十九人之傑作，殊為首都藝術界放一異彩。

11月9-11日，「全國醫師聯合會」成立大會在上海召開，到17省40餘團體所推代表80餘人，會上討論通過了40餘項提案。會議特別關注醫師登記和醫事教育兩大問題，並發表通電，分致國民政府蔣主席、行政院譚院長和衛生部劉部長。褚民誼出席大會，被推為臨時主席主持預備會議，並在大會上被推選為監察委員。會後，他即以公開退還醫師證書的堅決行動，敦促衛生部按大會決議修改醫師登記條例。嗣後，每二年按期召開一次代表大會，褚民誼均當選為監察委員。

11月13日，為廣泛徵集參加比利時國際博覽會的國內展品，褚民誼邀集工商等各界領袖組成「徵集出品委員會」，在他的寓所開第一次會議。會上推舉

林康侯和王曉籟分任徵集出品委員會的主席和副主席，討論通過了徵集出品規則，並假前上海總商會會址為徵集出品辦公處。時逢西湖博覽會閉幕，從中徵得有價值出品不少。嗣后，經過努力終得賽品一百八十餘箱，分三批從海上運往比利時參展。

11月16日，在杭州舉行的「國術遊藝大會」開幕并進行表演，21日開始比賽。開幕式上張靜江等黨政要人，國術名家李景林、褚民誼、孫祿堂，以及比試人員、新聞記者等六千餘人到會。褚民誼在會上發表演說並進行表演。

11月19日，褚民誼偕國聯衛生部部長中國衛生部顧問拉西曼往江灣勞動大學演講後，同往新籌設的勞工醫院及大華醫院參觀。拉氏對該兩院設備多所指導，並甚佩褚氏熱心社會事業。

11月30日，「大華醫院」新樓落成，舉行開幕典禮，到會中外賓客數百人。該院為私立醫院，褚民誼任董事長，主持典禮。醫院大樓為四層洋房，設備齊全，其中有購自德國的最新式手術台，并設免費產房一間，專收貧困產婦等。

12月15日，「上海勞工醫院」成立，由院長褚民誼主持開幕典禮。該院設在滬西勞工集眾之區，是國內首家免費為工人治療的專設醫院。其前身為是年該區黨部設立的臨時時疫醫院。疫情過後，市黨部委任褚民誼為籌備委員會主席，將其改造為常設之勞工醫院。經費由救國基金項下撥給，并向工廠和善士募捐維持運轉。醫務設內科、外科皮膚花柳科、眼耳鼻喉科及產婦小兒科四科；醫療設施分為診治和住院兩部，前者可進行手術、化驗、X光診斷和光電治療等，并有藥房給藥，均免費；後者有床位90多張和為女工設立的臨產室和產房。此外，還備有救護車，接送重症病人。開辦半年來救治病人近三萬，深受貧困工友的歡迎。

12月18日，「上海國術比賽大會」開幕，中外參觀者達五千餘人。該會為慰勞東北將士及振濟災區難民，由李景林、褚民誼、張群、王曉籟、張嘯林、杜月笙諸君發起，李景林和褚民誼負責籌備。20日開始比賽，有遠自雲南、新疆、貴州等省的選手一百七八十人參加，其間穿插名家表演。29日褚民誼在第七場賽會上，講解和表演新製成的各種測力器，以及太極球、棍和藤球運動。因連日陰雨等原因，賽會延至次年1月7日決出名次後，圓滿謝幕。

1930年

1月1日，原上海「東南醫科大學」更名為「東南醫學院」。該決定是在去年12月由褚民誼召集的董事會上，按教育部之新規，修訂會章，報部批准後做出的。

新年伊始，科學社上海社友會舉行十九年度新年同樂會，到會百餘人。蔡元培、褚民誼、胡適、楊杏佛等應邀先後發表演講。

1月14日，上海各界名人並中外記者三百餘人在大華飯店舉行盛大歡送會，歡送梅蘭芳赴美訪問演出，張岳軍市長主席致歡送詞，褚民誼等相繼演說。褚氏還特備一精緻小冊，請來賓簽名，題曰「鵬程萬里」，贈梅君以為紀念。

1月15日，他在《醫藥評論》上發文〈中國醫學教育之前途〉，剖析和批評了當時中國醫學教育中，存在不同國度留學者間門派林立的弊病，提出了整頓我國醫學教育的建議，包括：打破各校藩籬統一使用中文進行教學；有系統地組織和編制全國統一的醫學教育制度和課程體系；編制醫學上應用之各種單字及術語的中西文對照辭典；設置醫學研究院為全國培育健全的醫學師資等意見。

1月18日，梅蘭芳及同行二十二人在滬登輪放洋赴美，褚民誼、錢新之及英使藍溥森等百餘人到碼頭送行。

2月初，「中華醫學會」在上海召開第八屆大會，他被推舉擔任執行委員。會議期間，褚民誼等發起成立「中華衛生學會」，推舉褚民誼、劉瑞恒等十五人為理事，宣告學會成立。

2月10-12日，在南京舉行第二次中央衛生委員會會議，褚民誼出席並在開幕式上發表演說。他受全國醫師聯合會第一次代表大會的委託，將其八項決議案帶到會上提出討論，結果照原案通過，交衛生部辦理。

2月23日，上午「中華民國藥學會上海分會」成立，他被推選為五委員之一。是日下午，在褚寓召開「中華衛生學會」第一次理事會，公推褚民誼為理事長，顏福慶、全紹清為副理事長，分工負責總務、宣傳和交際事宜；每年出會刊兩期；會址暫設褚寓。

3月1-6日，國民黨召開三屆三中全會，他與朱家驊聯名提出〈厲行本黨教育政策案〉[1.11]，議決交政治會議討論。提案全文在《申報》等媒體上公開發表。文中主張，本黨教育政策，當前應以實行國民義務教育、成人補習教育

和職業教育為重點。并在提案的第二部分，提出了一系列實施辦法，分為總綱，國民義務教育（六年免費小學教育），成人補習教育，師範教育，職業教育以及免費與獎學等六個部分，就相應的組織領導、設施建設、法令法規、優惠政策、收費標準、經費來源和奮鬥目標等作出了規劃。

3月9日，「中法大學藥學專修科」全體教職員學生開會歡送褚民誼學長赴比利時參加國際博覽會。

3月10日，他在中法國立工業專門學校內建設的「太極鬥球場」舉行落成典禮，出席者有蔡元培、李石曾、王正廷、丁超五等中央要員，鐵道部、海軍部和中央國術館的代表，滬上名人、國術專家，以及法、比兩國駐滬領事等中外來賓七八百人。褚民誼親自表演鬥球運動，演畢又與吳鑑泉等表演太極推手球和棍，繼而請武術名家表演各種武術項目。

3月15-20日，在鎮江召開「江蘇省運動會」，省教育廳長陳和銑任籌委會主席，褚民誼任籌委會常委，兼獎品部主任。18日在他的主持和指導下，首次試行他所提出的「三驗」健康比賽，目的在於以科學的方法檢驗體格、測驗體力、考驗體能，以防止和糾正體育以比賽為目的、損害健康的錯誤傾向。

3月17日，由褚民誼發起的「新醫藥總會所」籌備員推選大會，於是日晚在上海新藥業公會召開，到各醫藥界團體代表百餘人。其建所目的在於集全國新醫藥界各團體於一堂，力圖消除門派分歧，加強交流和團結。

3月20日，衛生部聘請他為新設立的「國立中央醫院委員會」委員，同時受聘者有孫科、孔祥熙、顏福慶、牛惠生、蔣可宗和金善寶七人，並有衛生部當然委員劉瑞恆和梅貽琳二人。

3月22日晚，在中國寰球學生會上發表題為〈體育之方法與目的〉的演講，重點闡述太極拳在時間經濟、金錢經濟、力氣經濟方面之三大優點。該文擬譯成英、法文字，應邀在國際聯盟會將於五月中旬在日內瓦召開的體育教育會議上發表。

3月23日，中午「中華衛生學會」理事會在褚寓公餞褚理事長赴比利時，宴畢召開第二次理事會，議決褚氏出國期間會務悉由顏福慶副理事長辦理，並接納中比庚款補助費一千元。

下午三時在褚宅召開「新醫藥總會所」籌備委員會第一次會議，公推褚民誼為委員長，黃楚九、徐乃禮為副委員長，並確定文書委員、經濟委員和幹事名單。會上通過了在上海建設新醫藥總會所的意見書及其募捐辦法。

4月1-10日,「第四屆全國運動會」在杭州召開,有來自36个團體二千餘名選手參加。包括蔣介石在內的眾多黨政要員出席開幕式并訓話。褚民誼因行將帶團出國參加比利時國際博覽會,在開幕式上講話後即离杭返滬。

4月5日,褚民誼率團員數人,在各有關團體和組織歡送餞行後,從上海乘法郵輪啟程赴歐,出席在比利時列日舉行的國際博覽會。偕同前往的有秘書周世達、美術專家許士騏、電氣專家鄒福松、體育專家金壽峰等。副代表劉錫昌及其他籌備人員,已先行派出赴比籌備。

同船前往比利時的還有中國留學生二十餘人,旅途中褚氏除每日詳述歐洲語言文字、風俗習慣外,並作有系統之演講,關於科學、衛生、體育等重要問題。褚氏積數十年留學經歷所發表的演講,經許士騏整理,撰文〈留學方針與責任〉[1.12],公之於眾,供國內有志留學者參考。

4月11-14日,經停越南西貢,受到僑胞各界及法越當局的熱烈歡迎。他在國民黨支部和僑胞的歡迎會上發表演講,為建設上海「全國新醫藥總會所」募捐。次在精武體育會的歡迎大會上闡述太極拳省時、省錢、省力之優點,並現場表演太極拳。此外,他還在中越舊條約之廢除、新約緩簽的情況下,努力設法消解法越當局對僑商的無理經濟盤剝和刁難。

5月13日,褚民誼抵達比利時,當即親赴展覽會場,督工裝飾和布置「中國展館」。不一月,具有鮮明中華民族風格的中國館落成。

到比國後不久,他發現另一設在安特衛普有關航海和殖民地內容的覽會中,在日本館內,日人竟將東三省南滿鐵路一帶地區,視為其殖民地。為此他與我國駐比代辦一起,向日本大使及其參加博覽會代表,幾經嚴正交涉,終得將其各種侵犯我國國權之陳列品撤換。

6月16日,中國館於上午行升旗禮。下午舉行開幕式,比國政府代表和各界名人,各國參會代表,及博覽會執行委員會主席等先後蒞止。禮成後,由褚民誼導引參觀。晚間,舉行盛大宴會,并有中國遊藝助興,他亦客串表演其中,參觀者達數千人。

中國館展出的內容,包括教育、農業和工商業三大類,褚民誼為中國館總目錄《比國獨立百週年紀念博覽會中國陳列館總目錄》[3.19]專輯撰寫序言,綜合介紹各類展品,並對我國的特色產品著重加以說明。

他還藉葉恭綽之助,在國內徵得中國現代畫家的精品180餘幅,其中不乏黃賓虹、高奇峰、高劍父、陳樹人、徐悲鴻、王一亭、呂鳳子等名家大作,在館

內輪換展示，并以《中國美術》[3.20]為書名，印發全部畫作的名錄，由他題寫序言予以說明。展會後期又假比利時美術會會址，舉行「中國美術展覽會」，將所有繪畫同時展出。10月5日，在他主持下舉行開幕典禮。嗣後，還將其中80餘幅國畫，借與法國里昂中法大學，在雙十國慶節舉辦「中國藝術展覽」。此舉不但宣揚了我國的美術，也為我國近代畫家敞開了通向世界的大門。

此外，為了在國際上宣傳三民主義，他將近七百頁之法國神父德埃列亞撰寫的關於三民主義建國大綱的法文專著《中山孫文三民主義－翻譯、註釋和評價》[3.21]，在會前再版，趕印三千冊，帶到會上散發。為使讀者能正確理解三民主義的要義，消除書中某些偏見，他還撰寫了《告讀三民主義者》[1.13]的小冊子，附在書內一並發行。

駐歐期間，他作為中國代表先後參加了下列國際會議：6月27日至7月7日在比京佈魯塞爾召開的「第三次國際育養兒童會議」；7月20-26日在法國巴黎召開的「國際微菌第一次大會」；7月30日在比利時列日召開的「第九次萬國保赤會議」；赴比京布魯塞爾出席「國際商業會議」後，參加於9月21-29日舉行的「第十二屆國際美術歷史大會」。

9月3日，「留比同學總會」成立，聘王景岐、蔡孑民、高魯、朱鶴翔、褚民誼、李石曾等人為名譽委員。

9月間，國際聯盟在瑞士日內瓦召開第11次會議，他作為中國代表團的高等顧問也列席其間。時值國內發生大規模的蔣閻馮中原大戰，國家難得的統一局面陷入嚴重的戰火紛亂之中，在國際上亦造成不良影響。身在國外的他，痛定思痛，深感中國的和平與國際和平息息相關，中國的內亂必將引起外強入侵，進而引發太平洋戰爭。為了在國內外廣泛宣傳，喚起民眾，以阻止事態的發展，他當即在日內瓦發起，聯合國際友人，於9月26日宣告成立非政治性的促進國際和平的文化合作組織「中國國際合作協會」[1.14]。會長褚民誼，副會長康耘德世（美），執行幹事李公樸，司庫吳凱聲，教育幹事楊光泩，研究幹事載裴士（歐），歐洲通信員施牧人（英），專門顧問雷爾士（奧）。施牧人允任本會與世界勞工局一切問題之接洽人，康耘德世亦允為與國際聯盟會之事務接洽者。該會計劃首先由褚民誼負責在上海籌建總部，然後逐步在歐洲和美洲等地成立分部，協同開展工作。

此外，他還利用展會工作之間歇，到德國、波蘭、捷克、丹麥、瑞典、里加（今拉脫維亞首都）以及時屬德國的柯尼斯堡（今加里寧格勒）等地作旅行

考察，對北歐瑞典等國的昇平氣象尤為贊許。

10月10日，比利時國際博覽會舉行授獎典禮。我國展品取得了獲獎總數僅次於比利時和法國，位列第三的佳績。褚民誼本人除被授予榮譽獎外，他所發明的太極推手器械在會上展示和表演，比利時亞爾培國王曾到場參觀，獲大會最優等獎。

10月14日和17日，先後應邀在比利時根特皇家醫學會，及在首都的比利時大學基金會，做〈中國醫藥問題和衛生建設的過去和現狀〉[1.15]的演講。嗣后其全文發表在該基金會的1931年度報告上。

10月19日，上海市醫師公會秋季大會改選，褚民誼未出席，當選為第五屆執委。

10月22日，褚民誼偕秘書周世達從歐洲啟程，乘郵輪經由美國返回祖國。路經巴黎時，接受法國政府于7月24日頒發的「榮譽軍團軍官勳位勳章」，并應邀在巴黎大學中國高等研究院，發表〈中國醫藥問題的過去和現狀〉的演講。

10月28日，抵達紐約，然后從美國東部穿越至西部進行訪問。期間，他所做的太極推手器械表演，深受各地歡迎。

11月20日，在舊金山登日輪歸國。大洋之上，他為解決太極拳拳式復雜而難以普及的難題，創編出融太極拳精髓與簡單易學之體操為一體的「太極操」。

11月22日，比利時國王阿爾貝一世再次簽署命令，授予褚民誼「利奧波德司令勳位勳章」。

11月27日，「中法友好協會」在南京法國領事館召開成立大會，時褚民誼尚未歸國，在會上當選為協會主席。

12月5日，到達日本，停留約四日後，仍乘原船離日回國。

12月12日，褚民誼載譽回到上海，登岸時受到盛大熱烈迎接。

12月14日，中法工專舉行歡迎會，歡迎褚校長及首批留比學生回國。會上決定成立校友會，並推定校友會籌備委員褚民誼等九人。嗣後於21日召開第一次籌委會。

12月17-29日，連日來有湖州同鄉會聯合上海各界、中法大學藥科、醫藥評論社、留比同學會、興中小學、上海勞工醫院等單位，以各種形式歡迎他凱旋歸國。

12月22日，他在中央黨部第九十一次總理紀念週上，報告了參加比國博覽

會之經過和感想,並簡略談及出席國際聯盟第十一次大會的情形。會後以〈出席比國博覽會及國聯大會情形〉為題,刊登在黨內刊物《中央週刊》上。

12月24日,他致電中央黨部訓練總監部主任何應欽,說明太極操具有易於練習、無需設備、不費多時、最能民眾化,而其效益駕於各國體操之上的特點,現正書寫說明,擬具方案,呈請中央核准,期能推行全國。何氏得訊後,即往訪褚氏,與之詳細討論進行辦法。

12月31日,上海市國術團體集會歡迎褚民誼回國,他在發言中強調,國術要以健身為目的,并當場表演他所創編的太極操。

1931年

1月1日,中國科學社明復圖書館建成開幕並舉行書版展覽會。蔡元培主席,馬相伯、吳稚暉、褚民誼以及比、德兩國總領事等中西來賓和社員二百餘人到會。

是日「湖社」舉行新年團拜及聚餐會,到社員及湖州同鄉褚民誼等二百餘人。

1月25日,鑒於上海有關國術的團體眾多,為籌建「上海國術團體聯合會」,上海市國術館等十五國術團體,在褚寓開籌組會,到各團體代表三十餘人。公推中華國術協會理事長褚民誼主席,任籌備主任。并推他為代表,由上述十五個國術團體聯名具函,面呈中央黨部訓練總監部,期望在規擬民眾體育方案時重視國術,將其作為我國民眾體育最適宜之工具。

2月5日,褚民誼與吳稚暉聯名,向中央第126次常會提出了組建「中央電影文化宣傳委員會」的提案,全面闡述了電影在宣傳三民主義,促進文化、教育、衛生、工農業生產建設等方面的重要功效。會議議決交宣傳部審查在案。

2月8日,褚民誼邀集全上海十八所高等學校和研究院,在他的寓所開會商討按規定每週一舉行總理紀念週活動時,各院所負責人輪換進行演講的建議,其目的在于豐富紀念週活動內容并加強各院校間的聯系,有來自十三所大學的校長或負責人與會。研究決定,自3月2日起至6月8日止,每二週輪流交換演講一次,暫定共八次。講題每次不同,由各校長院長自加撰揮,其範圍以黨義為主,視各該校之環境與需要而定。此外還商定,各學校每月舉行聚餐會一次,每次由三個學校擔任東道,以密切聯系等。

是日，中法工專在該校舉行校友會成立大會。票選出九位執行委員，公推褚民誼、農汝惠、范爭波三人為常務。

2月10日，褚民誼與何玉書在上海召集南通學院第二次董事會，與會董事11人，褚氏主席，并報告教育部核查結果，認為紡織不能稱學院，部暫准以南通學院名義立案，俟具備三學院時，仍得恢復南通大學舊名。嗣後，張孝若校長彙報學校工作情況，稱本校學生尚能認真求學，考核制度嚴格，歷屆畢業生調查結果，均能就業並獲得各方推許；但學校近來出現經費拮据，校基產墾地遭土匪蹂躪受損等問題。會議議決向國民政府以及中華教育基金委員會、中比庚款委員會申請補助；擬定各產基地發展計劃，呈教育部咨行江蘇省政府令地方協力保護；設立秘書處由校董兼任，分掌學務、財務、墾務事宜；制定恢復大學舊名辦法，擬定預算，交下次校董會討論；并加推蔡元培、沈燕謀和于敬之為校董等。

2月間，褚民誼以美國西部大開發為借鑒，擬利用法國新開發的履帶式汽車（時稱爬行汽車）赴新疆，沿途考察。該考察團由中法雙方學術團體共同組織，中國方面委派褚民誼為中方團長。與此同時，國民黨中央2月19日中央常會上，批准吳稚暉和李石曾的提案，委請褚民誼此行同時視察新疆黨務工作。

中方考察團以中國學術團體協會為名，由團長褚民誼、秘書鄭梓南、軍政部姚錫九、參謀本部焦續華、北平研究院植物學家劉慎諤、北平地質調查所地質學家楊鍾健、北大生物學家郝景盛和中央通訊社北平分社周寶瑞等八人組成。法國方面籌備已達三年之久。法外部、海部、陸部、航空部、郵電部、教育部及國家經濟部等，均參加此行，團長哈特，分為東西兩隊。西隊從歐洲出發，進入我國新疆；東隊則與中國團隊一起，乘法方提供的爬行車，從北平起程考察。雙方事前訂立了在中國境內合作之辦法十六條，除確定聯合學術考察的組織、內容和日期外，為防止和限制法方可能的越軌行動，做出了一系列嚴格規定。

3月7日，褚民誼在其上海寓所內召開中比庚款委員會中國代表團第七次會議。聽取補助留學經費、參加比國博覽會和中比文化交流活動等情況，以及從1930年間開始進行的籌備中比鐳錠醫院的工作報告。該院為我國第一個癌症治療醫院，所用之鐳錠及電療器等購自比利時，為庚款的重點資助項目，與上海聖新醫院合作，於1932年成立。1936年初改組由庚款委員會直接管轄。

3月間，在吳鑑泉、褚民誼、徐致一等人發起下，「鑑泉太極拳社」在上

海成立，公開報名招生。

3月25日，國民黨中央政治會議議決，撥用庚款保息原則，均照五釐息認息，作教育文化經費。為了落實中比庚款，褚民誼聯合蔡元培、李石曾、吳稚暉向中央政治會提議，1925年中比國協定，以退款四分之三撥與鐵路，四分之一為中比教育慈善之用，與本黨政綱及中央決議案不符。鐵道部所用款項，應一律作為教育文化基金，按五釐付息。該提案經中政會議決，交國民政府令行政院遵辦。其付款詳細辦法，由庚款委員會會同鐵道部另行商定。

3月28日，愛國女子中學校董褚民誼到校視察，並發表〈母性教育與中國現狀〉的演講。

4月初，原「莫干山肺病療養院」，為擴大療養範圍和規模，經褚民誼建議，更名為「莫干山療養院」，將院務委員會改組為董事會，推舉褚民誼為董事長，李石曾任名譽院長，周君常仍任院長。

4月3-7日，「中華民國醫藥學會」第12次大會在上海舉行。3日上午開幕式，到各界代表、各醫校學生代表，以及該會會員等五百餘人。褚民誼代表全國醫師聯合會在開幕式上講話，並與林蘇民一起主持了上午的第一場學術報告會。晚宴上褚氏發表講話後，放映他所表演的多種運動影片。會上他當選為新一屆監委。

4月7日，中法科考團中國團員在北平匯合。原計劃中法團員共27人，齊集後于10日左右啟程向張家口進發。然而由于法方提供的爬行汽車，從天津出發時途中受損，零件需等待從法國運來等原因，致使出發停滯。

4月，褚氏在北平滯留期間頻繁參與黨務及文教、體育活動。8日他出席河北省黨務整理委員會（以下簡稱「整委會」）新委員宣誓就職典禮；10日在師範大學講演提倡體育之三不主義（不費時、不費錢、不費力）；13日到北平車站為梅蘭芳南下擬赴東南亞演出送行；15日出席北平報社公會執監委會宣誓就職典禮；19日赴西北公學講演〈開發西北問題〉；20日出席省市整委會總理紀念週及北平市各小學校黨義演說競賽會，接著又參加清華大學校長吳南軒就職典禮；21日晚作陪出席北平軍政界要人歡迎張副總司令晚宴；22日上午出席平綏鐵路黨委就職典禮，下午在市立師範學校作〈師範與黨義〉演講；27日出席河北省與北平市整委會聯合舉行的「各界擴大總理紀念週暨歡迎陸海空軍張副總司令大會」等活動。

此外，他還應華北戲劇學會及故宮國劇研究會之請，於25日和27日在開

明和華樂兩戲院首次登台義演平劇，分別扮演「飛熊夢」中的姜子牙和「獨木關」中的薛仁貴，轟動一時。作為中央委員的褚民誼，此舉除進行募捐外，其用意更在於以自身的行動，力圖矯正鄙視演員的世俗偏見，以促進我國戲劇藝術的健康發展。

4月30日，褚民誼與張學良及朱光沐、張繼、李石曾、吳鐵城等，同機晉京參加國民會議。褚氏本著「中國國際合作協會」的宗旨，對這次國民會議提出了實現「鞏固統一，保障和平」的希望。

5月6日，他在京為推廣太極操，同時函致中央黨部訓練部、訓練總監部、教育部、內政部各機關，并附陳所著《太極操》全書之部分初稿，請予積極推行，以圖糾正當前不顧費用昂貴及健身效果，盲目追求歐西體育方法之流弊。

5月15日，爬行汽車修復，他回到北平。中法考察團在張家口齊集後，於5月17日正式出發。由于法方團員自行其事，屢次違反規定等原因，中法團員間磨擦不斷。

6月1日，中法考察團在途中發生法方負責人卜安藉故毆辱我團員郝景盛，不准我團員周寶瑞通訊的嚴重事件。

6月15日，考察團全體人員到達肅州後，中方正式向法方提出交涉，並請地方政府停止此次考察進行。褚民誼并於18日致電法使韋禮德，提出中斷中法合作的抗議。嗣後，經甘肅省主席馬鴻賓之斡旋，與法方訂立了將卜安撤換、向華團員道歉等七個條件，始繼續於6月21日離肅州西行。

6月22日深夜，他接得父親褚杏田於19日上午在浙江南潯家中病故的電報，無奈在沙漠途中無法棄團獨歸，乃忍痛繼續帶隊前行。直至他完成任務歸來，才於1932年1月16日在故里，為父開弔安葬。

7月7日，褚民誼等抵達新疆首府迪化（今烏魯木齊），受到新疆省政府主席金樹仁的盛情接待。

7月9日，在新疆省府大禮堂舉行握刀禮，並陳列蔣主席送金主席禮物，典禮隆重，全疆大慶。與此同時，按中央政府電令，停止法方團員考察，保護出境。褚民誼此後，則在迪化從事黨務視察三十餘日。

7月間，褚民誼擔任董事長的上海「慈航高級助產職業學校」登報招生。該校是早期由華人創辦培養助產士的學校，為照顧貧困學生，學校設有酌減費用的優惠規定。

8月11日，褚民誼離迪化。15日到塔城。21日出巴克圖入俄境，乘火車於

25日到阿牙古斯，經由土西鐵路到斜米。28日搭西北利亞萬國通車，9月1日到滿洲里，換乘中東路車。2日經停瀋陽，於4日晨抵北平。

8月間，褚民誼著《太極操》[1.16]由上海大東書局出版。書中詳盡闡述了太極操融合太極拳和體操運動兩者之長的學理，并對所發明的三步驟六動作的太極操，以他親自操演的動作示范圖，逐一進行講解。蔡元培、李景林、李石曾、劉尚清、張群、張之江、徐致一和蕭瑜等為之題字作序，肯定發明和推廣「太極操」之意義。該書還於1932年11月和1934年5月再版。

此外，為配合太極操的團體操練，他編著的《太極操之說明及口令》[1.21]一書，嗣後亦由上海大東書局出版。

9月5日，北平古物保管委員會在團城會所開會歡迎褚民誼從新疆歸來，到會長張繼及委員李石曾、徐炳昶、劉復等。他在會上詳細報告了西北考察之經過，途中與法方衝突的實情，利用爬行汽車通途新疆之收穫，并提出政府應重視建設西北三大交通幹線之建議。

9月8日，晨抵南京，致電中央黨部轉各委員簡報赴新考察情況，然後乘晚車返滬，擬料理校事家事後，再回京在中央黨部紀念週上，詳細報告中法考察團經過，但由于突發「九一八」事變而未能實行。嗣后，他以《視察新疆報告》[1.17]的書面形式，向中央詳盡報告視察之過程，以及新疆省在黨務、政治、軍事、財政、教育、實業、交通、習俗等諸方面的實況，并相應地提出了建設新疆的具體建議。

9月9日，他回到上海後，即發電致謝新疆省金樹仁主席，并決定將臨別前金氏所贈之四千元，以半數捐給各省水災急賑；其餘半數捐入新省所辦之平民醫院。

9月12日，「中華全國道路建設協會」成立十周年，在上海舉辦第一次路市展覽會。他在開幕典禮上演講，大力呼籲建設交通，特別是通往新疆和雲南等邊陲地區的交通，在發展經濟和國家安全方面的重要性和迫切性。

9月15日，作為國內第一所獨立的工業學院，教育部照准將原「中法國立工業專科學校」更名為「中法國立工學院」，於是日舉行開學暨院長褚民誼宣誓就職典禮。

9月18日，日軍悍然在瀋陽發動攻擊，張學良部未予抵抗，事態不斷擴大，東北危在旦夕。此時李宗仁、白崇禧、張發奎和陳濟棠等與汪精衛、孫科等人聯合，在南方成立的廣州國民政府，與在南京的蔣介石政府之間的對立正

愈演愈烈。褚民誼在上海心急如焚。

9月21日，他分別向廣東、北平和南京諸中央委員緊急發出通電，并在媒體上公佈，對日本之暴行異常憤慨，呼籲京粵要人捐嫌為國，同德一心，召開緊急救國會議，以謀對策。

9月24日，他從上海趕到南京，力圖促成他所提出的「立時團結，無條件請粵方諸同志來滬，召集緊急會議」的主張。

9月下旬，褚民誼聯名蔡元培、李石曾等學術界名流，通電全世界各學術團體，促各國當局注意日兵暴舉。褚民誼、劉穗九等人還發起組織「國民救國協會」。

9月28日，褚民誼等上海十六大學校長開談話會，討論對付日本此次暴行辦法。以上海大學聯合會名義，通電歐美各大學，公佈日本暴行，謀求公正，以裁判日本之橫暴。

9月30日，上海大學聯合會開二十九次談話會，十三所大學聯合發表宣言，拋棄對國聯公正裁決之幻想，國人抗日自救刻不容緩。所願師生合作，重復弦歌，鍛鍊體格，增進學識，齊一意志，抵抗強鄰。

11月7日，褚民誼在南洋商業高級中學校作題為〈抗日救國方法〉的演講，痛詆不抵抗主義之謬誤。

11月9日，中監常委會第67次會議上議決，遞補他為中央監察委員

11月12日，比國博覽會全部獎憑到達，在上海正式舉行頒獎典禮。

是日，長子褚叔炎在上海出生。

12月間，上海中法大藥房改組，補選褚民誼為董事。嗣後於1934年推舉他為董事長。

12月15日，蔣介石宣佈下野。

12月16日午後三時半，在上海青年會舉行「上海各大學教職員聯合會」發起人會議，到會十六大學七十餘人，主席褚民誼，選舉胡庶華、康選宜、褚民誼等人為籌備委員。相繼於18和23日召開第一和第二次籌備委員會。

12月28日上午，在上海青年會召開「上海各大學教職員聯合會」成立會，到會各校會委三百餘人，主席褚民誼，通過簡章，選舉褚民誼、王景岐、鄭洪年、胡庶華、康選宜……等29人為會員代表。

12月22-29日，寧、粵、滬三方在南京聯合召開國民黨四屆一中全會，實現了黨的統一，他繼任中央監察委員。國民政府相應地進行改組，在四屆一中

全會第四次會議上推選林森任國民政府主席，孫科任行政院院長。并決議召開國難會議。

12月下旬，中比庚款委員會議決舉辦大學論文獎金。至1936年期間舉辦過二屆。

1932年

年初，中比庚款委員會出資在上海成立「中比鐳錠治療院」，初期委托上海聖心醫院辦理，至1936年獨立出來，是我國首家癌病的專科醫院，他對此十分重視和支持。

1月間，中國紅十字會出版褚民誼譯著《萬國紅十字會章約彙編》[1.18]。該書系他將1928年赴歐考察衛生時，從國際紅十字會總部收集到的資料，親自翻譯彙編而成，不設版權限制。

1月15日，在南潯為父舉行葬禮，並發《褚杏田先生訃告》[1.19]以鳴哀悼。

1月28日，日本進一步在上海尋釁進犯，淞滬戰爭爆發。緊急關頭，孫科辭職，汪精衛出任行政院院長，重新組建國民政府內閣。曾仲鳴任行政院秘書長。

2月23日，曾仲鳴調任鐵道部常務次長，改任褚民誼為行政院秘書長。

2月29日，國民黨中央黨部和國民政府宣布西遷洛陽。

3月1-6日，國民黨四屆二中全會在洛陽召開，通過了「以洛陽為行都、以長安為西京」的提案。次日國民政府令組織「西京籌備委員會」，張繼為委員長，褚民誼等廿人為委員。

3月8日，國民政府令，特任蔣中正為軍事委員會委員長，從而形成了蔣主軍事，汪主內政、外交的格局。對日本的入侵，從「不抵抗」轉而採取「一面抵抗、一面交涉」的方針。

同日，國民政府令，特派褚民誼任國難會議秘書處主任、彭學沛為副主任。

3月17日，國民政府公佈國難會議組織法大綱，從全國聘任國難會議會員。

4月2日，褚民誼和彭學佩赴洛陽籌備國難會議。

4月7上午，國難會議在洛陽西宮議場開幕，到會員144人，中委14人，各機關代表、各團體來賓共七百餘人，汪精衛主席並致開會詞。下午預備會，由褚民誼主持，報告籌備經過，并選舉主席團。

4月8日，召開國難會議第一次大會，汪精衛作主旨演講，外交部代表報

告外交。會議按議題，設立禦侮、救災、綏靖三個組，分組審查會員提出的議案，提交大會討論議決。9日繼續分組審查。

4月10日至12日上午，國難會議連續召開五次大會，討論通過了一系列提案。大會在發表國難會議宣言，通電嘉獎救國有功人員和全國將士後閉幕，最后進行閱兵典禮。

4月中旬，「西京籌備委員會」主事人張繼、褚民誼、覃振等會後到西安實地考察，並訪陝西省政府主席楊虎城。期間發起重修西安杜甫祠堂（杜工部祠）。修畢立碑紀念，由張繼題額、蕭瑜撰文、褚民誼書石，詳述重修該祠的經過，是國難會議後專程赴陪都西安進行實地考察的一個歷史見證。

5月3日，國民政府發佈西京籌備委員會組織條例。

5月5日，中日雙方簽署淞滬戰爭停戰協定。

5月16日，國民政府發佈「中央古物保管委員會」組織條例。確定該委員會隸屬行政院，負責規劃全國古物古蹟之保管、研究及發掘事宜。

5月29日，他在上海世界社總部，向文化和商業等各界人士發表〈開發西北問題〉的演講，以親身三次赴西北的經歷及近來在西安興建涇惠渠成功開發農業的經驗，鼓勵和引導民間資本參與西北開發。嗣後該文刊登在《中央週刊》和《海外月刊》上。

6月9日，勵志社邀請褚民誼演講西北問題，同時放映他實地手攝之西北影片。面對諸多軍事人員，他在講話中著重強調開發西北對鞏固邊疆的重要性。此後不久根據他的講話整理，發表了題為〈西北與東北〉[1.23]的論文，以東北遭蠶食淪陷為鑑，詳述開發西北對經濟發展和國家安全之重要意義。

6月13日，國民政府正式任命他為「西京籌備委員會」委員。

6月14日，「南京陸軍軍官學校」新當選的國民黨執行委員和監察委員舉行宣誓，黨中央派中央監察委員褚民誼監誓。

6月16日，教育部召開「全國體育會議籌備委員會」第一次會議，褚民誼主持。該籌委會由教育部聘請的褚民誼、周亞衛、吳蘊瑞、黃明道、張之江五人，以及教育部內四位有關負責人組成，褚民誼被聘任為籌委會主任。此后，直至全國體育會議召開前，共計召開了九次籌委會議。

6月20日，陝西省的涇惠渠第一期工程，經時一年竣工，進行大規模放水典禮。他作為國府代表，聯袂中央黨部代表吳稚暉等政要出席。

7月8日，「教育電影協會」在南京教育部開成立大會，蔡元培主持，到褚

褚民誼大事年譜　117

民誼等百餘人。該協會由褚民誼等41人發起，徵得列名發起者吳稚暉等50餘人的支持，并推定郭有守等18人負責籌備，經三次會議而籌備就緒。成立大會通過會章等要案，選出褚民誼、陳立夫等21人為執行委員，以及7名候補執行委員、7名監察委員和3名候補監察委員。

7月9日，「中西大藥房」發表公告稱，經實業部4月7日批準，改組為「中西大藥房股份有限公司」，周邦俊任總經理，褚民誼任董事長。經第三次董事會審查通過，自7月11日起辦理股票事宜。

7月14日，教育電影協會召開第一次執委會，推選郭有守、徐悲鴻、彭百川、李昌熙、吳研因五人為常務委員，議決常委會下暫設總務、編輯、設計三組。其中，褚民誼被推舉任設計組主任、戴策為副主任，并歷屆連任。嗣后，於1933年4月應國際教育電影協會之邀，經教育部認可，中國電影協會被吸納為該會之中國協會，代表中國參加國際教育電影的交流和合作。

8月2日，假教育部大禮堂放映他自攝之視察新疆及太極拳的電影，準備出差北平回京後，在國民大戲院公映。

8月4-10日，褚民誼到訪北平，與比利時大使接洽中比庚款，並為籌辦全國體育會議造訪在北平的眾多體育專家。期間於4日晚在師範大學放映他所攝的西北考察影片。接著，華北戲劇學會於9日假開明戲院公演褚氏自製的各種影片。

8月初，褚民誼聯合蔡元培、李煜瀛、吳敬恒向中央政治會提出的「鐵道部撥用比庚款四分之三，應按照五厘付息案」得到通過，令行政院遵辦。但嗣後的落實卻遇到重重困難。

8月16-21日，教育部在南京勵志社舉行首次「全國體育會議」，大會主席團教育部長朱家驊主持開幕式，主席團兼籌備主任委員褚民誼報告會議籌備經過，中央黨部代表陳立夫、國民政府代表何應欽以及行政院代表彭學沛先後在會上致詞。有來自各省市教育廳局、專科以上學校、國術館、各有關機關代表，以及教育部主管及籌備委員和方案編制委員、體育專家、特邀代表等共計130人與會。除熱河、寧夏、山西三省，因有特殊情形外，全國各省市均有人員出席。大會討論通過了「國民體育實施方案」，內容含體育目標、行政組織、體育研究、實施與推行、體育考成等五個方面。會議在褚民誼宣讀大會宣言後閉幕。嗣後，教育部於9月間公佈該方案，通令全國遵行。

8月29日，教育部組織成立「體育委員會」，以統一全國體育行政，由教

育部聘請褚民誼、張之江、周亞衛、王正廷、張伯苓、袁敦禮、郝更生、吳蘊瑞、馬良等十七名委員，以及教育部主管司長、科長為當然委員組成。

9月間，上海大東書局出版《中華民國參加比利時國際博覽會特刊》[1.22]，在褚民誼主編下，全面總結了參加這次國際博覽會的過程和經驗，供今後我國組織參加國際博覽會參考。

10月間，褚民誼的專著《歐遊追憶錄》[1.24]由中國旅行社出版。該書系著者1929年在《旅行雜誌》上，從第3卷第1期起，連續十期發表的長篇遊記〈西歐漫遊錄〉，經整理匯集而成。本集主要記述的是二十餘年來他遊歷歐洲的法國部分。

11月3日，教育部函聘體育委員會之在京委員，褚民誼、張之江、周亞衛、黃麗明、張信孚五人為常務委員，並以褚民誼為召集人，研究貫徹國民體育實施方案諸事宜。其中，於翌年舉辦暑期體育補習班和全國運動大會，是主要的研究議題。

11月5日，國民政府批准戴傳賢等提出的建設西北專門教育之初步計劃案，并加推吳稚暉、李石曾、褚民誼、楊虎城、王應榆、辛樹幟為籌備委員。

11月《良友》雜誌上刊登褚民誼出任「平民療養院」院長的照片。淞滬之戰十九路軍受傷官兵四十餘人曾在該院療治。任務完成後，即面向需要長期疾病治療的民眾，提供廉價和優質靈活的醫療服務。

11月28日，為察勘去年長江特大洪水冲毀大量江堤被修復的情況，國府救濟水災委員會，邀請中外人士及各界團體組織「堤工察勘團」，於是日成立，由褚民誼帶隊即日乘江新號專輪沿江上行勘察，經蘇、皖、贛、鄂諸省，於12月3日到達漢口。褚民誼謁時在漢口的蔣介石總司令後，於12月4日因公先行啟程返京。其他團員則換輪分組繼續赴上游考察。

12月1日，自淞滬停戰後南京威脅解除，經蔣介石及褚民誼等25位中央委員的提議，黨中央和國民政府從洛陽遷回，在南京舉行回京典禮。

是日，褚民誼的論文〈提倡體育之真意〉[1.25]在《大陸雜誌》第1卷第6期上發表，從人性論出發，闡述了提倡體育的目的是要得到健康的「真、善、美、樂」的觀點。該文是他受教育部委託主持體育委員會，負責規劃和推動全國體育事業之際發表的。

12月8日，褚民誼為增進與晉京蒙古代表的聯繫，假軍官學校及參謀本部良馬，請宋子文、陳儀、賀耀祖等陪同，邀蒙古各王公各旗盟代表，在中央體

育場跑馬場進行騎馬競技。

12月15-22日，國民黨四屆三中全會在南京召開，他在會上提出〈開發西北案〉，附有詳細的〈開發西北之計劃大綱〉。會上，其他委員亦有相應的設立西北建設委員會以及陝西賑災等項提案。此外，為宣撫蒙藏，邀請西陲宣化使班禪等西藏活佛以及各蒙古王公十餘人列席會議，褚民誼積極活動期間。

12月24日，在國府大禮堂舉行護國廣衛大師班禪額爾德尼就職「西陲宣化使」典禮。

1933年

1月上旬，上海中國中學籌備年餘後召開第一次董事會，褚民誼任董事長，周慎修任校長，並即於是年春季開始招生上課。

1月16日，他在中央黨部第61次總理紀念週上，作題為〈救國之道〉的報告，以三民主義「民族、民權、民生」為綱，提出了增強綜合國力的基本對策和全面推行的有效措施；闡明了他在國難時期，身體力行提倡體育衛生，發展文化教育，推進生產建設之要義所在；並提出利用電影這個有效的宣傳和教育工具予以促成。演講後不久，其全文即由中國電影協會以《利用電影促成三民主義之實現及輔助各種事業之進行》[1.28]為題，於4月份以單行本印發。此後，該文又以〈什麼是救國之道〉[1.34]為題，發表在有關的刊物上。

1月18日，在他主持召開的教育部體育委員會常務會議上，通過了〈舉行首都及全國各地踢毽子比賽案〉，並推他草擬比賽規則。

2月9日，華北中日問題日趨嚴重，為安全計，中央決定將薈萃在北平故宮等地的文物南下轉移。時任行政院秘書長的褚民誼，對此尤為關切。古物近二萬箱分五批南遷經南京暫存上海保存庫。第一批故宮古物於是日運抵南京浦口，褚民誼邀張繼及翁文灝，渡江視察，調令軍警嚴密保護。最後第五批古物於5月15日從北平啟運南來。

2月11日，國民政府按中政會第343次會議決議，責成全國經濟委員會於最短期間內召集西北各省長官及各專家在京開會，擬定開發西北計劃。

3月間，褚民誼專著《毽子運動》[1.27]由上海大東書局出版，以配合他積極提倡民間踢毽子活動的開展。該書圖文並茂地對毽子運動的式樣和方法以及毽子的製作進行了全面介紹。

此外，他在《旅行雜誌》上，从第7卷第3期開始至年底，分五期繼續發表《歐遊追憶錄》第二集[1.26]，主要記述二十餘年來著者遊歷歐洲的比利時部分。

3月15日和22日，分別召開將於本年國慶節由教育部在南京舉辦的「第五屆全國運動會」第一次籌備委員會和第一次常務委員會會議。委員會於此前2月間，經教育部體育委員會常務委員會研究決定聘請褚民誼任籌備主任。在他的主持和精心策劃下，歷經召開三次籌備大會和十九次籌備常委會，以及下屬各組各股由總幹事張信孚召集的多次會議，使首次由中央政府在首都舉辦的全國運動會得以順利召開。

3月19日中午，「上海各大學教職員聯合會」假座八仙橋青年會開二十二年度第一次全體會員大會，到二十六校教職員達七十餘人。議決修改簡章，改會員代表大會制為會員大會制，並當場選舉康選宜等31人為執行委員，鄭洪年等七人為監察委員。會上通過了抵制日貨、收復東北等多項抗日要案。

中國旅行社為參加芝加哥博覽會徵集之攝影出品公開展覽結束，於是日經品評委員會評判結果，褚民誼之陝西華山仙人掌與張大千之安徽黃山和郄光華之浙江天目山瀑布列為特等。

3月26日，由教育部體育委員會發起與南京社會局合作，假中央大學體育館舉行「全國第一次京市踢毽子比賽」。有成人和小學生百餘名與賽，褚民誼任評判長，參觀者達數千人。接著於28日在市府大禮堂行給獎禮，他親臨主席，並有毽子名家表演各種毽式。規定此後每年，都要在首都舉辦一次京市踢毽子比賽。

4月26日，教育部為與國際聯盟世界文化合作會接軌，籌建「世界文化合作中國協會」，聘定籌備委員25人，指定吳稚暉為會長，以吳稚暉、蔡元培、張靜江、李石曾、褚民誼、陳和銑、莊文亞7人為常務委員，主持開展工作。此外，在李石曾的發起下，將原世界社圖書館改建為上海中國國際圖書館。

4月27日，國民黨中常會通過，由吳稚暉、褚民誼、朱家驊、陳果夫四委員提出，於教育部內設立國立教育電影局的議案。從政府層面，加強對教育電影事業的領導和支持。

5月1日，《康健雜誌》[2.20]創刊。該刊以康健救國為宗旨，內容包括醫藥、衛生、體育諸方面，由褚民誼等在上海發起成立的「康健雜誌社」出版，褚民誼任社長和編輯總主任，陳振民任副社長和雜誌發行人。除期刊外，雜誌社還出版有關康健問題的專著。

5月5-6日，教育電影協會在教育部召開第二屆年會，褚民誼主席並報告一載會務經過，彭百川報告三個組的工作，會議討論修訂了工作計劃書、分會組織通則以及組織國產影片評選委員會等提案。最後選舉新一屆執監委會，褚民誼繼任執行委員，并主持設計組的工作。

5月12日，「回民教育促進委員會」成立。該會系教育部為提高回民教育、鞏固民族團結，應回民之請求而組織起來的，褚民誼與唐柯三、孫繩武三人被推選為常務委員。

5月20日，世界文化合作中國協會首次常務會議在上海召開，會長吳稚暉及常委蔡元培、張靜江、李石曾、褚民誼、陳和銑、莊文亞出席。

6月2日，「美社第三次攝影展」下午在滬文華美術圖書公司開幕。佳作約百幀。接著於次年3月10-11在南京民眾教育館舉行第三次展覽會。作品中如褚民誼之〈涇惠渠寫生〉〈咸陽古渡〉，張蓬舟之〈逆水行舟〉〈艾霞遺像〉……等，作風均甚新穎。其他社友作品數十幀美不勝收。該會純屬公開性質，入場不須門卷。上海文華美術圖書公司，為該社刊行三展專集，收入作品三十五幀，印刷精美，亦在會場出售。

6月4日，世界文化合作中國協會籌備委員會第一次全體會議，在世界社址內舉行，全體常委、委員及其代表近二十位文化名人出席。會後參觀新建立的上海中國國際圖書館。

6月15日，褚民誼偕吳稚暉應湖南省長何健之邀，赴湘參加國術班畢業典禮。期間，褚氏引薦隨行的吳鑑泉之子吳公藻，擔任湖南國術訓練所太極拳教官.次年由其兄吳公儀接任。

7月9日，中國電影協會第一個地方分會-上海分會成立，褚民誼代表總會到滬致詞，希有志教育電影者，集合力量，消滅目前不正當之淫盜殺影片，使電影事業發展走上正當途徑。

7月15日，故宮博物院理事會在南京勵志社召開全體理事會議，研究在滬古物安置問題，及整理北平博物院事宜。褚出席並被推為理事。

7月19日，為向廣大民眾普及太極操，他在南京中央廣播電台發表了題為〈太極操〉的演講，講述太極操的創編經過和全套動作之要領。

7月間，教育部在南京中央大學舉辦暑期體育班，聘請他負責籌備並擔任學習班主任。學員由各省市保送，在六週的系統學習中既有理論課又有實踐課。其中「人體檢查」和「健康體育」課程由他親自講授。「太極操」被列為

必修課，由褚民誼、關介三和吳圖南教授。該班畢業生400餘人，為全國培養了一批骨幹力量，會後組織成立了「教育部體育班同學會」，以保持聯繫和合作，對全國體育運動的開展和太極操的普及產生積極的推動作用。

7月31日，針對年初發生嚴重的「新疆事件」，他在國民黨中央總理紀念週上，作題為〈新疆事件與開發西北問題〉[1.29]的報告，為從根本上解決新疆局勢動蕩不定的難題，向中央再次強調提出開發西北的提案。他結合自己實地考察的切身體驗，對如何以正確的民族和宗教政策治理新疆，發表了中肯的意見。並為統一領導全面開發大西北，提出了在中央成立「西北建設委員會」，下設國道局、勸業局、採礦局、墾殖局，以及興修水利等具體建議。

9月5日，上海方面顧舜華等人發起組織「太極操研究會」，推褚民誼為會長，注重在中小學生中推廣太極操。嗣后，又在該會的協辦下，先後於1934年和1935年暑期舉辦體育講習會或太極操師資訓練班，均聘請褚氏任會長和導師。

9月11-13日，連續三天在上海大世界舉行上海籌賑黃河水災遊藝大會，收入交由上海各慈善團體黃河水災急賑聯合會轉放災民。褚民誼作為主席團員，在開幕式上報告災情慘況。

9月23日，中比庚款委員會新建的衛生建設基金委員會和文化教育基金委員會，在上海褚民誼寓所召開聯席會議。委員長褚民誼主持，委員李煜瀛、蔡元培、吳敬恆、褚民誼、曾宗鑒、朱世全、宋梧生、葛成之等出席。討論各項補助案，及催交鐵道部應付之利息。

10月10日，《醫藥導報》[2.24]創刊，為醫藥界提供一個相互交流的平台。初期為月刊，一年後改為雙月刊。褚民誼歷任編輯主任，編輯部成員為義務職常有變動。

10月12日，國民政府改組全國經濟委員會，褚民誼被委派為委員。

10月間，為迎接「第五屆全國運動會」的召開，褚民誼先後在《科學畫報》和《科學的中國》體育特刊上分別撰文〈科學與體育〉及〈體育的兩個標語與三種主張〉，全面闡述他對發展全民體育運動所提出的，以健身為目的；以科學化和民眾化為口號；以實行「三要」（要慢、要柔、要勻），「三省」（省時、省錢、省力）和「三驗」（檢驗體格、測驗體力、考驗體能）為主張的思想。并將其印成單行本，廣為宣傳。

10月10-20日，「第五屆全國運動會」在首都南京新落成的中央體育場舉行。國家主席林森任大會名譽會長，軍事委員會委員長蔣介石和五院正副院長

汪精衛、戴傳賢、宋子文、鈕永建、孫科、邵元沖、于右任、丁惟汾、居正、覃振為名譽副會長。教育部長王世杰任會長，籌委會主任褚民誼及南京市長石瑛等人任副會長。此外還聘請全體國民黨中央執監委員為大會名譽顧問。全國計有32個單位2255名選手參賽，特別是當時已被日本侵佔的東三省和熱河，仍有運動員踴躍參加，受到熱烈歡迎。

開幕式盛況空前，觀眾免費入場，達卅餘萬人。會長王世杰主持大會，榮譽會長林森及榮譽副會長汪精衛等出席并訓話。褚民誼在開幕詞中報告大會的籌備經過，著重強調團結統一、普及體育以及舉辦本次盛大運動會之重要意義。各項儀式完成後，由他帶領來自41所學校的2360名小學生表演團體太極操。

全運會設男女總錦標十七項，其中在新建國術場中進行的比賽項目，獨具中國特色，前所未有。褚氏擔任國術組總裁判長，到會指導，并穿插進行太極拳、刀、推手器械及踢毽子等表演。15日晨全體運動員和職員，在褚民誼、張信孚帶領下，徒步赴中山陵，舉行謁陵儀式。運動會成績優異，綜計有二十餘項打破全國紀錄，體現出國家團結、民族振奮的精神。大會於10月20日上午頒獎後圓滿閉幕。會後，國民黨中央常會推定他在中央黨部紀念週上報告本屆運動會之經過和成績。

14和15日兩天，他為黃河水災義演募捐，在明星劇院先後客串演出《渭水河》和《草橋關》，為扮演二尺來長白口面的姜太公和姚期，特將久蓄的黑美髯完全剃去。次日到全運會上面貌一新。

「全國體育協進會」在全運會期間，於14日晚召開代表會議，改選第二屆董事會并修改會章。接著於17日中午舉行首次董事會，推舉王正廷、褚民誼、沈嗣良、趙晉卿、曹雲祥為常務董事，王為常務主席，褚為名譽會計，沈為主任幹事；推張伯苓為正會長，朱家驊、吳鐵城為副會長，並作出籌備明年參加遠東運動會等多項決議。

10月19日全運會比賽項目全部結束，是晚舉行盛大的話別會，全體運動員連同大會職員不下三千餘人到場，林森主席首致訓詞，國府要員汪兆銘、孫科、王世杰以及褚民誼、陳公博、曾仲鳴等，並各使館代表亦均在座。壓軸戲是應邀南來的南京戲曲音樂院北平分院院長程硯秋演出其生平傑作《聶隱娘》。於此同時，褚民誼撰寫〈戲劇與體育〉[1.30]一文，發表在《南京戲曲音樂院特刊》和《戲學月刊》上。在闡明美育作為五育之一的重要意義的同時，指正吾國戲劇界中由於忽視體育而產生的不良習氣，並說明其努力創立南

京戲曲音樂院之肇始初衷。

10月20日，下午在教育部召開體育委員會第二次會議，由褚民誼主席，有王正廷、王世杰等十九人與會，在報告委員會成立以來的工作後，作出了每二年召開一次全運會、下屆全運會於1935年在上海召開、給全國體育協進會以經費補助并與之合作組織參加遠東運動會、以及明年仍由教育部舉辦暑期體育補習班等項重要決議。

10月21日，由上海市長吳鐵城聯絡中外各界領袖暨醫界鉅子共同發起的「中國防癆協會」成立，褚民誼歷任各屆監事或理事，並被聘為防癆刊物的特約編輯人。

12月3日，「中法聯誼會」在上海成立。褚民誼、王景岐、宋梧生等十六位中外人士人當選為董事。

12月14日，褚民誼主持「中法友誼協會」南京會所之奠基禮。

12月17日，達賴喇嘛被毒暴斃，班禪返回西藏出現轉機。

12月31日至明年1月3日，連續四天，為救濟東北戰區難民先後在湖社、中央大禮堂和寧波旅滬同鄉會，舉行遊藝大會，每日兩場，所得售價，悉充難民賑款。為進行籌備，褚民誼事先於12月17日宴請上海聞人數十人，報告舉行遊藝會情形，動員救濟。

是年底，褚家的世交，南潯近代著名實業家、收藏家和慈善家周夢坡辭世。褚民誼以「如侄」落款題贈〈周夢坡輓詩〉[1.31]，刊登在次年出版的《吳興周夢坡訃告》[3.29]中。

1934年

1月3日，世界社舉行新年茶話會。張靜江、蔡元培、褚民誼、李石曾、汪精衛等世界社創始人齊聚一堂。

1月5日，中國教育電影協會進行二屆六次常會，到陳立夫、褚民誼、吳研因、郭有守、彭百川、戴策等，陳立夫主席，決議設立濟南分會，編輯中國電影年鑒目錄，及函聘朱英代表參加國際教育電影會議等要案。」

1月12日，次子褚季燊在上海出生。

1月20-25日，國民黨四屆四中全會在南京召開，褚民誼出席。全會做出了應即速實行關於開發西北之各種決議案的決議。西藏班禪大師應邀赴會。

1月21日，首都「公餘聯歡社」假勵志社大禮堂開成立大會，到市黨、政代表，暨社員褚民誼、陳公博、陳紹寬等八百餘人。該社為提倡公務員在業餘時間開展正當的娛樂活動，以達到陶養身心、聯絡感情、提高工作效率為目的，由褚民誼、孔祥熙等諸多政府部門負責人發起，得到各院院長的贊助。此前在褚氏的主持下，共開籌備會三次，擬定章則，設置社所，徵求社員，政府各部會簽名參加者有17個單位，計1180人。

1月25日晚，在宴請全體中央委員後，「皖災農賑南京募捐委員會」在南京勵志社舉行成立典禮，到中委蔣中正、汪兆銘等數十人，暨來賓四五百人。孔祥熙任會長，分八隊募捐，由朱培德、褚民誼等分任隊長。會後有餘興節目，褚民誼、魏新綠女士空城計，褚氏飾司馬懿，最後為金少山及陶正伯之捉放曹，至夜十一時始散會

1月26日，「公餘聯歡社」召開第一次理事會。各參加機關出代表一名任理事，共31人。會上選舉褚民誼、謝冠生、沈士華、許靜芝、雷震五人為常務理事，褚民誼為常務主任理事。規定每季開一次理事會，每月開一次常務理事會。理事會下設正副總幹事，各組主任、股長及幹事。社務經費來自社員社費及各參加機關之適當補助。會址在南京香舖營21號，下設體育（國術、球類、田徑、舞術）、學術（演講、研究）、文藝（詩詞、書畫、攝影、電影）、音樂（中樂、西樂）、戲劇（平劇、崑劇、話劇）和棋術（圍棋、象棋）六大組。會所提供相應活動場所、設施和指導，社員可自由參加。各組股均請有關熱心專家負責組織和指導。其中，他任體育組主任，其後還兼任平劇和崑劇股股長等職。

2月14日，在南京舉行追悼達賴大會，汪精衛及褚民誼等致祭。

2月20日，行政院議決成立「新疆建設計劃委員會」（以下簡稱「新疆建委」），委任褚民誼為主任，負責籌組。

2月22日，梅蘭芳來京演義務戲三日，班禪特贈哈達、金佛各一。是日晨褚氏偕梅氏謁中山陵，午孔祥熙歡宴，下午梅氏乘車赴滬繼續演義務戲二天。

3月初，為乘班禪南下訪問滬杭之機，開展一次漢藏佛教交流活動，戴傳賢、褚民誼等發起籌備，在杭州啟建「時輪金剛法會」。

3月6日和9日，專為防治花柳病的慈善醫院「色空醫院」，在滬宣佈開幕，院務顧問褚民誼、醫務顧問殷木強、醫務主任許文遠聯名發表宣言。

3月11日，世界文化合作中國協會和上海中國國際圖書館，在上海世界社

近鄰建設新建築，舉行奠基典禮。吳稚暉主持，褚民誼等諸常委均出席。

3月13日，新疆建委成立大會在行政院召開，聘定委員52人，到會43人，主任委員褚民誼主席會議并致開會詞。

3月15日，新疆建委召開第二次會議，到47人，褚民誼主席，汪精衛院長出席致詞。會上決定分為政治、經濟、文化、交通四組開展工作。

3月17日，召開新疆建委第三次會議，他主席，討論通過工作程序及新疆建設計劃大綱。

4月1日，趙燏黃、徐伯鋆編著的《現代本草生藥學》（上編）[3.30]由中華民國藥學會出版問世，褚民誼題寫書銘，並以中法大學藥學專修科的名義，在序言中闡述醫藥並重和藥物科學化之重要意義。

4月4日，他在首都兒童節大會上，領導全體兒童表演太極操。

4月8日，世界文化合作中國協會與上海中國國際圖書館在世界社內舉行聯席會議，議決世界文化合作協會加入為上海中國國際圖書館的創辦人。蔡元培、宋子文、李石曾、褚民誼等出席，國聯派來任中國顧問的拉西曼氏，亦列席參加。

4月15日，褚民誼等發起的「首都風箏比賽」在雨花台舉行，吳稚暉任名譽評判長，褚民誼任評判長，參加賽員百三十餘人，風箏種類，凡四十餘種，觀者七、八萬人，轟動京城。不久，他還於5月份參加上海中學聯合運動會上，為中學生們示範表演自己親手製作的風箏。

是日，褚民誼任編輯主任的《社會醫藥報》[2.25]創刊，目標是提倡社會公眾衛生，介紹世界醫藥學知識。第一年為半月刊，此後改為月刊，并更名為《社會醫藥》。

4月18日，新疆建委召開第四次會議。此後不久，由於新省再次爆發內亂，工作嚴重受阻，該委員會未繼續開會，直至馬仲英亂被平息後，才得以恢復。

4月28日至5月17日，班禪在杭州啟建護國消災時輪金剛法會。

4月30日，中國教育電影協會在上海舉行第三屆年會。褚民誼主席。在致詞中強調電影在普及教育中之重要作用。

5月7日，他在南京國民大戲院發表力戒「煙賭娼」三毒的演講，號召國民當此外患內憂交相煎迫之時，人人戒除、個個避免，則個人與家庭皆受其利，即民族與國家，亦可日即富強。

5月8日，故宮博物院，假行政院召開首次常務理事會會議，討論經費預算

和存滬古物遷京案，褚民誼出席。

5月間，在菲律賓舉行第十屆遠東運動會，我國游泳運動員大獲全勝，年僅16歲的廣東香港選手楊秀瓊，更是個人包攬4枚金牌，并打破1項大會紀錄，舉國振奮，大大地推動了我國游泳運動的開展。

5月22日至6月29日，班禪訪問上海受到熱烈歡迎，期間提出成立「菩提學會」和「蒙藏學院」的倡議。

5月27日，由國府林森主席發起的腳踏車比賽，在中山陵園中央體育場前舉行。褚民誼任籌備主任，事前於8日舉行籌備會，男女分組進行比賽，褚任評判長。賽後，於6月2日在國民大戲院頒獎。

6月間，褚民誼替代葉楚傖兼任故宮博物院秘書長。

7月8日，成立菩提學會籌備委員會，褚氏被推舉為常務委員。

7月12日，中央古物保管委員會在南京召開改組成立大會，褚民誼出席并代行政院長汪精衛致詞，會上討論修改有關各項規則，繼開首次常委會，商討經費及會址等問題。

7月13日，他在南京主持中國教育電影協會三屆第一次常務理事會，揭曉第二次國產影片評選結果。

7月20日，姜俠魂主編的《國術統一月刊》[2.27]創刊。褚民誼積極主張國術統一化，在發刊辭中稱，這是當前使國術科學化、具體化、普遍化，所必須研究的一個重要問題。

7月26日，故宮博物院在行政院開第三次常務理事會，議決在京建築古物保管倉庫案，褚民誼出席。

7月間，蔣介石提倡的新生活運動，其設在南昌總部新建的游泳池落成，邀請楊秀瓊前往揭幕並作表演。會後上廬山受到林森主席的接見。

8月1-2日，舉行南京首屆游泳運動會，邀請楊秀瓊一家，從江西歸途時來京表演。當時褚民誼為解決外匯緊缺難題，正努力推廣用馬車代替汽車，乘駛他的自備馬車，前往碼頭迎接楊秀瓊一家，并以駕車搭乘楊氏姐弟三人的姿態攝照，在報刊上發表，以助推廣馬車的宣傳。

8月27日，國民政府首次在山東曲阜祭祀孔子誕辰，中央黨部秘書長葉楚傖主祭，褚民誼等陪祭。

9月1日，為訓練邊疆服務人才，在上海龍華寺內設立的「蒙藏學院」開學。

9月間，由「民國二十二年（1933年）全國運動大會籌備委員會」編輯，

上海中華書局出版了《第五屆運動大會總報告》[2.31]。全書近千頁，含照片上百幅，對大會從籌備到召開的全過程進行了詳盡總結，為繼後舉辦正規的全國運動大會樹立了樣板，提供可遵循的豐富經驗。在其最後的「附錄」中，還登載了眾多專家有關體育的論文和社評，其中含有褚民誼的八篇論述，以引導體育運動向正確方向發展。

10月10日雙十節，第十八屆華北運動會在天津舉行，開幕式上表演太極團體操，有50單位1120人參加。褚民誼應邀出席，任大會裁判長，并在會上表演太極拳及太極球和棍。在津期間多次作太極操的演講，努力在華北地區推廣普及。

10月20日，「中華全國道路建設協會」在上海召開第十四週年徵求會員大會，有孔祥熙、王正廷等三百余人出席。財政部長孔祥熙任總隊長，褚民誼任總參謀，上海市長吳鐵城任總指揮。褚民誼代表行政院汪院長到會並演講，強調在中國目前外匯短缺的困境下，提倡馬車是解決交通工具的一個重要補救辦法。

11月6-8日，中法國立工學院大學部二年級學生湯武釗考試不及格未能升級，同級學生16人，於6日罷課，而引發學潮。褚校長於次日由京趕滬，堅持原則，剴切開導，考試未及格之學生自願留級，其他諸生於8日照常上課，從而化解了這場風波。

11月16日，「蒙藏學院」校董會成立，召開第一次校董會，由褚民誼主席，籌備委員會向董事會交接工作，並報告學院的整體計劃。會上討論通過了校董會章程、學院組織大綱和工作程序，研究了籌措經費等議題，並推選杜月笙、潘公展、褚民誼、性空、王伯元、吳鐵城、張公權、石青陽、俞佐庭為常務董事。接著於12月召開的董事會上公推褚民誼為院長。

11月25日，褚民誼負責募捐重建的南京棲霞山勝景「暢觀樓」，舉行落成典禮。棲霞寺住持若舜和寂然法師，以及張靜江、褚民誼等多人出席。

12月4日，新疆建委召開第五次全體會議，褚民誼主持，議決將各組草擬之新疆建設大綱及安定新疆辦法，指定專人整理完竣。該草案呈報院長後，編輯成二十餘萬言的《新疆建設計劃大綱（草案）》[3.33]，作為提案，提交於12月10日舉行的國民黨四屆五中全會審議。

12月間，「中法國立工學院」第一屆大學生於是年夏季畢業後，中方院長褚民誼領銜編輯出版了《中法國立工學院院刊》[1.33]，對該校的沿革、組織、設備、規章、中法員工及學生學習等情況，進行圖文并茂的介紹，并對學生從來源等各個側面進行了統計分析。此外，書中還發表了師生的論文和專著

十餘篇，對學校的發展進行了全面總結。

12月22日，在上海龍華蒙藏學院，舉行杜月笙和褚民誼分別就職主席董事和院長典禮。

12月底，在南京的中法友誼屋建成，褚民誼及法國公使等中法友好人士出席落成典禮。

在1934年出版的《寰球中國學生會特刊》上，他撰寫了〈十年來之庚款補助文化事業運動〉[1.32]的論文，概述了近十年來退還庚子賠款運動及其補助我國文化事業的歷程。

是年，褚民誼被公推為「中華體育會」會長。該會以普及體育為宗旨，由1931年故去的武術家李景林於1925在上海創辦。他接任後，為廣泛動員民眾參加體育運動，多次舉行徵求會員大會。

年內，他應邀投資「冠生園」，任第四任董事長。該公司係冼冠生於1918年在上海創辦起來的一家馳名中外的食品公司。

1935年

1月9日，中西大藥房所籌辦之民誼大藥廠在江灣體育會路廠基行奠基禮，褚民誼偕同周邦俊、夏翌時，及各界來賓，約二百餘人出席，並開始動工建築。

1月10日，褚民誼作為委員，出席了在京召開的安徽黃山建設委員會第一次全體委員大會。

1月間，在「公餘聯歡社」成立一周年之際，發表了〈民國二十三年公餘聯歡社社務報告〉[3.34]，綜述了該社的創辦經過和1934年度的社務情況。

此外，「鑑泉太極拳社」新址建成後，重組擴大招生。社長吳鑑泉；發起人：褚民誼、徐致一、馬岳樑；贊成人：王曉籟、張嘯林、張群、杜月笙、盛丕華等十五人。

2月14-17日，梅蘭芳赴蘇聯和歐洲考察前，應江浙賑災會和中華慈幼協會之邀，為募捐在滬連演四夕。褚民誼受俄使堅請，15日由京赴滬參加串演。14日有梅蘭芳、趙培鑫之汾河灣；15日有褚氏之嘆皇靈，及梅氏之全本龍鳳呈祥；16日有褚氏之刺王僚，及梅氏之蘇三起解；17日有褚氏之草橋關，及梅蘭芳、金少山之霸王別姬。演出後褚氏即返京。梅氏於18日乘蘇俄安排的專輪赴俄。

2月15日，《天山》月刊上發表褚民誼院長在蒙藏學院所做的〈建設西北

之要點〉的講話，鼓勵和指導學員投身西北建設。該刊同時使用漢語和維吾爾語兩種語言，他予以大力支持，親題刊頭，於上年10月15日創刊。

2月22日，比利時國王利奧波德三世登基，向褚民誼頒發「皇冠大臣勳位勳章」。

3月間，為滿足全國各地太極操愛好者的要求，上海勤奮體育月報社開辦的「太極操函授學校」面向社會招生，褚民誼任校長。

3月2-3日，由首都民眾體育委員會主辦的第三屆京市踢毽子比賽在中央大學進行，褚民誼一如既往地出席並授獎。

3月17日，「第二次京市風箏表演賽」在雨花台舉行，褚民誼繼任裁判長，并參與放飛自製的彩色蝴蝶風箏。他特製一種木制測驗器，可在風箏回收後簡便地準確測得其放飛高度。

3月19日，在南京國民政府行政院舉行中比庚款委員會第十三次大會，改選新一屆中國委員會。外交部正委員吳頌皋、副委員王世澤，鐵道部正委員曾仲鳴、副委員谷正鼎，教育部正委員褚民誼、副委員段錫朋，內政部正委員李松風、副委員魏詩墀，衛生署正委員金寶善、副委員王鵬萬，財政部正委員曾宗鑒、副委員蔣履福。選舉褚民誼繼任委員長，鐵道部曾仲鳴新增為副委員長。同時改選中比文化教育基金和衛生建設基金兩個委員會。褚民誼、曾仲鳴、段錫朋、吳頌皋、蔣履福為文化教育委員；褚民誼、曾宗鑒、李松風、金寶善、王世澤為衛生建設委員；褚民誼、曾仲鳴為常務委員。接著召開中比雙方大會，審查收支報告及受補助各機關報告，并制定年度補助計劃。

3月28日，中比庚款委員會衛生建設基金委員會在行政院舉行會議。出席委員長褚民誼，委員曾宗鑒、金寶善、王世澤、魏詩墀，金寶善主席。議決，補助中法大學藥學專修科、莫干山療養院、建築京市平民產院、各地平民產院，以及建築中比紀念堂、聘比專家來華講授鐳錠學等議案。

4月8日，「第六屆全國運動會」籌備委員會在上海成立，舉行首次會議。委員43人，由教育部於3月份聘定，並指定王世杰、褚民誼、王正廷、吳鐵城、潘公展等十一人為常務委員。大會在上海舉辦，教育部長王世杰任會長，上海市長吳鐵城任副會長兼籌備主任，上海市教育局長潘公展和教育部體育督學郝更生任籌備副主任，沈嗣良任總幹事。四天後，召開第一次常委會，基本上按照前屆全運會的框架，研究決定了各組織機構名單及有關事項。籌委會各組股自5月1日起開始辦公。

5月1日，江南大旱結束後，褚民誼代表國民政府向賑災人員頒授采玉勳章，賑務委員會委員長許世英出席報告。杜月笙、張嘯林、黃金榮、韓芸根、徐懋棠獲三等采玉章，吳瑞元獲四等采玉章。

5月5日，中國教育電影協會在杭州舉行年會，會前徵集到論文五篇，提案十四件。褚民誼和戴策就協會內部新增的兩個機構，提出了〈增進本會推行組及教課組案〉。

5月16日，首都公餘聯歡社編輯之《公餘半月刊》[2.29]創刊。該刊免費向會員發放，是社員了解政府和社內動態，圍繞本社宗旨相互交換意見的一個經常性的園地。國民政府主席林森題詞曰：「聲應氣求」。後於1936年2月第2卷第1期起，更改為《公餘月刊》。

5月30日下午在京召開中國教育電影協會第四屆第一次理事會，褚民誼主席。會上選舉陳立夫、褚民誼、張道藩、郭有守、方治為常務理事。協會下設總務、編輯、設計、教課、推行五組。褚民誼繼任設計組主任，戴策、張冲為副主任。年會交議呈請中央通令全國，凡六歲以下兒童，非因電影院映放兒童教育影片特准入場觀看外，平時不准入普通電影院；未滿十六歲之青年，不得觀覽成年之影片。

6月1日，大夏大學舉行成立十一週年紀念會，同時舉行春季運動會暨體育館破土典禮，並歡迎新校董褚民誼，到校董來賓暨全校教職員學生二千餘人。王伯群校長主持，褚民誼發表演說，並舉鏟行體育館破土禮。

6月2日上午，國術統一月刊社發起舉行的國術講演會在上海精武體育會開講。該講演會自此起每周一講，第一期共十講，褚民誼主持並參加其中的講演，聽眾可免費入場。

6月2-3日，褚民誼偕內政部衛生署技正金寶善赴「莫干山療養院」，視察中比庚款對其補助之實際效果。

6月5日，法國公益慈善會向上海東方圖書館贈書一千六百冊，行贈受典禮。法漢學家伯希和發表學術演講，褚民誼代表行政院長汪精衛到會致詞，來賓有蔡元培、李石曾等三百餘人。

6月13-29日，中法國立工學院舉行大學生第二屆畢業考試。考試委員會由該校校長褚民誼、薛藩擔任正副考試委員長，委員有法方二人和中方五人擔任。本屆畢業學生，土木工程系11人，機械工程系4人。各委員對於各生考試印象甚佳，

6月間，「國立戲劇音樂院及美術陳列館」籌備委員會辦公處，在公餘聯歡社內成立。由全體籌委互推褚民誼為主任常務委員，陳立夫、張道藩、陳樹人、王祺為常務委員，負責處理一切籌備事宜，並指派張劍鳴為工程組總幹事，戴策為事務組總幹事。該項建築工程於是年春，由褚民誼聯合諸多中央委員，向國民黨中央常務委員會提出議案，經中常會通過，指定提案人為籌備員，并撥給經費後，著手進行籌建的。

7月7日，國府新任命為聖裔奉祀官的孔德成暨配奉祀官孟慶棠、曾繁山、顏世鏞等由魯抵京，向中央及各當局答謝政府尊孔，及去歲致祭並任命奉祀官之盛意，褚民誼負責接待。

7月19日，在青島舉行的「中華職業教育社」第十五屆社員大會暨「第十三屆全國職業教育討論會」開幕。褚民誼出席并致辭，強調職業教育之重要意義。

7月22-23日，首都公餘聯歡社與上海圍棋社聯合，在公餘聯歡社大樓內舉行第一次「京滬圍棋比賽」，褚民誼出席開幕式并講話，強調圍棋之正當娛樂，不但能鍛鍊身心，而且能致以強國。接著，於9月21-22日在上海舉行第二次圍棋埠際比賽。

7月27-28日，為參加9月10-20日由國際教育電影協會在柏林舉行的「國際運動影片比賽」，由褚民誼表演、中國教育電影協會出品、明星影片公司製作的影片《中國體育》，在上海進行拍攝。

8月1日，著名文武生李萬春首次南下在京獻藝，褚民誼、陳其采、呂超等國府要員蒞院聽戲，褚氏親題「大雅不群」相贈。在京期間李萬春每日下午三時，至褚宅，從褚習太極拳。

8月8日，褚氏對影片《中國體育》進行修檢，11日在上海戲院試映，然後將影片於15日寄往柏林，委托中國駐德使館主持參加「國際運動影片比賽」

8月10日，董事長褚民誼赴杭參加「莫干山療養院」成立九週年紀念。

8月31日，由首都公餘聯歡社接待，并與市府、市黨部聯合舉行公宴，歡迎梅蘭芳率團赴蘇聯及歐洲演出和考察圓滿回國，褚民誼、張道藩等及名票友多人作陪。席間商討演劇助賑，及其地點、時間等各項問題。

9月2日，下午褚民誼代表國立戲劇音樂院及美術陳列館籌備委員會，在首都飯店舉行茶會，歡迎考察圓滿歸國的梅蘭芳和余上沅。參加者有各國駐華使領、中外新聞記者、本京文藝團體、各名票等，不下二百餘人，褚、梅、余三氏對戲劇之改良均有熱忱之演詞。

9月6日,三子褚幼義在上海出生。

9月11-16日,梅蘭芳應首都各界水災籌賑遊藝會之邀在京義演六場。

9月13日,首都第九屆識字運動籌備委員會於9月9日至15日,舉行識字運動宣傳週,褚民誼應邀於是日,在中央廣播電台發表題為「推行識字運動的方法」[1.36]的演講,從民眾的切身利益和國家興亡的大義出發,認真總結經驗,從識字運動的意義、過去失敗的原因和今後的方針三個方面,提出了中肯的意見和建議。

9月,於達望編著的「製藥化學」由中華民國藥學會出版,褚氏以行政院秘書長的名義,於序言中根據當時國內外形勢,從國計民生和國家安全的大局出發,進一步強調發展我國藥業、普及製藥知識的重要性和迫切性。

9月30日,上午褚民誼應邀到中央政治學校發表〈青年修養的方法〉[1.37]的演講,並演示太極操。到該校主任及學生五百餘人。演詞分為立志、持躬、處事、治學、鍛鍊各點說明。

10月6日,是日為重陽節,重建棲霞山「太虛亭」舉行落成典禮,褚民誼、吳稚暉等政府官員及寺廟住持和高僧等數十人出席。該亭在行政院院長汪精衛的支持下,由褚民誼負責,在包括國民政府主席林森在內的黨政軍要員中募捐,集資四千餘元,興建而成。有小亭築於其旁,內置由褚民誼題寫的石碑,正面記述的是重建太虛亭之緣由和經過,背面列出了全部捐款人之姓名和捐資數。該項工程由棲霞寺監事寂然法師主持辦理

10月10-20日,「第六屆全國運動會」在當時號稱東亞規模最大的新建上海體育場內舉行,有各省市特區及華僑團體38個單位,二千餘名運動員參加,比上屆多了6個單位。褚民誼在開幕式上號令來自36所學校3000名小學生,表演團體太極操。會上他繼任國術總裁判長,到場指導,并先後作太極刀及太極球和太極棍等表演。會后,由大會籌委會編輯,上海大東書局於1936年1月出版了《第六屆全國運動大會報告》[3.40],進行全面總結。

10月17日,南通學院院長張孝若突被其僕人槍殺,褚民誼從11月起,代理該院院長,穩定了局面,直至次年8月由鄭亦同出任院長。

10月18日,「國立戲劇學校」在南京成立。經教育部商承中央派張道藩、褚民誼、余上沅等七人為校務委員會委員,張道藩為主任,余上沅為校長。該校之籌建,始於是年6月中旬,由陳立夫、張道藩、褚民誼等十餘位中央委員和教育家聯名向中央提出建議,7月批准後成立籌備委員會,9月下旬在全國

京、滬、平、漢等處同時招考新生，委請當地教育局及戲劇界名流辦理。從千餘投考者中錄正取生六十名、備取生三十名，於成立之日開學上課。張道藩、褚民誼亦親自擔任課程。

是日晚，「中華全國體育協進會」在全運會期間舉行全國代表大會，改選第三任董事會，當選董事：張伯苓、王正廷、郝更生、褚民誼等十五人。並於19日晚第一次董事會上，推舉王正廷為董事會主席，褚民誼、郝更生、沈嗣良、吳蘊瑞四人為常務董事，聘請沈嗣良任名譽總幹事。新董事會成立後，即將組織參加1936年「第11屆奧運會」列入主要議事日程。

11月1日，國民黨四屆六中全會在南京召開，開幕式上，汪精衛遇刺受重傷。

11月10日，「全國新藥業同業公會聯合會」舉行成立大會，報到者141人。他在會上講話，強調醫藥並重，并闡述我國新藥業發展「三步曲」的主張。會上他被聘請為顧問。會議決定舉辦藥劑師講習所，聘定褚民誼為所長，周夢白為副所長，周邦俊為教務長。

11月11日，菩提學會在上海成立，選舉班禪為正會長、諾那及印光為副會長，段祺瑞為理事長，褚民誼等108人為理事，許世英等48人為監事。

11月12-23日，國民黨第五次全國代表大會在南京舉行，褚民誼繼續當選為中央監察委員。在第一次全體委員會上，褚民誼等五委員提出的〈調劑生產以利民生〉案，議決下達有關主管機關參考實施。

11月29日，「國立戲劇音樂院」和「美術陳列館」在南京石板橋建築基地舉行奠基典禮。司法院長居正主持奠基禮，籌備主任褚民誼為奠基石題銘，吳稚暉、陳立夫、張道藩、陳樹人等全體籌備委員出席。

12月1日，汪精衛電請辭職國民政府行政院院長。

12月7日，國民黨五屆一中全會第五次大會上，推選出新一屆中樞負責人及各院院長。胡漢民任中央常務委員會主席，汪精衛任政治委員會主席，蔣介石任該兩會副主席，林森繼任國民政府主席，蔣介石接替汪精衛出任行政院長。為了促進我國文化事業的發展，會上決定成立國民黨中央「文化事業計劃委員會」，推舉陳果夫為主任委員，褚民誼和張道藩為副主任委員。

12月9日，原行政院秘書長褚民誼於離職前夕，主席了是日上午舉行的行政院總理紀念週，代表汪精衛和他本人向全體職員話別。下午謁新任蔣院長進行交接。

12月12日，國民政府任命各部部長。

12月13日，國府照准褚民誼辭行政院秘書長職，任命翁文灝接任。

12月16日，國府五院院長及各部部長分別宣誓就職，正式上任視事。

1936年

1月25日，「公餘聯歡社」內建設之大禮堂「中正堂」，舉行落成典禮，褚民誼為之題寫館名。該禮堂獲蔣介石的大力捐助，除為本社服務外，還為全市各種演出活動提供了一個重要場所。特別是，新成立的「國立戲劇學校」，將其作為排練和演出的主要教學基地。

1月27日，中華全國體育協進會在上海召開第二次常務會議，王正廷主席，有褚民誼等十二名董事到會。會議討論決定了我國首次派出上百人的代表團，正式參加在德國柏林舉行的1936年「第11屆奧運會」的一系列重要問題，包括：代表團人數及在各項目中的分配；出席奧運會的選拔原則；分為足球、籃球、田徑及游泳、舉重與國術表演四大組進行選拔並推舉出各組負責人；籌集經費以及關於德方派專輪迎接等事宜。其中舉重及國術表演組的選拔工作，確定由褚民誼、張之江、沈嗣良和葉良負責，褚為召集人。褚民誼在協會中兼任名譽會計，著重負責籌集所需經費。會後即通告全國徵集報名，分組進行選拔。

2月6日，美社第八次聚餐會，由社員褚民誼召集，晚六時在褚宅舉行，到社員二十餘人。餐後放映褚氏所攝之黃山、棲霞山、南潯等處風景影片，至九時始盡興而散。擬議中該社之第四次展覽會經多方努力未能實現。

3月1日，全國新藥業同業公會聯合會《新藥月報》[2.31]創刊，褚民誼任社長。

3月3日，中國中學董事長褚民誼到校補行開學典禮，並作題為〈國難期中中學生應如何修養〉的演講。

3月15日，赴杭州就任「浙江武術館」館長。

同日，全國新藥業同業公會聯合會「藥劑師講習所」開學。

3月17日，「國立北平故宮博物院」理事二年屆滿，行政院議決改聘，褚民誼繼任理事。

3月20日，召開「公餘聯歡社」二屆一次理事會，會上推選新一屆常務理事。褚民誼雖已辭任行政院秘書長，但仍繼續被推選擔任常務主任理事。

3月21-22日，先後舉行「第二屆上海風箏比賽」的預賽和決賽。褚民誼擔任評判，并表演放飛多種風箏。比賽按風箏形狀分組，以放飛高度及平穩兩項確定優勝，頒以特製獎盃。

4月中旬，中國電影協會開始派員到京滬、滬杭、京蕪、淮南四路沿線之中等學校，選擇放映教學電影。

4月15日，上午南京朝天宮國立北平故宮博物院建築南京分院保存庫行奠基禮；下午在行政院召開故宮博物院第三屆理事會，褚民誼均出席。

5月間，褚民誼編著《國術源流考》[1.38]，由南京大東書局出版。全書五章，追溯數千年華夏武術發展歷史，內容涉及拳術和器械兩大類，歷述流傳至今國術之各主要門派，並對國術中的主要明、暗器械，圖文並茂逐一介紹。

5月初，第三屆南京風箏比賽在安德門外石子崗舉行，褚民誼主持，參加者120餘人。

5月8日，蒙藏學院在上海舉行第一屆畢業典禮，畢業學生計四十五人，來賓數十人，院長褚民誼主持典禮。

5月11和12日，在上海選拔參加奧運會國術表演和舉重項目的選手，由褚民誼主持。舉重方面參選10人，按成績選出3名。國術方面從各地保送的參選人員25人，先進行預賽，次日進行決賽，選出男女選手共計正取6名、備取3名。嗣後，九人全部錄取，出國表演。

5月14日，按國民黨五大決議，為籌備召開「第一屆國民大會」，國民政府公佈了「國民大會組織法」和「國民大會代表選舉法」，規定由隸屬於國民政府的「國民大會代表選舉總事務所」具體籌備，并於27日特派內政部長蔣作賓為該所主任。

5月16日，中華全國體育協進會召開第四次常務董事會，王正廷主席，郝更生、褚民誼、吳蘊瑞、沈嗣良出席。會上確定了舉重及國術的人選；並決定分別在上海和南京中央國術館集訓，請褚民誼、張之江及管理郝銘三君主持訓練。20日國術表演選手全部到京開始集訓。

與此同時參加奧運會其他項目的選手也分組在上海和香港等地進行選拔。其中足球代表經協進會事先接洽，先期於5月2日赴南洋一帶，作二月餘之遊歷比賽，共約廿餘場。

5月17日，在上海功德林舉行太極拳名師楊澄甫追悼大會，褚民誼出席致辭，盛贊他在強身救國提倡太極拳方面的功德。

5月19日，國民黨中央推派赴粵祭胡漢民的代表居正、葉楚傖、孫科、許崇智、傅秉常、李文范、褚民誼等七委員，由滬乘加拿大皇后輪，於23日抵港。25日在廣州舉行公祭。6月2日居正、褚民誼抵滬返京，向中央報告。

6月9日，國民政府派褚民誼為國民大會代表選舉總事務所副主任，主持日常工作；並派葉楚傖為總幹事、張道藩為副總幹事。

6月間，褚民誼主編、顧舜華編輯的《太極操特刊》[1.39]，由上海中法大藥房和中西大藥房聯合出版，對五年來太極操之推廣，進行全面總結。此外，他還專為1936年柏林第11屆奧運會，以德語為主，并輔助以法語和英語，編寫出版了《中國太極操－圜形體操》[1.40]和《中國體育－想像力和創造力》[1.41]二本專著，並攝製電影，在國際上宣傳和推廣太極操以及他所倡導的發展健康體育運動，要實現「三省」和「三驗」的主張。

6月13-19日，參加奧運會國術表演的選手六男三女，經集訓後到上海，在他的帶領下多次在青年會和大光明影院，向公眾表演。

6月14日，中華全國體育協進會舉行第五次常務董事會，王正廷已先行出國，會議由褚民誼主席，除常務董事外，還邀請在滬董事列席。會議歷時五小時，對出席奧運會代表團的名單及業餘運動員資格等問題進行了認真審核；對代表團赴京謁陵、聆訓及受旗典禮等事宜進行了研究，確定南北方面一切事務，由褚、郝兩董事接洽辦理；此外還議決聘請「修正業餘運動規則委員會」委員以及「全國各項運動最高紀錄審查委員會」委員等事項。

6月23日，奧運會中國代表團臨行前，在褚民誼帶領下，晉京謁中山陵，聆聽行政院長蔣介石訓話，并舉行授旗禮。晚上，蔣院長在勵志社舉行歡送宴會。

6月24日，上海各界於下午舉行歡送奧運會中國代表團大會。代表團名單中，除國府代表戴傳賢外，共計144人，包括：管理員和教練員29人、運動員79人、考察團員36人。由總領隊王正廷、總幹事沈嗣良、總教練馬約翰，考察團總領隊郝更生等帶領。其中，國術表演隊由郝銘任管理，顧舜華任助理。

6月26日，我國出席11屆奧運會代表團一行百餘人，於上海乘意國郵輪赴德國。7月20日抵威尼斯上岸。然後轉乘火車直達柏林，7月23日入住奧運村。

7月6日，中法大學藥學專修科行第四屆畢業典禮。畢業生8名，來賓80餘人。褚民誼學長主席，中法大學董事長李石曾致詞，來賓薛藩、朱恒壁、張輔忠等相繼演說。

7月9日，首任法國大使那齊雅覲見林森主席並遞交國書，孔祥熙、褚民誼

等列席。

7月間，上海「慈航職業學校」籌備結束開始招生。該校由褚民誼和王學權等人，為在國勢危難之際，盡快培養實用人才，於3月間發起，并成立董事會。會上公推褚民誼為董事長、王學權為校長，負責籌劃經費、勘定校址、申請教育部備案等事宜，其籌備處暫設慈航助產學校內。學校設初級和高級土木、染織、化學工藝和商業各科，并附設銀行行員訓練班、藝徒班、家事班等。為救濟貧窮子弟，學校特設優待生、免費生、服務生名額。為便利學生實習，購置大批機械儀器，還特約均昌染織廠、新裕記營造廠等多家大工廠為實習場所。

8月1-16日，「第11屆奧運會」在德國柏林舉行。我國此次大規模參加奧運會，由于奧運項目起步較晚，加上缺乏國際比賽經驗和長途跋涉的旅途勞頓，比賽結果差強人意。然而國術隊於11和12日連續二天在柏林著名露天大劇場進行的太極操、單人和多人拳術及器械的精彩表演，以中國傳統武術的魅力，博得滿場三萬餘觀眾之景仰。此外，國術團還於會前和會後應邀在德國并到歐洲其他國家表演，散發褚民誼為大會特寫的有關太極操和發展體育運動中國思想的外文刊物，展示太極推手等武術器械，均深受歡迎。

帶往奧運會宣傳的電影，由褚民誼親自演練，全面介紹了他新發明的太極操和太極推手器械，傳統的太極拳和太極推手，以及在第五屆全國運動會開幕式上帶領數千小學生表演太極團體操的實況。會後，經德國體育家保羅·沃肯編輯，作為教育電影，取名《太極操：中國體育運動體系》，由當時的帝國教育電影中心於1938年出版。

8月間，為召開國民大會，將「國立戲劇音樂院」擴建為擬議中的「國民大會堂」，兩者合并使用。褚民誼、張道藩等加緊督工監造，以及時滿足舉行大會之要求。

9月12日，中央文化事業計劃委員會（以下簡稱「中央文計委」）舉行第五次會議，主任委員陳果夫和副主任委員褚民誼等出席，討論了召開各專門研究委員會的辦法。

9月15日，國術統一月刊社叢書專輯《褚民誼先生武術言論集》[1.42]出版。書中彙集了他從1928年到1936年間，有關武術和體育的言論23篇，分為；論說、序跋、演講和提案四類。

9月26日，故宮博物院南京古物保管庫建成驗收，褚民誼出席。嗣後，存

滬之北平古物陳列所重要古物5417箱，於12月14至17日分兩批運入保存。

9月30日，中央文計委美術研究會召開第一次會議，主任委員陳果夫，副主任委員褚民誼，委員及專委等多人出席，褚民誼主席，決定美術製作取材標準案等多件。」

10月1日，中央文計委戲劇研究會開第一次會議，主任委員陳果夫，副主任委員褚民誼，委員及專委等多人出席。

10月2日，上述中央文計委美術和戲劇研究會下午分別舉行第二次會議，分由褚民誼及溥侗主席，議決要案甚多。

10月3日，奧運全體健兒下午回國抵滬。雖然我國在參賽項目上沒有得分；但是國術表演為國爭得了榮譽。由中華體育協進會編輯，於1937年11月出版了《出席第十一屆世界運動會中華代表團報告》[3.43]，對此次參加奧運會，作出了全面總結。

10月7日，中央文計委禮俗組開會，到陳果夫、褚民誼、焦易堂、陳念中等。由陳念中主席，對訂定國民道德律、中華民國通禮、中華民國生活歷等問題，均有詳盡之討論。

10月10日，中央文計委教育組開首次會議，主任委員陳果夫，副主任委員褚民誼，委員及專門委員、研究委員等多人出席。由潘公展主席，討論關於文化事業計劃綱要中關於教育計劃方面之問題，擬定實施辦法，呈請中央核定施行。

10月21日，中央文計委語言文字研究會開首次會議。到主委陳果夫，副主委褚民誼，委員王世杰及專委等多人，對語言文字如何改進，討論頗詳。

11月2日，中比庚款會中國代表團在南京褚民誼頤和路寓所舉行第十五次會議。褚主席，報告代表團半年餘來之工作。會上聽取了中比鐳錠院改組、留比學務、中比文化教育基金委員會及中比衛生建設基金委員會、大學論文獎、部分委員改派等事項。推選曾鎔甫（宗鑒）為副委員長。鑒於鐵道部應付之利息，迄未撥付，派員速催。資金短缺，各請求補助案暫緩。

11月間，「國民大會堂」（「國立戲劇音樂院」）和「美術陳列館」竣工。大會堂規模宏大，大廳之上有三層樓座，可容納近二千五百人。建築上有屋頂花園，下有地下室，其內舞臺設施，電子計票系統，一應俱全，并有空調設備，堪稱當時東亞之冠。

11月27日中國教育電影協會舉行第二次常務會議，張道藩代褚民誼出席。會上對教育電影的推廣工作有詳細的報告和討論。

11月29日，由慈善機構「集仁會」創設的「集仁中醫院」舉行開幕典禮，褚民誼任董事長、邵如馨任院長、王杏生和任農軒任醫務主任。

12月10日，中央文計委召開第七次委員會議，到陳果夫、褚民誼、王世杰、張道藩、方治等，通過文化博覽會等各種要案。

12月12日，突發西安事變，國民大會籌備工作暫停。

12月間，為參加1937年5月在法國巴黎舉行的「近代文藝技術國際博覽會」，由世界文化合作中國協會發起，聯合各界組織「中國參加巴黎國際博覽會協會」，推選褚民誼為首席代表，負責籌辦一切。為此，先後組成辦事處和徵集出品委員會開展工作，并曾於翌年3月在上海將徵得的珍品玉器預展，轟動一時，但終因時局動盪、經費無著，而未能赴展。

12月23日，在上海舉行「中國參加巴黎國際博覽會徵集出品委員會」成立大會。褚民誼主席，推選李石曾、褚民誼、王曉籟、林康侯、潘公展五人為主席團。

12月25日，國民政府令，授予褚民誼「國民革命軍誓師十週年紀念勳章」。

12月27日，國民政府公葬閩南派畫家高奇峰典禮，在南京棲霞墓地舉行，參加者有國府代表暨院部代表和來賓千餘人。林森主席親題墓碑「畫聖高奇峰先生之墓」。由褚民誼主祭、獻花、宣讀國府祭文及行禮默哀後奏樂禮成。隨後高柩移運至墓穴安放，行公葬式。

1937年

1月21日，《公餘聯歡社三週年特刊》[3.41]出版，，對該社的活動進行全面總結。

1月23日，汪精衛從國外養病回國不久，偕褚民誼、曾仲鳴乘機赴奉化，與蔣介石會晤。蔣不日康復回京後，繼掌行政院和軍事委員會大權，汪則任國民黨中央政治會議主席。

2月1日，「中外文化協會」發行的《中外文化月刊》[2.32]創刊。協會董事長褚民誼在發刊詞中，針對當前世界弱肉強食、窮兵黷武的局勢，強調組織本會的目的在於從中外各國文化合作著手，使世之執政柄者，翻然覺悟，各循人類生存之正軌－互助合作－以求共存共榮，而通向世界大同。該協會於1935年1月在上海發起成立。1936年4月成立董事會，孫科任名譽董事長，褚民誼

任董事長，董事中含有來自世界各國的十名外籍人士。理事會中江亢虎任名譽理事長，吳凱聲任理事長，杜鋼白任副理事長，何震亞任總幹事。協會下設中法、中德、中英、中日、中美、中加、中奧、中意、中匈、中比、中南、中俄、中荷、中印等十四個委員會，以及中波和中尼二個籌備委員會，均由中國委員三人和相應之外國委員二人組成，推舉中籍和外籍委員分任正副委員長。其中，褚民誼兼任中法委員會委員長。

2月15-22日，國民黨五屆三中全會在南京召開，抗日統一戰線基本形成，議決國民大會延至本年11月12日召開。褚民誼出席，并提出〈請政府督促改良鹽質以重民食案〉。

2月26日，中比庚款委員會在南京舉行第十五次大會。上午中國代表團會議，在經費緊缺的情況下，討論了集中財力擴充中比鐳錠院及推廣癌病治療案，並提出了一些緊縮經費補助的提案。下午開中比雙方代表會議，審查各項工作報告，著重討論了如何應對經費短缺問題。全天會議均由褚民誼主席。

3月4日，乘梅蘭芳來京演冬賑義務戲之機。是日上午，梅氏應褚民誼之邀，參觀剛竣工的「國立戲劇音樂院」（「國民大會堂」），在褚氏的建議下，於院中高唱《刺虎》一段，以試會堂之音響效果，前後皆清晰可聞。在院約逗留一小時，相偕出。下午梅氏夫婦赴滬，褚氏到機場送行。

3月15日，在綏遠隆重舉行「綏遠守土陣亡軍民追悼大會」，悼念一年前抗擊日軍瘋狂入侵而英勇犧牲的綏遠軍民。褚民誼陪同汪精衛前往主祭。國府主席林森、軍事委員會委員長和行政院長蔣介石均派代表出席，有各方代表數百人和約三萬軍民參加。國府通令全國各地於是日一律降半旗致哀。次日舉行閱兵式，並頒發傷兵紀念章。

3月17日，汪、褚等參加綏遠蒙古政務委員會成立週年紀念會。然后於18日返回。

3月19日，褚民誼自滬赴京，領命帶隊「京滇公路週覽團」（以下簡稱「週覽團」）。該團為打通從首都到雲南的戰略要道，驅車沿途視察，溝通中央與地方的聯係，由蔣介石倡議，并得到沿線各省的支持，經行政院會同全國經濟委員會等單位周密籌備後，由各有關單位委派代表組成。團長褚民誼，副團長伍連德，總幹事薛次莘，副總幹事周孝伯，隊長律鴻起，團員108人，連同職員、司機、後勤總計180人。

3月21日，「南京口琴會」在公餘聯歡社中正堂舉行勞軍演奏。該演奏會

为近期赴綏前線勞軍歸來之口琴專家王慶勳及褚民誼發起，王氏出席並獨奏。褚氏特撰文〈口琴與民眾生活〉，指出口琴屬正當娛樂中音樂之一種，易學習而費用廉，并有利於呼吸運動，值得在民眾中普及。在他們的大力提倡下，吹口琴之風在民眾中日益盛行起來。

4月1日，雲南省政府主席龍雲，於週覽團出發前致電褚民誼團長，表示熱烈歡迎。褚氏回電致謝。

4月1-23日，教育部舉辦之「第二次全國美術展覽會」，在南京新建成的美術陳列館舉行。大會名譽會長林森，名譽副會長蔣介石、蔡元培，會長王世杰，副會長段錫朋、錢昌照。展會設籌備委員會，主任委員張道藩，常務委員8人，委員54人。褚民誼延續前屆，繼任常務委員。本次展會不舉行開幕和閉幕儀式，參展人數達十二、三萬人。嗣後，教育部制定了全國美展進行辦法，規定每兩年於春季在首都舉行一次。

4月4日，全國經濟委員會於中午為全體週覽團團員餞行。行政院秘書長翁文灝、政務處長何廉、全國經濟委員會秘書長秦汾和週覽團團長褚民誼等出席。

4月5日，全體週覽團團員早晨在勵志社集中，舉行茶話告別，何應欽、吳稚暉等出席。然後整隊前往中華門外，舉行隆重的慶祝壯行大會，由南京市長馬超俊主席，參加歡送的有吳稚暉、何廉、秦汾、鈕永建、曾仲鳴等黨政要員，及各機關代表共五百餘人。馬、何、秦、吳相繼致歡送詞，褚民誼團長致答詞畢，下令出發。週覽團汽車十八輛，在軍樂和鞭炮聲以及兩旁數千民眾的夾道歡送中駛出南京。

週覽團出發後，路經安徽，於4月9日到達江西南昌，13日抵湖南長沙。然後在貴州境內穿山越嶺而達貴陽。24日黔省舉行二萬餘人的歡迎大會。25日赴花閣寨苗民住區視察。考察中目擊黔災奇重，褚團長於是日特電呈行政院蔣院長，迫切為黔民請賑。

4月28日，週覽團午後過盤縣由黔踏入滇境勝境關，滇省府、黨部、各界代表及記者已先期到達邊境迎候。晚八時抵曲靖，當地軍政人士、學生民眾，夾道熱烈歡迎者萬餘人，夜行提燈會，盛況空前。

4月29日，週覽團清晨從曲靖向昆明進發，沿途各縣城鄉鎮長官、學生民眾均列隊致敬，並放鞭炮歡迎。午後三時半到達昆明，省主席龍雲率軍政長官、學生、團體、民眾約十餘萬人，在古幢公園列隊歡迎，至七里之長。褚團長及各團員到此下車，於萬眾熱烈歡迎中，整隊步行至招待所休息。

4月30日，晨九時在省振委會召開歡迎週覽團大會，到雲南省主席龍雲、雲貴監察使任可澄，黔代表第四軍軍長吳奇偉、第九軍軍長郝夢齡，各機關長官、團體代表等二千餘人。午後週覽團參觀書畫手工展覽會，並到圓通公園致祭陣亡烈士和唐繼堯墓。晚省府綏署宴會。

5月1日，上午週覽團參觀民眾教育館及各學校，褚團長在昆華師範向各體育教師講演體育問題，並表演太極拳，又赴各學術團體之聯合歡宴。下午全體團員在軍分校參加閱兵典禮。晚各級黨部公宴，並舉行遊藝會，褚團長亦參加京劇表演。

5月2日，週覽團全天遊覽名勝。褚團長午後四時在黨部召集受訓公務員訓話。新生活運動委員會勵志社宣傳車，繼1日晚在軍分校放映《今日之中國》影片後，連續於2日在北校場、3日在巫家壩、4日在市內體育場放映。

5月3日，召開擴大總理紀念週會，由褚團長主席領導並致詞。晚汽車同業公會在省黨部歡迎週覽團考察交通各團員，會上團員們以炭煤使用及植物油汽車開發等專題進行講解。

5月4日，褚團長清晨率團員中之鐵路工程專家等十餘人，乘滇越鐵路汽車，赴中越邊境，參觀滇越鐵道工程，法國職員及越邊官吏，包括正副領事、路警總局長、河口督辦等陪往。夜抵河口，商民持燈結彩，列隊里許，並開會歡迎，他作為中央使節向邊疆人民親臨慰問。

5月5日，褚團長等一行返回昆明，晚上參加省府餞行宴。因龍主席懇切挽留，週覽團延期兩日離滇省。是日，五位團員假民教館開書畫攝影及金石展覽會。龍雲前往參觀。

5月6日，午後一時在軍分校舉行童子軍大檢閱。褚團長、龍主席為檢閱長官，各團員及高級長官為檢閱官，參加童軍4622人。午後四時龍雲邀請褚、伍兩團長、總副幹事、各隊隊長，在省府茶會話別。晚雅集社歡迎全體團員，演劇助興，並請褚團長表演踢毽子。

5月7日，正午十二時週覽團離開昆明，全市懸旗歡送，龍雲及軍政長官、男女學生、部隊、團體、民眾等數萬人，由古幢公園冒雨列隊歡送。褚團長率全體團員由招待所排隊步行至古幢公園後始上車，在萬眾歡送聲中告別昆明。

週覽團經曲靖後入黔，8日到盤縣。9日晨離盤縣出城後，遇萬餘難民團跪乞賑，當經各團員下車撫慰，並允轉達省當局籌賑。午後行抵安南，途中大雨，山路泥濘，極難上馳。10日晨赴安順轉黔首府貴陽，下午到達，再度受到

黨政軍各界的熱情歡迎和接待。

5月12日，週覽團返程在此分為南北兩路進發。南路由褚民誼帶領，到廣西考察；北路由伍連德帶隊，到四川考察，完成任務後到達各自的終點衡陽和重慶，分別解散返京。

5月18日，褚民誼率領的南路團到達廣西桂林後，廣西各界於是日晨在南大門外大校場熱烈歡迎，先舉行閱兵式，繼開歡迎大會，李宗仁致歡迎詞，褚團長發表演說，到黨政軍各機關、法團職員、學生、軍隊、民團萬餘人。

嗣後，團員們游覽桂林和陽朔名勝，并分赴各機構參觀及舉行學術報告會。桂省府還於21日下午四時在大禮堂，請褚氏表演太極拳，並作太極拳之理論講演。

5月22日晨，南路團啟程赴湖南零陵轉衡陽，23日下午於大雨滂沱中抵達，當有各機關代表及軍隊、學生等千餘人，在城外列隊歡迎，晚應各界歡宴。週覽團在此宣告解散。褚團長因國民大會選舉等事宜，帶領部分團員，直赴漢口轉京覆命。

5月26日，週覽團長褚民誼偕團員九人，由漢口乘長興輪中午抵南京。吳稚暉、王懋功、谷正綱、陳璧君、章桐、褚夫人男女公子，暨各團體親友百餘人，蒞輪次熱烈歡迎褚民誼及各團員萬里歸來。褚氏旋入城謁汪精衛主席，報告週覽經過。各團員亦分返所屬機關報告完成週覽任務。下午他先後赴行政院訪晤魏道明秘書長，出席籌備全運會常委會議，視察手工藝品展覽會，訪全國經濟委員會秘書長秦汾，最後到國大選舉總事務所處理事務。

5月27日，褚民誼謁行政院代院長王寵惠，並電呈蔣院長報告完成任務，請示謁見日期。時蔣介石在廬山，覆電褚團長，予以嘉慰。

5月下旬，在京召開中央文計委音樂專門委員會成立首次會議，有陳果夫、褚民誼、齊如山、丁燮林、張道藩、王世杰等二十餘人出席。議決：整理固有音樂，改良現有樂器，獎勵音樂創作，整飭社會音樂，提倡音樂教育等要案。

5月31日，他遵國民黨中常委之囑，在中央紀念週上作題為〈京滇週覽經過〉[1.44]的報告，概述週覽團週覽經過，沿途的道路交通、經濟發展、人文社會等各方面的實地考察情況，最後發表觀感，著重向中央提出「文化普遍、經濟均配」兩點建議，以解決經濟文化發展過於集中沿海等大城市之弊。

5月間，中國教育電影協會召開第六屆年會。其時，褚民誼離京未出席，仍繼續推選他擔任理事和設計組主任。

6月3-4日，中央文計委分別召開史地、語文兩研究會，到張道藩、褚民誼、焦易堂及各專家等多人，由張道藩主席，重點討論表彰民族英雄一案。

6月9日，全國經濟委員會於下午茶會招待週覽團，有八十餘位團員出席。汪精衛主席，並邀各部會長官，王寵惠、何應欽等卅餘人作陪。汪氏在致詞中，對週覽團備歷辛勞所取得的成績深表欣慰。繼由褚民誼代表全團致謝，并提出擬於日內組織考察報告編輯委員會，編製報告書，呈獻中央及各地方，作開發之參考。

6月10日，行政院王寵惠代院長、魏道明秘書長、何廉處長，於下午五時招待週覽團。到各部會長及團員百餘人。王致詞畢，提議對於週覽報告編為兩種；一種係對外發表者，同時譯成英、法文；一種係專供中央政府今後建設西南作參考。褚民誼答謝畢，會上決定組織總報告編輯委員會，聘褚民誼、伍連德、薛次莘、周孝伯等九人為編輯委員。

6月12日褚民誼作為常務董事在上海舉行的中華全國道路建設協會第六屆徵求會員慶功大會上，播放了由他沿途手攝的十大本京滇公路週覽影片。並計劃公演，將券資收入，賑濟黔災。

6月17日，德國駐華大使館參事代表陶德曼大使，於下午設宴向褚民誼和張之江交授「第11屆奧運會一級勳章」。

6月21日，上海市商會、銀行公會、中外文化協會、醫師公會、中法國立工學院、新亞製藥廠、中法和中西兩藥房及地方協會等四十九團體、學校、廠商，於下午四時假座八仙橋青年會，歡迎週覽團長褚民誼及全體團員。參會團體代表及來賓有，王曉籟、黃炎培、林康侯、汪伯奇、馬蔭良、許冠群、許曉初、冼冠生等百餘人。褚氏詳述週覽團旅程經過，繼由團員們就個人見聞，詳細報告西南各地生活狀況及考察經過，至八時茶點散會。

6月24日，國選總事務所開所務會議，蔣作賓主席，褚民誼、張道藩及各組組長、參事等參加，復核各省市代表初選名單，並討論籌辦復選等問題。

同日下午，京滇週覽報告書編輯委員會在行政院開會，由褚民誼主席，對增補編委會委員、報告書之內容和分類以及徵稿等問題，作出決議。

7月7日，北平「盧溝橋事變」爆發，平津形勢突變。其時，為應對國內外日益緊張的局勢，蔣介石和汪精衛正在江西廬山，準備邀請各大學院校長、教授和各界領袖，於七、八月間分期赴廬山談話。是日，褚民誼按約在廬山謁蔣介石，復命蔣氏發起之京滇週覽，詳細報告經過，并呈贈途中所攝照片。蔣委

員長對他率領全體團員長征萬里之辛勞，及所獲之成績，倍加嘉慰。

7月間，褚民誼和上海基督教領袖趙晉卿發起，集資組織「民生社小本貸款所」，為上海小本貧民資本免受高利貸盤剝，提供優惠資金支持。先從免利借給菜販入手，徐圖推廣。

7月25日，南潯旅滬同鄉褚民誼等人發起籌組的同鄉組織「潯社」，在滬舉行成立大會，到九十八人，褚主席，並被推選為理事。

8月初，在南京緊急召開最高國防會議，全國各軍事要人麇集首都共商對策，做出了實行全面抗戰、開闢淞滬戰場等重大決策。褚民誼剛剛歷經京滇沿線諸省歸來，活動其間，力促全國意志統一，共禦倭寇。

8月9日，雲南省主席龍雲應召乘專機到達南京，褚民誼、何應欽等百餘人到機場迎接。

8月10日，褚民誼應中央廣播電台之邀，於是晚發表〈大家要努力準備抗戰〉[1.46]的廣播演講，動員民眾同仇敵愾，各盡國民應盡之義務和責任，犧牲一切，準備抗戰。

在這個全民抗日救亡的嚴重時刻，他還在《中華月刊》（第5卷，第1期）上，發文「救亡時期的國民健康問題」[1.45]，強調國民健康在救亡時期尤為重要，號召廣大體育界人士，明確任務，用實際行動報效國家。

8月13日，中日淞滬開戰。

10月4日，國民政府決定，國民大會延期舉行。

10月間，褚民誼在上海發起籌組體育界救亡協會，於15日以該協會名義致函全國體育協會，呼籲抵制1940年第12屆奧運會在日本召開，在國際上與英、美等國采取一致行動，予日本發動侵略、破壞和平，以精神上的制裁。

11月6-11日，在中日戰事不利的情況下，中央決定政府西撤，他作為校長，為堅持維護位於上海法租界內中法國立工學院教學的正常進行，離開南京，轉輾途經鎮江、揚州、南通等地，乘船到達上海。此後，與撤赴重慶的摯友吳稚暉等保持經常通信往來。

11月12日，日軍佔領了除租界區外的上海全市，並進而分兵西進直逼首都南京。

11月20日，國民政府公開發佈自即日起移駐重慶宣言。

12月6日，褚民誼聯合我國農、工、商、學、金融等各界領袖，在上海發起成立「生產建設協會」，會長褚民誼，副會長林康侯、唐繼虞，董事李宗

黃、翁文灝、唐星海等。該會以推進全國生產建設為宗旨，得到了中央的支持，其總會設上海，并擬在各省市設分會。依據褚氏京滇週覽考察之結果，決定先從滇省著手，并隨即派員前往實地勘察。

12月13日，南京失陷，日軍在南京實行慘無人道的大屠殺。

農曆12月，貴州盤縣碧雲洞褚民誼記並書之碑記摩崖落成。碑文記述了京滇週覽團往返二經盤縣，回程深入洞內探察的情景，是京滇週覽壯舉的一個歷史見證。

1938年

3月29日至4月1日，國民黨在漢口召開臨時代表大會，制定了抗戰建國綱領，選舉蔣介石為國民黨總裁，汪精衛副之。褚民誼受命在上海租界內維護滬上教育，由于其時中法國立工學院法方校長返國，無法脫身，向大會請假。

4月19日，褚民誼為利用當時中法國立工學院位於上海法租界內相對良好的教學條件，盡快培養建設急需之實用人才，通過吳稚暉，向教育部提交暑假後在本院開設「職業班」的建議，并擬於暑期赴部當面陳請。該職業班計劃招收初中畢業生，三年培養成為技師，平時從事生產建設，非常時期可用於國防。

5月間，由于政府提供中法國立工學院的經費銳減，學校難以為繼，為了爭取經費，并推動生產建設吸收外資等事宜，他於9日從上海乘船，12日抵香港，會見張靜江、蕭瑜，及在廣州之方君璧等人。然後於16日晨飛漢口，與那里的政府有關主管部門聯系。22日乘機回香港，轉乘法輪返回，月底抵滬。

夏季，南通學院由於地處戰區，曾一度停課。通過董事會褚民誼及張敬禮等人的多方籌措，將該校轉移到上海租界區內復課。

8月間，褚民誼再度自滬赴香港、漢口、重慶、昆明等地，為合理佈局我國生產建設，邀集國內殷商鉅賈進行商討，并動員海外熱心僑胞積極投資內地實業。

10月底，日本近衛首相為調整對華政策，派他的親信早水親重等人由東京飛滬，與重慶國民政府行政院長孔祥熙派遣的樊光及在滬的褚民誼會晤，溝通情況。樊、褚於會晤後密報孔祥熙，并轉發給蔣介石和汪精衛。

12月19日，汪精衛等飛昆明，次日抵越南河內，并於29日從香港發出「艷電」，響應日本首相近衛於22發表的調整中日邦交三原則的第三次聲明，主

張以此為基礎與日媾和。

12月間，褚民誼主編、徐慕雲編著的《中國戲劇史》[1.47]，由上海世界出版社出版。全書五卷：分述數千年來中國戲曲發展的歷史；各地各類戲曲史；戲劇之組合；臉譜服裝在劇中之功用；戲劇之評價與研究以及國家推動戲劇發展近年來的進展等，附有大量珍貴彩色臉譜及劇照，是研究我國戲劇及其歷史的一部經典著作。

1939年

1月間，為救濟在上海租界區的大量難民，他以精湛的書法「鬻書救難」，由「上海難民救濟協會」組織，於是月7至9日連續三天刊登啟事，願將其書聯五百之所得，悉數捐助該協會統籌救濟難民，並以一部分供急需教育經費之用。此後他在中法國立工學院內，閉門處理校務並為賑災書寫對聯。

年初，在強大的國際輿論壓力下，日本宣佈放棄承辦第12屆奧運會，國際奧委會隨即決定將會址移至芬蘭，於1940年7月20日至8月4日召開，抵制日本舉辦奧運會的活動獲得成功。隨後，中華體育協進會在重慶開會決定選派足球、籃球兩隊參加。

2月24日，褚民誼致電教育部并轉王正廷和戴傳賢，建議借鑒我國參加上屆奧運會的經驗，組織國術團赴會表演，并可利用此時機，會後再赴各國表演，以發揚我國固有之尚武精神，有利於抗戰建國之宣傳。他還表示，願意承擔在上海組織選手的任務。

2月間，生產建設協會刊行之《生產教育叢書》第一輯[1.48]，由上海世界書局出版，著者汪向榮，協會會長褚民誼和總幹事戴策任主編。該叢書以普及實用生產知識，扶植廣大民間小工業為目的。其第一輯以化學工業為內容，分為化妝品製造、日用品製造、教育用品製造、食用品製造、家用藥品製造五集，內容豐富，實用性強，深受歡迎，五度出版，直至1948年。

3月30日，教育部長陳立夫覆函褚民誼，贊成他提出的國術參加奧運會的建議，決定在重慶、香港和上海籌備訓練選拔工作。後因歐戰爆發，奧運會被迫停止舉行。

春季，他率領中法國立工學院教職員及學生進行國民公約宣誓，以表抗日之決心。

4月25-27日，為闢除參與汪精衛政治活動的謠傳，他在上海《申報》等中外媒體上連續刊登〈褚民誼啟事〉，鄭重發表「維持中法工學院始終不渝，絕不參加任何政治工作」的聲明。

4月26日，他向在重慶的教育部主管司長吳俊昇致函，在催請向中法工學院撥款的同時，著重表達遵部囑維護滬上教育，及秉持不參加政治活動的立場，隨信附上〈褚民誼啟事〉及在法文上海日報上相應內容的剪報。此外，還一併呈上致教育部陳立夫部長等人的信函，信中最後特請「代向委座（蔣介石）前致敬，並陳明一切」。

5月18日，教育部諸領導接到褚民誼上述來函後，經研究由吳俊昇司長復信稱，奉囑業向委座代為陳明，部中同仁，對先生並無懷疑，希一本愛黨愛國真忱，努力維護滬上教育，外間流言，不足為慮。至關於經費一節，已奉院令調查中。

5月31日，汪精衛乘船離河內抵上海後，偕周佛海等飛抵日本東京，與日本當局商談在南京組織中央政府等問題。然後，於6月18日回滬積極進行籌組活動。

6月間，中法國立工學院出版褚民誼專著《花甲同慶》[1.49]。他以移風易俗、力行群育為目的，提出「花甲同慶」的倡議，俗稱集團慶壽，作為全國每年統一舉行的一項敬老祝壽活動。全書包括序言、正文、芻言和干支用法說明四節，為花甲同慶之普及和推行，在理論和方法上作出全面論述和具體安排。

7月30日，為紀念生母吳氏逝世五十週年，經他逐日書寫之《金剛般若波羅蜜經、般若波羅蜜多心經合冊》[1.50]完功，嗣後於1940年以書寫影印帖出版。

8月間，汪精衛召褚民誼談話，告知其與蔣介石就戰和問題的溝通情況，說服褚棄教從政。他以汪之「和平運動」已取得蔣之默契，在當時國際局勢日趨不利和淪陷區民眾受日軍蹂躪日甚的情勢下，為了「在水火中維護民眾」，以「不入地獄誰入地獄」之決心，毅然脫離學校，出席汪氏於是月28日在上海召開的「國民黨第六次全國代表大會」，並於嗣後一中全會上被推選為監察委員會常務委員，兼中央黨部秘書長。

11月間，上海建社由戴策編輯，出版了《褚民誼先生最近言論集》[1.52]。其初版中匯集了褚民誼參政近三個月來發表的重要言論9篇。其中〈中日和平之基礎〉〈中日經濟合作應有之認識〉和〈中日和平與文化合作〉等多篇論述，在公開批評日本侵華錯誤政策的同時，從中日兩國人民的根本利益和

維護世界和平的大局出發，明確地提出和闡述了走和平發展、合作共贏的道路，正確處理當前和長遠中日關係的主張。此後，該書又於1940年1月和2月再版和三版，登載文章的數目也相應增至20篇。

11月15日，為紀念繼母蔣氏逝世三十九週年，經他逐日書寫之《佛說阿彌陀經》[1.51]完功，嗣後，於1940年以書寫影印帖出版。

11月至12月間，褚民誼著〈崑曲與崑劇〉[1.53]之論文，在上海出版的意大利文刊物，《馬可波羅，意大利遠東評論》上發表，向世界介紹崑曲和崑劇的發展歷史，闡述其對崑劇特點及演劇與人生關係的見解。為了發掘和系統整理我國的戲劇瑰寶，他在蟄伏上海期間，從他所熟悉的淨角開始，千方百計潛心著手編寫《崑曲集淨》鉅著。此文率先披露了嗣後於1942年出版的該書中同名緒論的主要內容。

年底，汪精衛與北平臨時政府和南京維新政府的三派代表，為組建統一的國民政府，在南京舉行第一次預備會議，他隨同出席。

1940年

1月間，汪精衛與北平臨時政府和南京維新政府的三派代表繼續在青島舉行第二次會議，他亦隨同出席。

2月間，為籌備在南京成立國民政府（以下簡稱「南京政府」），褚民誼被推舉任「籌備還都委員會」委員長，由滬至寧，視察和進謁中山陵，著手修葺遭嚴重破壞的政府各機關、以及南京之重要建築、民間文化會所及塔寺等。

3月30日，南京政府成立，其政府法統和體制與原國民政府一致，仍以林森為主席，汪精衛任行政院院長，代理國家主席。褚民誼被任命為行政院副院長，兼外交部部長，於4月22日到部任事。

4月間，他召集當時修葺政府機構的諸建築公司，積善修建被日軍「喋血京門」而遭摧毀的南京市內千年古刹「雞鳴寺」。為頌揚此功德，寺內於次年樹碑予以記載。褚民誼撰寫修寺經過，住持守慧法師簡介該寺歷史并致謝褚氏。

4月26日，日本為響應南京政府的成立，任命原首相阿部信行為特派大使，並派遣日本各界「使節團」出席在南京舉行的還都典禮慶祝大會。大會由外長褚民誼主持。

5月間，南京政府派陳公博為專使、褚民誼為副專使，赴日答禮。答禮團

成員包括陳群、林柏生和陳君慧等一行五人。

6月初，他出席在日本東京召開的「首次東亞運動大會」。

7月5日至8月31日，在南京舉行以汪精衛和日特使阿部信行為首的中日雙方調整中日新關係會議，由外交部出面組織。會上以汪精衛、周佛海等與日方在組府前業已商定的內約為基調，制定出〈中日關係基本條約〉。

7月29日，「中日文化協會」在東亞俱樂部大禮堂舉行成立大會，褚民誼主持開幕，汪精衛與日本阿部大使出席并致詞，有五百餘名中日兩國長官和名流學者與會。該會系褚民誼在「中日兩大民族，欲根本協調，惟有從兩國文化合作入手」的倡議下，於1939年冬在上海發起，經召開四次籌備會組建而成。章程中規定本會以舉辦各種中日文化事業、促進文化交流為宗旨。大會推舉汪精衛和日本阿部大使任名譽理事長，褚民誼任理事長，陳群、趙正平、傅式說、林柏生、船津辰一郎（日）、日高信六郎（日）任常務理事。協會選用原「公餘聯歡社」舊址，經修繕後，於12月8日在該社和平堂（原中正堂）內補行成立典禮。接著，作為該會會刊之《中日文化》月刊，於1941年1月起創刊。

8月18日，「法比瑞同學會」成立，他任理事長。

9月29日，褚民誼外長發表聲明，英國在山東劉公島內享受之權益，至今十年屆滿，予以解除。英國此前3月與重慶政府作出延長之議定無效。

10月28日，由仁山法師撰稿、褚民誼題書、黃慰萱刻石之《寂然上人碑》，於重陽日在南京棲霞寺落成。該碑銘記了棲霞寺寂然法師一生的功德，特別是記載了日軍南京大屠殺期間，帶領留廟護寺的十餘僧人，設立「佛教難民收容所」，老弱婦孺獲救者二萬三千餘人的光輝業績；在頌揚法師愛國主義壯舉的同時，揭示了當年日軍的侵略暴行。嗣後，褚氏還於1944年為寂然法師畫像題寫贊詞，再次表達其景仰和效仿之情。

11月8日，南京政府接管法租界內之第二特區法院。並於次年2月2日接管公共租界內之第一特區法院，從而在租界收回前，先將該租界區內的法權統一置於南京政府的管轄之下。

11月17日，「中華留日同學會」假中日文化協會召開擴大改組成立大會。該會於1938年9月草創，南京政府成立後，修訂新章程進行改組，以聯絡感情、交換知識、研究學術、服務社會、促進中日邦交為其宗旨。大會推選出30名理事及20名監事，并推舉汪精衛為名譽理事長。嗣後，在11月23日的理事會上，公推褚民誼為理事長，陳群、傅式說、趙正平等9人為常務理事，選定

周禮恪為主任幹事，下分總務、學術、交際、調查和出版五組。此外，還設名譽職，以取得中日各界的廣泛支持。次年1月出版《中華留日同學會會刊》[2.35]。

11月20日，繼汪精衛為國立中央大學在南京復校題寫校訓「真知力行」之後，褚民誼於是日在南京發表題為「真知力行」的廣播演講，對該校訓進行說明。

11月24日「浙江旅京同鄉會」經褚民誼等籌備，在中日文化協會和平堂召開成立大會。

11月30日，汪精衛與日本阿部特使共同簽署〈中日關係基本條約〉，日本正式承認南京政府。同時還與滿洲國總理臧式毅一起聯合發佈了〈中日滿共同宣言〉。汪精衛也於前一日宣誓就職南京政府主席。

12月13日，南京政府委派褚民誼為「駐日本國特命全權大使」，其外交部長職由副部長徐良接任，行政院副院長職轉由與日方關係密切、掌握經濟和警政等實權的周佛海擔任。

12月22日，褚民誼等人發起恢復組建的「中華醫學會」，假南京中日文化協會召開改組成立大會。初期會員40人，在會後舉行的第一次理監事會上，推選褚民誼、羅廣霖、鄧日誥為常務理事，褚民誼任理事長。

年底，教育部任命他為「教育部體育委員會」委員長後，召開了該委員會第一次會議。會議發出了積極開展國民體育運動的號召，並由教育部將太極操確定為國民體操，不僅在學校而且在民眾中大力普及推廣。為了培養師資，在國立師範學校內附設國民體育人員訓練班，於次年1月開學上課。

1941年

1月2日，「浙江旅京同鄉會」在中日文化協會召開第一次理監事聯席會議，通過理事會章案，推選褚民誼為理事長、李士群和張韜為副理事長。

1月間，他為準備出任駐日大使，忙於交接工作，并受到黨、政、民各界的熱情歡送。元旦，在外交部團拜告別；4日，國民黨中央執監委員會秘書處全體工作同志，及其他機關公務人員，聯合在中央黨部大禮堂茶敘歡送，接著中華醫學會等單位在中日文化協會舉行公餞送行；6日，浙江旅京同鄉會假座中日文化協會設宴公餞褚理事長；10日，中華留日同學會，中日文化協會、中

國教育建設協會、中國國民外交協會、中德文化協會、中國新聞學會、中國經濟協會、法比瑞同學會、南京市商會、中華體育會等二十餘團體，假座中日文化協會，舉行盛大歡送會；12日，南京市新藥業同業公會，在六華春設宴歡送褚名譽理事長。22日，法比瑞同學會在會所歡送褚理事長。

此外，為了解國內實情和要求，他還專程到淪陷區各地考察。13日起訪問在華北的北平、張家口和大同煤礦，以及山東之青島和濟南等地。短暫回京後，又於23-24日赴武漢視察。

1月21日，中華留日同學會新建之會所，經褚民誼等常務理事於12日驗收後，舉行落成典禮。

1月26日，赴日履職前夕公開發表講話，表示將「竭忠盡慮求謀中日根本協調」，并假中德文化協會，茶點招待國府要人及好友。

1月28日，由京飛滬，中華留日同學會會員及各界代表和家屬在南京機場送行。31日乘輪離滬。2月2日抵神戶，當地華僑舉行盛大歡迎會。5日乘輪到橫濱，轉車至東京大使館。

2月8日，褚大使覲見日本天皇，呈遞國書。嗣後，禮尚往來地與日本朝野各界聯系，申明此行任務在於促使中日關系之根本改善。

2月16日，他到訪橫濱著名華僑組織「親仁會」。

2月28日，日本全國佛教徒贈送「十一面觀世音聖像」儀式在名古屋舉行，褚大使前往接收。該佛像為日本願主伊藤和四五郎，取臺灣阿里山中之巨大檜木，由雕刻家門井耕雲歷經五年雕鑿而成。像高11米，於1931年完成，供養於名古屋之東山公園內。

3月2日，日本佛教各團體代表曹洞宗管長大森禪戒等在東京湯島聖殿設宴歡迎褚大使。

3月4日，褚大使抵京都與僑胞晤談，並訪問當地士紳。

3月18日，褚大使在使館內主持召開駐日全體領事會議，出席者有橫濱總領事、京城總領事、神戶領事、長崎領事、元山副領事，暨大使館公使、參事等數十人。會上他報告到任前在國內各地及到任後赴關西各地視察訪問之情形，聆取各領事之華僑工作報告，并作出工作部署。

3月25日，他回國參加國府還都週年紀念，及奉迎日贈觀世音聖像大典，回到南京。

3月27日，南京政府外交部與駐華日本大使館聯合發表文物交還接收共同

聲明，決定將事變以來日方整理保存的中國史蹟文物移交中國政府。中方相應成立「行政院文物保管委員會」（以下簡稱「文管會」）予以接收管理。時任外交部長的徐良任委員長。

3月29日，東來之十一面觀世音聖像，在南京毗盧寺內舉行開光法會，祈禱和平，超度中日戰爭中之死難者。浙江高僧摩塵老法師主持，籌備委員會名譽委員長褚民誼、委員長蔡培市長及諸委員們共同參與，日方願主伊藤和四五郎等一行佛教徒，隨同佛像前來出席，各界來賓計六百餘人參加。該佛像前於3月12日從名古屋乘船出發，22日抵達南京。

4月8-9日，由中支宗教大同聯盟、中日文化協會、日華佛教聯盟三單位聯合主辦之「東亞佛教大會」在南京舉行，中日兩國僧人同時舉行祈禱世界和平法會，有各地代表及自由參加的僧徒五百餘人出席。開幕典禮在國民大會堂舉行，褚民誼主席并致開會詞，大會通過了以和平為宗旨組織東亞佛教聯盟的大會宣言，議決成立東亞佛教聯盟中國佛教總會，推舉褚民誼為籌備委員會委員長、蔡培為副委員長。

4月14日，毗盧寺方丈廣明等人發起，為同教親善禮尚往來，將該寺之千手千眼觀世音菩薩答贈日本國，在該寺舉行贈送典禮，由褚大使、蔡市長將贈書狀交日方參事官接收。禮成，雙方代表同赴中華門外普德寺參拜梁武帝時代所建高二丈餘的鐵觀音像。該寺處南京大屠殺期間叢葬我國死難同胞「萬人坑」之所在地，中日僧眾前來參拜，超度被殘害之生靈。

4月16日，他離京飛滬，候輪東渡返任。

4月21日，文管會在前中央研究院院址，舉行文物交還接收儀式，日方將文物目錄暨明細書，分別送交文管會三個專門委員會。

5月19-21日，「全日本華僑總會」第二屆全體大會在長崎舉行，同時舉行「中日青少年交歡會」。國內僑務委員會、宣傳部，及辦理僑務的各機關團體，均派代表前來參加。褚民誼出席并先後在兩個活動的開幕式上致詞，贊揚旅日僑胞，艱苦奮鬥、熱愛祖國之精神，希望中日兩大民族相互了解，以達真正的親善。并表示，現大使館以及各地領館，已次第恢復原狀，各地負責有人，本人當盡力之所及，為我僑胞謀取福利。

6月16-26日，汪精衛就任南京政府主席後首次訪日，與日本近衛首相發表共同宣言，隨行者周佛海、林柏生、周隆庠等十餘人，褚大使全程陪同。

6月22日，蘇德戰爭爆發，德意日等軸心國之間的關係愈發緊密

7月間，德意等歐洲九國駐日本使節，相繼奉本國令，到中國駐日大使館，宣告承認南京國民政府。

7月8日，夫人陳舜貞攜子女赴日探親，他到橫濱碼頭迎接。

7月18日，在駐日大使館舉行「留日學生會」第一次發起人會議，褚大使和陳伯蕃參事予以積極支持。

10月2日，南京政府改任徐良為駐日大使，令褚民誼回國任外交部長。日皇16日於豐明殿前設宴歡送。23日，他從神戶登船，經停長崎到達上海後，於27日乘機返京。

10月28日，他到外交部接事。同時行政院派他為文管會委員長，於30日到會視事。

11月5日，文管會委員長褚民誼於上午補行就職典禮後，主席召開第四次委員會會議，充實完善機構，在原設秘書處和圖書、博物、天文氣象三個專門委員會的基礎上，加設研究部，褚民誼兼任該部部長。並決議編輯出版《文物管理委員會年刊》[3.45]。

11月21日，褚民誼携帶回國安置在中日文化協會建國堂前的「弘法大師銅像」，在他主持下，行揭幕禮，同時刊發《弘法大使紀念特刊》[3.49]。弘法大師是中國唐代來華留學的日本高僧，回國後以漢字邊旁發明日本拼音文字「片假名」，是中日文化交流和日本文明發展的先驅。褚民誼任駐日大使期間發現該銅像，回國時將他攜回，以弘揚其精神。

11月23日，「中華醫學會秋季大會」在中日文化協會召開，他剛回國即來出席主持。

12月8日，日本悍然偷襲珍珠港，向英美宣戰。同日，日軍以武力佔領在天津和廣州的英租界，接收了在租界內的所有權益，將原英租界地劃為「極管區」。

12月間，在中日文化協會內動工興建「興亞堂」，以供舉行大型展會使用，其建設經費由褚氏任駐日大使期間籌措而來，主要得自興亞院的捐助。

1942年

2月10日，「全國體育代表大會」在中日文化協會召開，改選「中國體育協會」理事會和監事會，褚民誼主席並任會長。

2月18日，日本政府上午在東京發表聲明，將日軍接收之天津和廣州的英租界行政權，移交中國政府管理。下午南京政府聲明接受和致謝，外交部長褚民誼和宣傳部長林柏生為此發表談話，說明消除英國盤踞此南北兩租界之重要意義。

3月15日，「中國體育協會」在會長褚民誼帶領下行宣誓就職典禮，理事長張超及理事趙如珩等九人和監事長郭秀峰及監事王庚等五人參加宣誓。接著，在他主持下召開全體理監事聯席會議，議決在常務理事會下設立總務、指導、競賽、宣傳四組；函請各院部會利用工餘時間，提倡正當娛樂和體育活動；募集經費興建體育場；以及開展球類和田徑比賽等事項。其中，修建首都體育場事宜，經他多次視察，於6月份完工。

是日，「中華醫學會春季大會」在中央醫院召開，出席會議的會員百餘人。會上選舉新一屆理監事，褚民誼繼任理事長。

3月17日，南京政府行政院議決，派外交部長褚民誼和行政院秘書長陳春圃分赴天津和廣州兩地，參加接收英租界行政權儀式。

春季，他從報上聞悉日本接收北平協和醫院發現孫中山遺臟後，即與日駐華大使館及軍部交涉全部取回。

3月21日，褚民誼等一行乘火車北上，一是赴北平將協和醫院內存的孫中山遺臟迎奉到南京中山陵；另一是代表政府赴天津接收日本交還英租界之行政權。此外，還要與華北方面商談出席今秋在滿洲舉行的東亞競技大會，并以文管會委員長及該會研究部部長之身份，視察故宮博物院古物陳列所和北京圖書館等處。

3月22日，抵達北平與日方洽商，並於24日先至協和醫院視察所存的孫中山遺臟。

3月26日，上午十時在協和醫院舉行國父遺臟移接儀式，褚民誼代表國府接收。

3月27日，早晨在北平車站舉行隆重送行儀式後，褚民誼率隨員等乘火車奉移國父遺臟離平赴津，中午到達。天津市中日要員、軍政教各機關及民眾代表、德意滿駐津總領事及僑民代表數千人齊集車站熱烈歡迎，并在國父靈臟奉安處舉行公祭。

3月28日，上午在天津舊英租界工部局會議室，舉行天津英租界行政權移管典禮。外交部長褚民誼、華北政務委員會委員長王揖唐、天津特別市市長溫

世珍等出席；日本方面有部隊最高長官、天津防衛司令、特務機關長及總領事等到會。在褚民誼和天津市行政長官的主持和見證下，於工部局大廈上舉行中華民國國旗升旗式，及「天津特別市特別行政區公署」成立之掛牌儀式，禮畢開慶祝會。當日下午，褚氏乘火車離開天津返回南京。

3月29日，褚民誼等一行護送孫中山靈臟之火車，於下午駛抵南京浦口，受到南京政府長官們的熱烈歡迎，隨即將靈臟奉移渡江，直送中山陵園內室保存。越日，在中山陵由汪精衛主持，隆重舉行國父遺臟敬謹安放禮，將其置於孫中山臥像足前龕中。

3月31日至4月2日，中日文化協會與南京市社會局聯合舉辦風箏比賽和中小學生踢毽子比賽，褚民誼任裁判長。風箏比賽地點在南京清涼山。

4月7日，「國父陵園管理委員會」成立，舉行第一次會議，他擔任主任委員主持會議。

4月21-23日，「中日文化協會第一次全國代表大會」在漢口舉行，計有南京總會以及上海、浙江、蘇州、華北、武漢、廣州等地方分會正式代表共27人。有來自中央和省市地方長官，日方代表，德、義、葡等國領事，以及武漢分會會員，共計千餘人出席。開幕式由褚民誼主持并致開幕詞，大會討論通過提案44項，分為文化溝通、文化建設和組織機構三類，大會在發表宣言和通電後閉幕。

5月3日，中日文化協會舉行中小學生踢毽子比賽頒獎典禮，有廿餘所中小學，一百多名學生參加。由褚理事長親臨頒獎，并發表講話，闡述踢毽運動之意義，予以勗勉。

5月4-10日，滿洲國成立十週年，汪精衛前往訪問，褚民誼、楊揆一、林柏生等隨同。

5月29日至6月4日，南京政府派外交部長褚民誼為專使、參謀總長楊揆一和海軍部長任援道為副使等一行訪問日本，禮節性地感謝日本政府給予之種種協助和對解放東亞所作之努力，期間受到日皇接見，並到有關的軍事機關和部門參觀訪問。

6月間，褚民誼編撰的《崑曲集淨》（上、下冊）[1.54]及其附輯《元音試譯》[1.55]，由中日文化協會出版組公開發行。該書匯集了崑劇中的淨行腳本，涵蓋民間流傳的紅、黑、僧、白四大類計22位淨角的55齣劇目，科白工譜並列無遺。由他於1938年初起歷經三年編成，經戲曲家溥侗點正，老曲師陸炳

卿、沈傳錕校對，高齊賢考訂劇本說明，沈留聲手寫完成書稿。由於國內印刷條件限制，又花約一年時間，在日本影印精製而成。

為促進崑曲在國內外推廣和發展，他選擇四齣戲曲，將中國傳統的工尺曲譜轉換為現代通行的五線譜，開創性地作為一種嘗試，取名《元音試譯》附輯在上書中，一并發行。

6月10日，國民體操促進會在南京主辦全市學生「國民體操」（太極操）大會操。

6月20日，中日文化協會、中國體育協會和日本南京體育協會聯合，於中央軍官學校操場舉行「中日聯合運動會」，到褚部長、周市長，日總領事及體育協會會長等以及全體裁判員和來賓共約二百餘人。開幕式後進行團體操表演、田徑比賽和馬拉松賽跑。

6月25日，參加「第二屆東亞運動大會」籌備委員會，在教育部舉行第一次會議，褚民誼任籌委會委員長，并聘請汪精衛為名譽委員長，政府院部和各地方長官分任名譽副委員長和委員。會議決定增加國術及出國代表體格檢查兩項，派出代表名額90人。聘任以褚民誼為委員長的全國決選委員會，分為田徑、球類及國術三組，7月組織決選，然後進行集訓。

7月1日，文管會下設之「博物館」和「圖書館」舉行開幕典禮，委員長褚民誼主持並報告籌備經過，汪精衛出席致訓詞。褚委員長還於當日發表廣播講話，以廣宣民知。

7月11日，「中華醫學會第二屆秋季會員大會」假中日文化協會舉行，有會員和來賓二百餘人出席。期間宣告成立「東亞醫學會中國分會」，推選褚民誼為理事長。下午舉行學術報告會。

7月28日，「花甲同慶」馬年敬老活動，在南京假中日文化協會舉行。該活動於1939年由褚民誼著書提出，今年首次正式舉行。為使廣大民眾了解花甲同慶的意義和方法，他事先在《中日文化》月刊等刊物上撰文介紹，還特於6月28日通過廣播發表了題為〈花甲同慶的真實意義〉的講話。強調花甲同慶的要旨是，易私為公，去奢崇儉，敬孝重悌，同樂觀摩。這項活動得到了南京市長周學昌的支持，指定市社會局負責籌辦。據登記結果，符合主壽和聯壽條件的總計321人。同慶當日，有男女壽翁一百餘人出席，由褚民誼領導舉行儀式。會後按體格檢查結果，向18位壽翁頒發獎品。據財務結算，活動經費收入共三項：褚民誼捐500元；南京市府補助500元；原田特務機關長贈日金50元

（折合國幣277.5元），收支相抵。

8月8-11日，「第二屆東亞運動大會」在滿洲長春舉行。褚民誼帶隊，全體代表出發前，汪精衛於7月28日茶會招待，并授旗。30日謁中山陵後，於次日乘火車離京北上赴會。

8月20日，中政會議決，褚民誼接替陳君慧兼任僑務委員會委員長。

8月間，他擔任「孔廟管理委員會」主任委員後，立即著手重修南京朝天宮，改造其內的大成殿專門祀奉孔子，並在其後另修歷代聖賢祠。

9月下旬，日本為答謝汪精衛訪日，派前首相平沼、前外相有田和前遞相永井三位特使，組成答訪團一行二十餘人訪問南京，並遞交國書。褚民誼任接待委員會委員長，先後陪同三特使拜謁和遊覽中山陵和朝天宮孔廟等地。

10月4日，中日文化協會安徽省分會在省會蚌埠成立，南京總會理事長褚民誼前往出席。其間召開「安徽省體育表演大會」，開幕式上表演團體國民體操，褚氏出席并講話。

10月6-10日，「上海華僑工商觀光團」一行三十餘人，在總團長謝筱初和副總團長胡桂庚率領下來京觀光，抱在淪陷區內發展事業之願望，訪問中日各當局。褚民誼以僑務委員會委員長名義出面，負責組織接待。觀光團除拜訪中日各有關機關外，連日來參觀南京各項建設，深佩南京政府短期間內獲得之進步。華僑商業聯合會為表華僑愛國之熱忱，獻金三萬元。褚委員長代表接受，並商得同意，分贈賑務委員會、中央醫院、社會事業各一萬元。

10月10日，雙十節舉行「首都學生運動大會」，褚民誼及教育部長李聖五和南京市長周學昌任名譽會長，宣傳部長林柏生任會長，褚民誼兼任總裁判長。先於9日在國立中央大學體育場舉行田徑預賽。裁判員、新運會服務隊及各大中學校選手及學生等千餘人與會。10日上午進行田徑決賽，並作團體操、國術及足籃球等項目的表演。下午行揭幕儀式，汪精衛及褚民誼、李聖五等出席，入場式後，進行國民體操表演，參加學生1200人。繼為童子軍檢閱，參加者708人。末為中距離接力賽及球類表演後結束。

10月30日，中日文化協會「第一次全國美術展覽會」，與慶賀協會二週年紀念及興亞堂落成三個典禮同時舉行。為籌備展會，協會於8月份組成籌備委員會，開始向各地徵集作品。褚民誼和日重光大使任籌委會名譽會長，溥侗和蔡培分任會長和副會長，常務委員和委員由總會和地方分會的負責人擔任，還聘請各地行政長官為顧問。籌委會下設總務和審查兩組，分別由張超和溥侗及

方君璧等人負責。

　　三個開幕典禮於當日下午順序舉行，協會名譽理事長汪精衛和日重光大使，理事長褚民誼，總會會員和分會代表，以及中日來賓數百人出席。首先在和平堂內召開協會二週年紀念大會，繼到興亞堂前舉行落成典禮，剪綵後由褚理事長啟門，導引與會者入堂參觀美術展覽會。展品三百餘件，由總會及滬漢等各地分會選送，按書法、國畫、日本畫、篆刻印章、油畫、水彩畫等分類展出。次日展會向公眾開放，至11月10日下午閉幕。

　　10月間，「中日文化協會」在紀念其成立二週年之際，出版由日人里見常次郎著、汪精衛譯、褚民誼纂輯的名著《陽明與禪》[1.56]。該書日文原著於1904年發表，汪氏在日本於1909年起翻譯該書并向陳璧君講授，至1910年赴京刺殺清攝政王而中斷。陳氏保留其譯稿，1937年秋撤離南京整理書稿時取出，示汪氏續補其遺，至1938年春完成。與此同時褚民誼又遵囑以正楷於1939年春在上海書畢全書。汪、褚兩人分別為此書題寫跋序外，褚民誼還在纂輯該書時，於書後撰寫兩篇長文，分論「儒釋」真意和「知行合一」說之發展。

　　11月間，國民體操在中央電台廣播。上午八時對民眾傳授，九時對學生放音樂口令。

　　11月5日，南京政府議決國父陵園管理委員會與孔廟管理委員會合併為一個機關，以陵園管理委員會經費勻用，派中央黨部秘書長褚民誼為主任委員。並按他提出的建議，議決每年清明節和孔子誕辰日，分別舉行春祀和秋祀祭孔活動。

　　11月11日，「僑務委員會第三屆委員大會」在南京假座中央黨部禮堂召開，有委員十五人出席，由褚民誼委員長主持并致開幕詞。會議特別關注日軍佔領後，香港地區歸僑之失業和失學問題，并分為僑民教育和僑民管理二組，審查通過重要提案19件。最後，以大會名義發表在新形勢下發揚同舟共濟精神的告海外僑胞書。

　　次日孫中山誕辰紀念日，僑務委員會全體委員由褚委員長引導，赴國父陵園致敬，並參加致祭革命先烈，以表實現國父革命遺願之志。

　　11月間，南京日本高森部隊擬建神社，在原大報恩寺遺址平整土地時發現原三藏塔塔基，及其內的埋葬物。嗣經日、中專家鑑定確為唐代三藏大偏覺玄奘法師的頂骨部分和隨葬品。

　　12月12-27日汪精衛訪日，與東條首相商談如何強化南京政府及協力大東

亞戰爭問題，周佛海、褚民誼、林柏生、梅思平、周隆庠等隨行。

1943年

1月1日，元旦到來之際，他在《中國公論》上，發表題為〈鑑真和弘法〉的論文[1.57]，向公眾介紹中日文化交流史上做出重大貢獻的這兩位高僧。

1月9日，上午十時汪精衛簽署南京政府對英美宣戰書。一小時後，汪氏即與日本重光葵大使聯合簽署〈關於協力完遂戰爭之中日共同宣言〉及〈中華民國日本國間關於交還租界及撤廢治外法權之協定〉。

1月11日，外交部長褚民誼向中外廣播宣告，鑒於已與英美進入戰爭狀態，所有以前我國和美英二國訂立的條約、協約、合同，及一切國際條約屬於中美、中英間關係者，依據公法及慣例，同時一律廢止。鑒於英租界之行政權業已從日軍手中接收，作為外交部的職責，是與日、法、義等現時與南京政府保持外交關係的國家磋商簽約，全部收回中國境內之租界。

1月12日，在日本大使館內舉行國父遺物移交式。日方將在上海法租界宋慶齡舊宅內的孫中山大批遺物，點交我外交部和內政部。嗣後交由文管會博物專門委員會保存和陳列。

1月14日，義大利法西斯政府作出交還在華租界及撤廢治外法權之決定，轉達南京政府。

2月5日，南京政府宣布，自即日起取消國旗上的黃色三角標記。

2月8日，南京政府為準備接管日本送交的一千餘件英美敵產目錄，決議設置敵產管理委員會，直隸行政院，由財政部設置敵產管理事務處執行管理。委任周佛海為委員長，褚民誼、梅思平、陳君慧、陳春圃、周隆庠、陳之碩、張素民為委員。并從3月29日起分批舉行接收儀式。

2月9日，中日雙方對等派定接收租借和撤廢治外法權兩委員會委員。中方委員會設在行政院內，兩個委員會的主任委員均由外交部長褚民誼擔任，前者有委員李聖五大使、吳頌皋大使和周隆庠次長；後者在此基礎上增加了司法部長羅君強和湯應煌次長兩委員。

2月13日，最高國防會議臨時會議討論全國經濟委員會第一次全體會議通過之各案時，決議加派褚民誼為全國經濟委員會常務委員。

2月23日，晨十時半在中華門外發掘現場隆重舉行玄奘法師遺骨及附葬物

移交逢迎典禮。由日駐華大使重光葵向中方外交部長、文物保管委員會委員長褚民誼鄭重移交。然後於十二時在文管會大禮堂舉行逢迎典禮，經點交其博物館接管和整理後，即行向公眾展示。

是日，法國維希政府發表放棄在華所享司法特權及各地法租界行政權之聲明。

3月3日，中日文化協會聯合南京市文化局主辦之「南京第二屆全市中小學生踢毽比賽」，在中日文化協會興亞堂舉行。

3月4日，中日雙方交還租界和撤廢治外法權兩委員會全體委員，在外交部寧遠樓舉行第一次會議。

3月13-16日，日本東條首相訪華，答謝汪精衛去年訪日，對南京政府參戰表示敬意，并與汪精衛進一步商談落實對華新政策。

3月14日，按中日雙方委員會於8日的協議結果，在外交部舉行〈日本交還專管租界實施細目之協定及了解事項〉的簽訂儀式。其實施范圍遍及所有日本在杭州、蘇州、漢口、沙市、天津、福州、廈門及重慶八個專管租界。

3月22日，褚外長與日重光大使在國府外交部簽訂〈北京公使館區域收回實施條款及了解事項協定〉。該使館區雖非租界，但其自治行政機關之組織與租界類同，涉及日、德、義、英、美、西班牙、比利時、奧大利、匈牙利、荷蘭、蘇聯等十一國，情況復雜。中日首先簽訂此約，促進其他國家同樣接受。

3月27日，褚部長與重光大使於外交部簽訂〈收回廈門鼓浪嶼公共租界實施條款及了解事項〉。嗣后經協商，法國亦於4月8日與褚部長換文確認同意。

3月29日，在南京「金陵刻經處」內修復之楊仁山居士墓塔及深柳堂舉行落成典禮。揚仁山為金陵刻經處之創辦人，收集古代大量失傳佛經，在此印刷出版并設堂講學，曾與日本佛教人士密切合作，為我國近代佛學的發展作出重要貢獻。日軍攻陷南京，楊氏墓塔及深柳堂嚴重損毀。本年春，由中日文化協會撥款修建，褚民誼撰文題寫《修建楊仁山居士紀念塔紀念堂記》，立於墓塔後墙，記述其修建過程。

是日，南京政府於還都三週年之際，明令頒發特級至九級同光勳章。陳公博、溫宗堯、王克敏、梁鴻志、陳璧君、褚民誼、周佛海等七人獲特級同光勳章。

3月30日，各地日租界地區及北京使館區分別舉行租界接受儀式，汪精衛頒致訓詞，行政院委派外交大使或當地省市長官為接收租界委員，到場執行。

3-4月間，在褚民誼主持下，以「玄奘法師頂骨奉安籌備處」名義，彙編出版了《唐玄奘法師骨塔發掘奉移經過專冊》[3.54]，圖文並茂，昭告於世。

4月1-3日，「中日文化協會第二次全國代表大會」在南京本部召開，有南京總會，上海、廣東、蘇淮、武漢、江蘇、無錫、安徽、安慶、浙江、蘇北等分會代表，山東省、河北省、北平、天津等地代表，以及日本文化代表團，共計89人與會。會議期間進謁中山陵，審查提案，舉行中日文化代表懇談會和專題演講會，以及參觀游覽和大型演出活動等。

4月5日，首都文武官員學生二千餘人，在南京朝天宮首次隆重舉行春季祀孔典禮，汪精衛主祭，五院院長及褚民誼等三部部長陪祭，並派溥侗赴曲阜致祭。

4月7日，經日本東條首相批准，向褚民誼和周佛海授予旭日勳章。

4月16日，「第二屆東亞醫學會」下午在東京召開職員大會，主辦者方面到林春雄會長、宮川幹事長，各部會方面到中國代表褚民誼、鮑鑑清，以及蒙滿、越南、泰國等地的代表等四十八人。作出了第三屆大會在南京舉行，第四屆大會預定在滿洲舉行，以及立即開展應對瘧疾、肺結核等傳染病研究的決議。

4月17和18日，「第二屆東亞醫學會」在日本東京召開。中國分會派出以褚民誼為團長的28名代表出席，會上發表演講18篇。褚民誼於18日上午作題為〈健康與太極操〉[1.58]的特邀報告，在講台上展示他所發明的測力器外，并偕同助手邊講邊演約一小時。報告全面闡述了獲得健康的正確方法，以及他所倡導的動作上「三要」、方法上「三不」和評定上「三驗」的主張，并在講解太極拳哲理的基礎上，著重說明他所創編的太極操之要義。該文嗣後以〈健康與太極操〉為題，發表在《中日文化》月刊（第三卷，第2-4期）上。

4月19日，在東京帝國飯店二樓展示建造三藏新塔的計劃和模型。褚民誼與日重光外相聯合函請日本佛教徒及名流學者參加。嗣後，在建築師張靜波的陪同下，考察彼邦佛塔建築之工事。

4月26日，南京政府乘褚民誼訪日之際，派他為特使向日本天皇奉贈同光大勳章，以答謝1942年汪精衛訪日時日皇之贈勳。事畢，他即於28日乘機飛回上海。

5月4日，南京市第二屆「花甲同慶」在市政府大禮堂舉行，到會者二百餘人。是年為羊年，適逢汪精衛以及褚民誼、江亢虎等人的花甲之年，均公開表示參加同慶，拒絕社會上為個人祝壽。此外，蘇州、南通、泰州、廣州等地，亦於同日舉行花甲同慶。

5月18日，在他主持下，經中法雙方談判委員多次折衝，在外交部舉行〈法國交還天津、漢口、廣州三處專管租界實施細目及了解事項〉簽字儀式。

5月25日，外交、宣傳兩部共同發表〈關於廈門鼓浪嶼公共租界行政權之交還公報〉。繼日本之後，已與法國、西班牙、瑞典、丹麥等其他關係國交涉同意，行政權由中方全部接管。

6月5日，在天津、漢口、廣州沙面三地，分別與法方代表會同舉行法租界交接儀式。

6月15日，在中日文化協會建國堂，邀請有關人員發起成立「重建三藏塔籌備委員會」，共推褚民誼為委員長，並聘張靜波為設計委員，負責工程建築事宜。

是日下午三時，由褚民誼等發起組織的「華北振濟劇團籌備會」，假中日文化協會東亞廳舉行成立會

6月17日，南京政府議決，為將文管會改為「國立中央研究院」，指定褚民誼為「恢復國立中央研究院籌備委員會」主任委員，並確定委員名單。

6月28和7月23日，在他主持下，先後召開了「重建三藏塔設計專門委員會」第一和第二次會，決定仿照西安之玄奘塔形式，建塔於雞籠山（玄武山）小九華廟之上，

6月30日，日本交還上海公共租界簽字儀式，在中方褚外長和日方谷正之大使的共同主持下，在外交部舉行。該租界於太平洋戰爭爆發後即被日軍接管，這次協議交回中國。汪精衛和日東條首相為此分別發表談話，強調此舉對中國復興，確立中日新關係之重要意義。

同日，日本當局又將漢口、廈門、廣州地區大批敵產移交我國管理，共計461件，均為各地之英美產業建築物。褚民誼發表講話，「我國接收之後，自當妥為處理，善加營運，以冀有助於我國工業之發展，教育文化之發達」等云。

7月3日，在中方褚外長和日方谷正之大使的共同主持下，在外交部舉行中日雙方撤廢治外法權專門委員會會議，會商確定先從課稅問題著手逐步解決。

7月22日，中法雙方在外交部舉行〈交收上海法國專管租界行政權實施細目條款及了解事項〉簽字儀式。由中方褚外長與法國全權代表柏斯頌調印換文。

7月23日，中國和義大利雙方在外交部舉行〈中義交收上海公共租界行政權實施細則及了解事項〉簽字儀式。由雙方全權代表褚部長和義大利駐華大使戴良誼簽訂。

7月28日，中日雙方舉行第十三次敵產交還儀式，至此曾被日軍軍管的工廠悉數發還。

7月30日，接收上海法國專管租界儀式在法公董局舉行。由上海市長陳公博行接收禮。中國出席代表為國府特派接收委員外長褚民誼、市長陳公博，以及夏奇峰、吳凱聲、吳頌皋、周隆庠、陸潤之等；法國出席代表為法駐滬總領事兼法公董局總董馬傑禮，以及大使館領事和參事等；日本方面有上海總領事列席。法公董局撤消後，其行政機構改編為上海第八區公署；原法巡捕房撤廢，改設上海第三警察局。

7月31日，中日雙方在外交部舉行〈關於對在中華民國之日本國臣民課稅條約、附屬協定及了解事項〉之簽字儀式，由褚部長和谷大使分別簽字調印換文。作為日本撤廢治外法權之先聲，該協定以在華日臣民應服從中國課稅法令為其主要內容，從1943年8月1日開始執行。為租界回收後，推進各國在華僑商一律課稅打開了局面。

8月1日，上午在工部局禮堂舉行上海公共租界接收儀式。雙方出席代表為，國府特派接收委員外長褚民誼、市長陳公博，以及周隆庠和陸潤之等；公共租界方面為工部局總董岡崎勝男等。岡崎將公文及目錄移交陳市長後禮成。繼舉行我國國旗之升旗式。公共租界接收後，設立上海第一區公署及第一警察局，從此上海整個行政乃告統一。

下午，全市民眾各界代表假大光明大戲院舉行上海各界代表慶祝收回租界反英美大會。汪精衛出席并致訓詞。褚外長等致祝詞後，陳市長發表今後施政方針。

在慶祝收回租界的一片歡呼聲中，褚民誼針對當時「租界一收便了」的錯誤思潮，特撰文〈接收上海租界後的新認識〉[1.59]，發表在《中日文化》月刊上，明確指出收回租界的意義在於求得國家的獨立和解放。租界接收後，如果僅僅作為一種形式一收便了，而不能真正肅清帝國主義在中國的影響，那麼「已還的租界，名亡實存，變相的租界，到處都是」「也可以說是驅一國家，成為租界，假使如此，那麼今日接收租界的結果，就是他日國家滅亡的主因」。

8月間，褚民誼的自傳式紀實文獻，〈重纂褚氏家訓彙疏考-褚杏田先生家訓〉[1.60]，由褚民誼彙疏，高齊賢考證，達天重纂，在《中日文化》月刊第3卷第5-7期（1943，8）開始至第4卷第1期（1944，3）連載四期發表。內中收

集了褚民誼父親褚杏田從1906年7月10日到1925年3月6日寫給他的20封家書，時間跨度近二十年，通過疏解考證，記述了褚民誼親身經歷的有關家事國事。

9月1日，義大利發生政變，日軍強行接收其在天津的租界交與中方。

9月9日，原「北平總理衣冠冢留守辦事處」正名為「國父衣冠冢留守辦事處」，修改簡章，劃歸由褚民誼負責的國父陵園管理委員會直接管轄。

9月間，汪精衛攜陳公博赴日與東條首相商談，對先前之中日基本條約進行修改。

9月21日，在褚民誼主持下，三藏塔舉行破土動工典禮。

9月28日，孔子按公曆之誕辰紀念日，國民政府委員兼外交部長褚民誼被派前往山東曲阜主祭，內政、教育兩部代表及山東省長唐仰杜、華北政委會教育督辦蘇體仁及孔子七十七代後人孔令垣陪祭。

秋季，毗盧寺內供奉東來十一面觀音聖像的「觀音殿」擴建完成。鑒於原來的殿小佛大，褚民誼特於是夏募資擴建，并題碑立於像側，記載奉迎佛像及擴建該殿之經過。

10月20日，在他主持下「恢復國立中央研究院籌備委員會」召開第一次會議，開始著手籌備。但由於除書籍外，從日方接收的文物，清點工作進展緩慢，以及經費和人力短缺等問題，恢復建院日期一再拖延，終未能實現。

10月30日，汪精衛在南京與日本大使谷正之簽訂〈中日同盟條約〉及附屬議定書，原訂的〈中日基本條約〉同時廢除。該條約中做出了兩國善鄰友好，相互尊重主權及領土，共同努力建設大東亞，在經濟上互惠提攜，以及戰後全部撤出在華日軍和放棄所有日在華駐兵權等約定。

11月5-6日，在日本東京召開「大東亞會議」，有日、中、滿、泰、菲、緬、印等七國首腦與會。汪精衛偕隨員周佛海、褚民誼、陳昌祖、周隆庠等人出席。會議發表了以同心協力、共存共榮為主旨的「大東亞共同宣言」。

11月15-17日，「全國衛生行政會議」假中日文化協會召開。該會由新成立的衛生署署長陸潤之負責籌辦和主持。汪精衛和褚民誼出席開幕式并致詞。有來自各地的衛生工作者會員37人、專家10人出席。會議收到提案125件，分為衛生行政、醫藥事項和保健事項三類，經討論通過後閉會。會議期間，褚民誼於16日中午在雞鳴寺歡宴全體會員及各醫藥專家。下午汪精衛在褚民誼和陸署長陪同下，特假國際俱樂部茶會招待出席會議之全體代表，對衛生工作者在艱苦條件下努力工作寄語厚望。

11月17-22日，印度民族主義者鮑斯參加大東亞會議後訪問南京和上海，受到汪精衛和褚民誼等人的熱情歡迎和接待。

11月21日，紀念中日文化協會成立三週年之際，同時在南京舉行「第二次全國美術展覽會」，由褚理事長主持紀念會并為展會揭幕。展出來自全國各地現代畫家之佳作一百二十餘件。次日對公眾開放，至11月27日結束。

1944年

2月1日至3月底，日本當局將與重慶方面有關係的敵產中尚未移交之土地、建築物等共三千餘件分數次移交南京政府。第一次移管儀式在南京中日文化協會舉行。中方有外交部長褚民誼、內政部長梅思平、南京市長周學昌等人出席；日本方面有軍憲和駐華使節之代表數人出席。褚氏指出，移交蘇浙皖三省不在業主的產業，就是現在南京政府管轄區內的許多不動產，原屬於重慶要人或普通人民所有的財產，戰後曾由日方接管。現在這些財產不分是否一般人民的，還是重慶要人即抗戰份子所有的，一概移交國民政府，祗等他們回來，便連歷年所收租金，一併還給他們，對他們的產權絲毫不損。

3月3日，汪精衛赴日本名古屋治病。嗣由陳公博代南京政府主席，周佛海代行政院長。

4月24日，「教育部醫學教育委員會第一次全體會議」在南京召開，教育部長李聖五到會，褚民誼主持，衛生署長陸潤之等出席。

4月25-28日，「東亞醫學會第三屆大會」先在南京開幕，然後轉到上海震旦大學舉行三天學術報告會。大會主席團由大會會長外交部長褚民誼、副會長衛生署長陸潤之、副會長北京大學醫學院院長鮑鑑清、總幹事侯召棠，以及總會會長林春雄博士、總會幹事長宮川米市博士等人組成。有東亞共榮圈內中、日、滿、泰、越南、菲律賓、緬甸七國醫學代表，包括中方會員百餘名和其他各國代表七十七人出席，演講者約達一百餘人。褚民誼致開幕詞和閉幕詞。會後，代表團應中日文化協會之請，假蘭心大戲院舉行演講大會，以擴大影響。

5月17日，他為三藏塔私人集款添加的牌坊，簽約勘定。

6月1-6日，中義兩國的駐日使節在日本東京，就擬定〈中華民國義大利國間關於交還天津租界及撤廢在華治外法權、放棄駐兵權之協定〉，以及〈附屬議定書〉和〈了解事項〉，先後舉行了五次會議，對此前於1943年9月中方單

方面接收天津租界表示默認接受。褚民誼因探視汪精衛病情，時在日本，參加了最後簽署協議草案的會議。

7月5日，在他主持下，「重建三藏骨塔籌備委員會」邀各界，舉行結頂儀式，建塔工程畢。

7月14日，在南京政府外交部，褚民誼外長與義大利社會共和國駐華代辦施畢納利，代表兩國政府在〈關於交還天津租界及撤廢治外法權、放棄駐兵權之協定〉及〈了解事項〉和〈附屬議定書〉等文件上簽字用印換文。

8月17日，義大利租界交接儀式在天津市政府大樓舉行。自此，昔日各國在華租界全部正式收回。國府特派褚外長乘機北上監視，但因天氣關係未能即時趕到，由外交部范、徐兩司長參加典禮。

8月16-24日，褚外長於16日由南京飛抵北平後頻繁訪問中日各方。18日上午在六國飯店接見中外記者，概述收回列國特別是義大利在華租界之過程，並答記者問。在平期間，他除外交應酬外，還忙碌地應邀出席各種文體交流訪問活動。曾拜謁香山碧雲寺國父衣冠冢，會見華北體育界人士，參加新國民體育學會舉行的體育座談會，出席京津游泳比賽，視察新民會先農壇中央訓練處及北京市公共體育場，出席中國文化團體聯合會和北京佛教會分別舉行的歡迎招待會，以及參觀訪問影藝學院和華北電影公司等等。

8月25-26日，褚外長於25日晚由北京抵天津後，於次日上午出席義領事舉行的招待宴，隨後赴市府管下各局視察，並先後赴舊法租界、舊英租界、舊義租界，對各項建築及公共事業視察頗詳。下午出席教育局主辦的水球比賽大會後，在市政府大禮堂舉行招待軸心國駐津領事茶會，到來賓一百八十餘人。事畢即離津經停北京歸返南京。

9月11日，以醫藥衛生為培養目標的「上海私立同仁大學」，由褚民誼任董事長和校長。經年餘籌備初步就緒，首先成立醫學院，褚氏兼任院長，招生30名，是日舉行開學典禮。

9月17日，「南京私立藥學講習所」舉行第七、八兩屆聯合畢業典禮，特邀褚民誼、陸潤之等人出席，頒發畢業班紀念獎盃。

10月4日，舉行佛舍利奉移入靈谷寺塔供養典禮。該舍利子由日本藤井行勝法師贈送，事先供養在雞鳴寺景陽樓內，靈谷寺國民革命紀念塔裝修工程完竣後，移入塔內供養。褚民誼是集資修塔之負責人，主持典禮，並親自恭捧舍利安放於九層之塔頂。

10月10日，下午二時在文管會大禮堂，舉行三藏玄奘法師頂骨奉安典禮。有政府長官和民間代表，日、德、義、滿和印度等使節和代表，以及中日僧侶暨中日佛教信徒等共計三百餘人出席。褚民誼主持儀式後，從文管會於細雨中列隊步行，恭送玄奘頂骨及隨葬品至玄武山，於新建之三藏塔前設壇舉行入塔典禮，至四時大禮告成。典禮上發送重建三藏法師頂骨塔委員會、中日文化協會、南京日本佛教會聯合編輯的《大唐三藏玄奘法師紀念冊－頌聖集》[3.55]和褚民誼書寫的《佛說阿彌陀經》[1.51]。

10月22日，他偕隨員到達北平。參加將在這裏進行的有關活動。

10月25日，中日文化協會華北分會在北京飯店舉行成立大會，周作人當選為理事長。中日文化協會總會理事長褚民誼到會致詞。他事前曾於8月份訪問北平時對該會之成立進行過磋商。此次偕總幹事張超、出版組主任高齊賢來平，又經多日之斡旋，而籌備就緒。

10月26日，上午九時「中華醫學會華北總分會」正式成立，在北京大學醫學院召開第一屆會員大會，有醫學界人士三百餘人出席，總會理事長褚民誼親蒞並致訓。

10月26-30日，「新民會本年度全體聯合協議會」在北平中南海懷仁堂舉行，褚民誼代表汪精衛於26日上午十時的開幕式上致訓詞。

11月10日，汪精衛因背部子彈舊傷復發，赴日醫治無效，在名古屋去世。遺體於12日空運回南京。

11月12日，在中央政治委員會臨時緊急會議上，議決通過陳公博為南京國民政府行政院院長，國府代理主席，兼軍事委員會委員長。並決定組織「汪主席哀典委員會」，委員長陳公博，副委員長褚民誼、周佛海，褚民誼兼任秘書長。葬汪精衛於南京梅花山上。

汪氏葬禮完成後不久，褚民誼即多次提出辭去外交部長的請求，屢遭挽留。

1945年

4月26日，褚民誼辭去外交部長的請求獲准，另任命他為廣東省省長兼廣州綏靖主任，以及廣東省保安司令和新國民運動促進委員會廣東分會主任委員。

5月9日，南京國民政府議決，原褚民誼文管會委員長由新任外長李聖五接替。

5月27日，汪精衛的岳母、褚妻陳舜貞之養母衛月朗在南京病逝，享年77歲。

7月5日，他經過一段時間的醞釀和準備後偕同隨員高齊賢、徐義宗等，乘機飛粵履新，於離京赴任時發表講話，闡明治粵之基本與原則為保粵安民，於6日抵穗。

7月8日，他將奉移來粵的三藏法師部份靈骨，親自奉送到六榕寺大雄寶殿供養。

7月9日，在廣東省府大禮堂舉行廣東省省長及駐廣州綏靖公署主任宣誓就職典禮，到省府各廳處長、綏署參謀長暨各處長、各師長、團長、總隊長、要港司令暨黨政軍高級長官，由陳璧君中委監誓。禮畢，褚省長就治粵之大計，通過媒體向民眾發表講話，表達其以「貫徹愛護粵省之本心，為施政之標的；適應粵省當前之需要，為施政之方針，但求所事得當，不問代價何若」之決心。

當日下午六時，在中山紀念堂舉行歡迎褚省長蒞任大會，到省府和綏署各級長官、來賓及各界民眾二萬餘人。禮成散會後，數十國術團體進行醒獅表演。

7月10日，下午四時在省府大禮堂設宴招待中日長官、各界名流、及各報社社長等，共百餘人參加，以開拓與各界的聯繫。

7月11日，奉南京中央命令兼廣東省黨部主任，於上午九時到廣東省黨部宣誓就職。

7月12日，「中日文化協會廣東省分會」歡迎總會褚理事長，並恭請他擔任廣東分會名譽理事長。

7月27日，美機頻繁轟炸廣州造成民眾傷亡、社會動蕩。為保民安民，褚民誼簽發〈嚴懲擾亂治安歹徒佈告〉。

8月3日，省府7月12日議決褚民誼兼廣東大學校長後，於是日視察該校，向全體教職員訓話並巡視各院，定下學期開學時補行就職典禮。此後不久，為適應當前醫學人才之急需，他提出了增設醫學院的建議，自兼院長，聘任教授，開始招生。此外，還為文法學院和工學院，充實師資力量。

8月4日，褚省長在國際俱樂部召集本市紳商及各界名流舉行茶會，討論救濟被炸受害市民，一致通過組織「廣州市被炸受害市民救濟會」，並推定委員。各出席富紳即席簽捐救濟款項1700餘萬元，並定於本月六日在此舉行第一次委員會議，商討會務策進事宜。

8月5日，上午偕教育廳陳廳長等，視察在廣東大學附屬中學舉辦的「廣東

省會教員夏令體育講習會」。他在會上發表演講，詳述太極操之原理，並親自示範每段動作。

8月7日，廣州市醫師公會、東亞醫學會廣東支會、東南醫學院同學會三團體，於下午六時假座國際俱樂部，聯合歡讌褚省長。會上恭請他擔任「紅十字會廣州分會」名譽會長，以恢復和推動紅十字會的活動。

8月12日，日本接受〈波茨坦宣言〉無條件投降的消息傳出後，為防止可能引起的社會動蕩和騷亂，損害民眾利益，綏靖署主任褚民誼挺身而出，決定組成「廣州警備司令部」，親自兼任警備司令，以集中粵省軍政力量加強治安，當日發表公告，並立即就職視事。

8月13日，他發起的排球慈善賽下午在青年館舉行。該活動從上月底開始籌備，共收各種捐款儲卷8,294,200元，全部送交方便醫院免費救助傷病貧同胞。

8月15日，日本天皇發表接受〈波茨坦宣言〉廣播講話，正式宣告日本無條件投降。

8月17日，褚省長發表公開談話，表明全面和平已達，南京政府解消，當前急務守土保民，「靜待統一的國、統一的黨來解決一切，使社會秩序不亂，地方治安不搖」。

8月19日，他簽發了保境安民之〈廣東省政府、駐廣州綏靖主任公署佈告〉，要求各地方，照常執行政務，待政府之接收。

當日，他在廣州警備司令部召集駐廣州陸海各軍警憲長官，開首次警備會議，對維護本市治安及警備作出縝密計劃，務使土匪宵小不能乘機竊發，確保市境治安。

8月20日，褚民誼司令、許廷杰和郭衛民副司令聯合簽發〈廣州警備司令部佈告〉，連續數日刊登報端，嚴令「各項隊伍，在未奉到最高長官命令時，切不可單獨行動，擅自武裝希圖入境，以免滋生誤會，擾亂秩序。」

是日，他上電蔣介石委員長，報告粵情，並敦促羅卓英主席早日蒞粵妥善接收。

8月23日，先遣軍總司令招桂章接管廣州治安，褚民誼解職在家靜待中央處置。

8月25日，他致電蔣委員長，為曾在南京政府謀職的廣大公務員擔責，以免他們受株連。

8月26日，軍統鄭鶴影主任轉交蔣委員長8月16日手令，謂褚民誼追隨孫中

山奔走革命多年，近又有維護粵治安之表現，「當可從輕議處」。並囑妥為保護送至安全地帶。

8月27日，他回電軍統首領戴笠轉告蔣委員長感謝寬大，但拒絕外遷，仍居家靜待。

9月10日，軍統鄭鶴影轉示委座手諭，囑他與陳璧君乘機赴重慶。

9月12日，軍統局謊稱乘機赴渝，將他與陳璧君及少數隨員帶到珠江畔廣州市郊。住八日後返回廣州。

10月14日，軍統謊稱到南京見蔣介石，用運輸機將他和陳璧君等從廣州押送到南京寧海路看守所。

11月11日，他在羈押期間撰寫了〈參加和運自述〉[1.61]，分為「參加和運之動機、參加和運之經過、到粵前後、忠實的批評」四個部分。最後他總結道，「本人參加和運之經過如斯。就動機而言，單純簡潔，殊不自以為有罪。在外長任內之委曲保民；在廣東省長任內之力求振作，與竭力謀通中央，響應國軍之事實。「而尤盼者，希當局能明瞭本人所以草成此文之真意，在說明和平政府一般之情形，對於和平運動切實明瞭，萬勿多所牽累，以為參加和運者皆是叛國、皆是漢奸，本人實期期以為不可也。吾適已言，淪陷區之民眾無論如何不能全部西去，此為事實，絕非理論。若謂留在淪陷區者，即應受日人之宰割，而不加以顧恤，是政府自棄其民也。若謂宜加顧恤，則需有所組織，一有組織即指為叛國，此理縱能鉗世人之口，未必能盡服世人之心。「矧和平政府聞日人投降之後，即嚴令各地當維持治安，靜待中央來接，政府本身則自動解消，毫無留戀。此中情況順逆已分，故盼當道諸公能以寬大處置參加和平之份子，實所至望。」

1946年

1月6日，他在南京軍統看守所撰寫〈國父遺臟奉移經過〉之報告，呈交李法官。文中除詳述實情及遺臟之去向外，著重提出要及時更換在中山陵墓內浸置國父遺臟之藥水以免腐化；並應及時取回上海鐳錠療養院湯醫生所借之肝臟切片及臘塊標本。

2月17日，軍統謊稱蔣介石召見，將他和陳公博等從南京解送到蘇州高等法院看守所。

3月間，江蘇檢察院對他進行三次偵訊，於是月21日提出起訴書。

4月15日，江蘇高院於下午對他開庭公審。褚民誼朗讀其〈答辯書〉[1.62]，該書在「正文」部分，對所控告之各項分九點予以辯駁澄清，末謂自己曾為革命九死而不死，今日全面和平如日月重光，為國家而死，死有榮焉。接著在其「附文」部分，則敢以待罪之身、將死之言，就「懲治漢奸條例」各款逐一分析其在淪陷區內之不適用性，特別指責那些「昔之見敵而退，或不見敵而退者，今則以聯合國之勝利為勝利，敵降而入淪陷區，自為征服者」，肆意進行政治上的壓迫和經濟上的掠奪，而造成嚴重後果。對此他秉直陳言，竭力為民請命。

4月23日，江蘇高等法院宣判，以「通謀敵國，圖謀反抗本國」之罪名，判處褚民誼死刑。他當庭表示，「當然不服，但上訴是可以不上訴的」。法院表示最後判決還須得到最高法院核准。

5月3日，陳舜貞為復審向最高法院提交聲情狀。

5月22日，軍統負責人鄭介民向蔣介石親筆呈報，說明褚民誼關於接收總理遺臟之經過屬實，並附上總理遺臟切片及臘塊標本一盒和臨床紀錄照片一冊。蔣委員長於6月20日批示，將該標本及鄭介民報告抄件，發送中山陵園管理處，並告知中央秘書處。

5月24日，最高院核准對褚案的原判。

6月2日，他與陳公博一起，轉至蘇高院獅子口第三監獄收押。陳於次日在監內處死。

6月5日，陳舜貞以其夫在淪陷區內保全國父靈臟及遺物為由向法院提出再覆判聲請，

6月24日，蘇高院於下午裁定，褚案開始再審。次日檢察官對此提出抗告。

6月27日，鄭介民又向蔣介石親筆呈報，湯醫生提供的保管總理遺臟切片及臘塊標本之詳細經過。原擬將此報告送蘇高院「查照參考」，但蔣氏7月8日批示「不發」而止。

7月6日，陳舜貞提呈國父靈臟奉移實況照片一冊，並抄錄前呈李法官奉移經過一件，作為聲請再覆判之證據。但被法院駁回維持原判。

8月初，陳舜貞以蔣委員長曾以褚民誼為革命和維護粵治安有功，作出「可從輕議處」的手令，以及近來民間紛呈證明被告有利於人民之事實，再度提出申辯。她於監外為覆審奔波並非其夫之本意。在此期間，褚民誼曾親書紙

條交與其妻上呈蔣委員長，明確表示「請委座不要為我的減刑為難，仍維持死刑原判。」但其妻未遂其意將信條留下。

8月22日，蘇高院上午再次駁回陳氏之聲請。

8月23日，上午八時許，褚民誼在蘇州獅子口監獄內執行死刑。留下遺言將遺體捐獻醫院解剖，並盼政府予其子女以教育。家屬和親友在蘇州仁濟殯儀館舉行祭奠，於次日大殮。

10月間，他的棺槨運至上海，安葬在「虹橋公墓」內，石刻墓碑花圈內書「先考慶生公之墓」。妻陳舜貞1963年逝世後亦合葬於此。

補遺

　　編者按：本書行將付梓之際，獲見褚民誼之若干舊藏資料，主要是一些重要的好友名士、書畫名家，於國民革命進入「訓政」時期的1928-1929年間，向褚民誼題贈的書畫作品，刊補於後，似可從一個側面，進一步展現出，本書主人公的高尚品行和良好的人際關係。

張人傑（靜江）題贈於1928年1月（他是褚民誼的南潯同鄉長輩，曾為資助辛亥革命立下汗馬功勞，深得孫中山的讚賞。在他的引領下，張褚兩人長期在海內外為革命和建設事業携手奮鬥。褚氏尊稱他為「世叔」，他則在題詞中稱褚氏為「家兄」，彰顯兩人之親密無間。他善攻篆書，1925年孫中山逝世，國民黨葬總理於南京中山陵，其墓堂前石坊上的「民族」「民權」「民生」六個大字，就是他用篆體所書。此時，他特意用草書和篆書二度向褚民誼題贈國父遺訓「天下為公」，共勉之誼，不可謂不篤。）

補遺　177

戴季陶（傳賢）題贈於1929年5月（為1929年8月出版的《褚民誼最近言論集》[1.10]題寫的序詞）

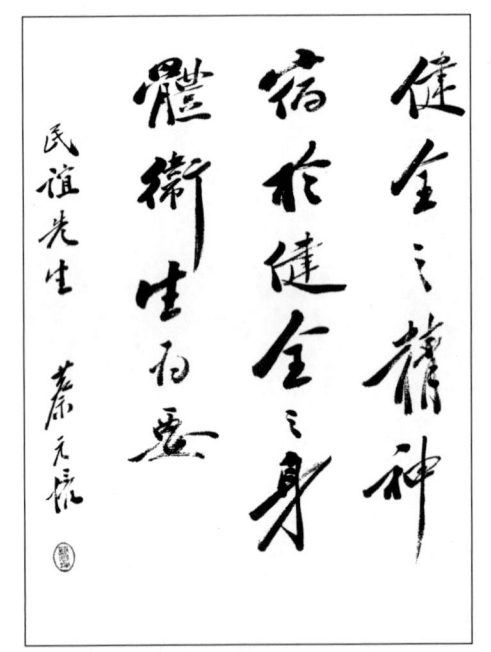

蔡元培為1929年8月出版的《褚民誼最近言論集》[1.10]的題詞

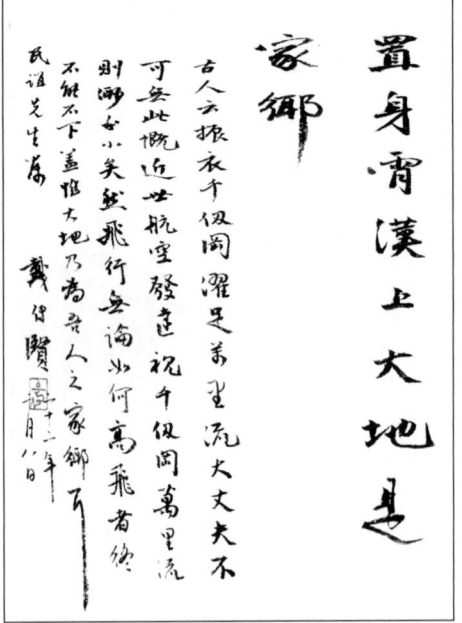

戴傳賢（季陶）題贈於1933年2月8日

吳敬恆（稚暉）贈詞（為1929年6月出版的褚著《普及革命》[1.1.8]一書的題詞，紀念昔日在法國進行革命宣傳之共同努力）

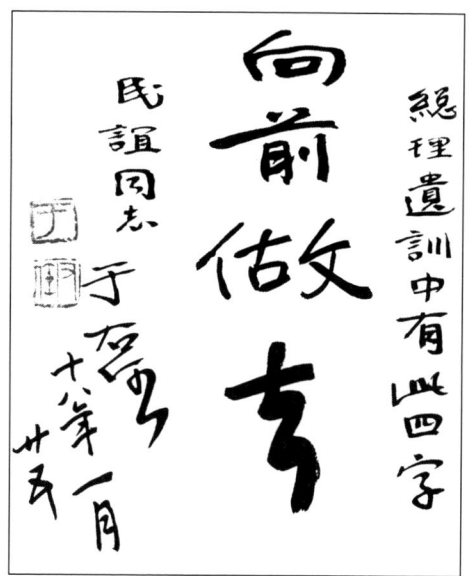

于右任贈書於1929年1月25日（平易近人地勉勵革命同志以實際行動繼承孫中山的遺志）

沈尹默（浙江吳興人，同盟會會員，著名詩人和書法家），以北宋改革家王荊公（王安石）的詩詞書贈褚民誼

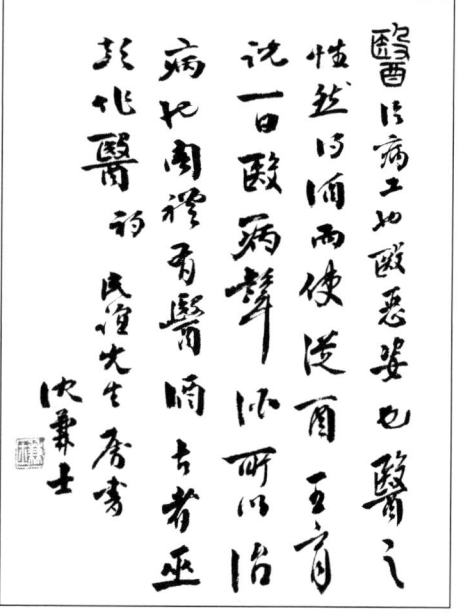

沈兼士題贈（他是沈尹默的胞弟，亦為同盟會會員，長期從事中國語言文字學研究的名士）

補遺　179

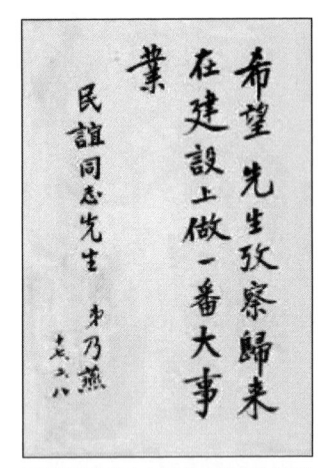

同鄉張乃燕1928年2月8日的贈詞（褚民誼受國民政府委派赴歐考察衛生離國前夕所贈）

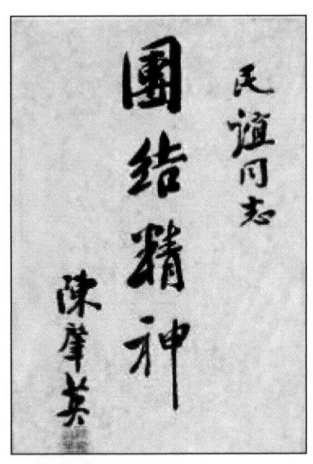

陳肇英的題詞（他曾是辛亥革命的功臣，詞中贊譽褚民誼維護黨內團結之精神）

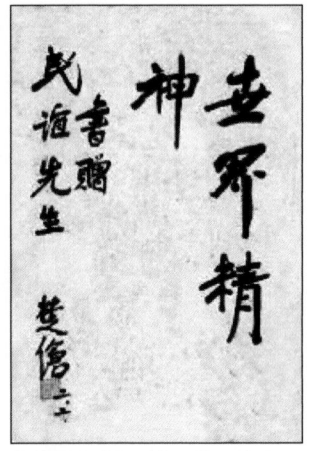

葉楚傖的贈詞（他長期從事國民黨的黨務工作，早在中學時期就曾是褚民誼的同窗好友）

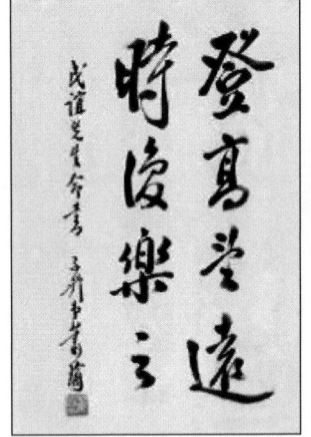

蕭瑜（子昇，旭東）的贈書（早在旅歐教育運動時期，蕭褚二人即結為摯友。褚民誼博士論文[1.4]的中文封面和內中的長篇作者介紹就是他題寫的作品）

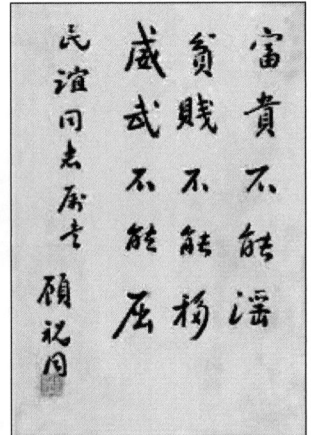

顧祝同的贈詞（他是民國時期的名將，曾任黃埔軍校教官，1927年晉升為第九軍軍長，褚民誼曾在就職典禮上代表國民黨中央出席監視並訓話）

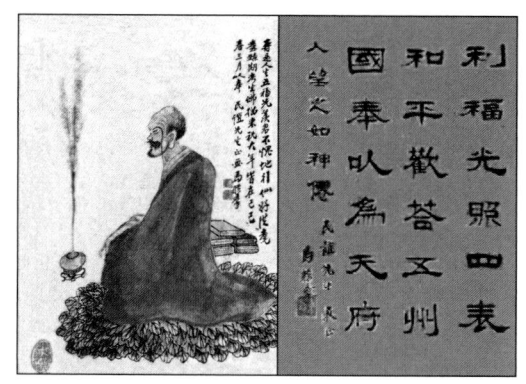

畫家馬軼羣繪贈於己巳年（1929年）春三月（字畫相配，表達出盛世之中，「人望之如神仙」的意境）

國畫大師黃賓虹的繪贈（1930年褚民誼曾携一批當代國畫名品到比利時國際博覽會上展出，其中黃賓虹的作品獲最優等獎）

畫家馬軼羣的山水畫繪贈

畫家吳雅之繪贈於戊辰年（1928年）冬至

補遺　181

參考文獻

一、著作

1.1 *Perfectionnements dans les ceris-volants,* Brevet D'invention, No 403.860, République Française, Office National de la Propriété Industrielle, M. Min-Yee TSU résidant en France (Seine)（法文）（〈改良型風箏〉，法國國家工業產權局，專利第403.860號，褚民誼，居住在法國，塞納），1909，11，6。

1.2 *Le volant chinois,* Tch'ou Min-yi et Louis Laloy, Bulletin de L'Association Amicale France-Chinoise, Vol.2, No.4, Paris（法文）（《中國毽子》，褚民誼、路易斯·拉鹿阿，《中法友好協會簡報》2卷4期，巴黎），1910，10。

1.3 《創辦法國里昂中國大學啟（緣起　理由　簡章）》，北京大學駐歐通訊員褚民誼擬稿（中文）；*PROGRAMME de l'Université Chinoise, A LYON,* Projet préparé par Mr. TSU（法文），法國里昂，1920。

1.4 《兔陰期變論》，褚民誼著（中文）；*Le rythme vaginal chez la Lapine et ses relations avec le cycle astrien de l'ovaire,* Tsu Min-Yee (Zong-Yung)（法文），（法國）斯特拉斯堡大學醫學院博士論文，1924。

1.5 〈國立中山大學醫科學院之革新計劃意見〉，褚民誼、溫泰華，《國立中山大學討論號》，1926，6。

1.6 《改定中央黨部組織標準案》（國民黨二屆四中全會提案），褚民誼，1928，2（《申報》，1928，2，4）。

1.7 *La Chine Nouvelle*, Dr. M. Y. Tsu Zong Yung, Comité Interuniversitaire Sino-Belge（法文）（《新中國》，褚重行（民誼），中比大學聯合委員會），1928，7。

1.8 《普及革命》，褚民誼著，（上海）革命週報社，1929，6。

1.9 《太極拳圖》，褚民誼編著，《康健指南》，上海九福公司，1929，7。

1.10 《褚民誼最近言論集》，王文濡、張萼蓀編，（上海）大東書局，1929，8。

1.11 〈厲行本黨教育政策〉（國民黨三屆三中全會提案），朱家驊、褚民誼，

1930，3（《申報》1930, 3, 7-8）。

1.12 〈留學方針與責任〉，褚民誼演講、許士騏記錄，《中央週刊》1930年第106期；《湖北教育廳公報》1930年第1卷第5期。

1.13 *Aux Lecturs du Triple Démisme,* Dr. M. Y. Tsu, Liége（法文）（《告讀三民主義者》，褚民誼，比利時列日），1930。

1.14 《中國國際合作協會概況》，褚民誼編寫，1931年初。

1.15 *La réorganization sanitaire et le problème médico-pharmaceutique d'hier et d'aujourd'hui en Chine,* Dr. Tsu Min Yee, Comité Interuniversitaire Sino-Belge, Document Publié par le, No 4（法文）（〈中國醫藥問題和衛生建設的過去和現在〉，褚民誼，《中比大學聯合委員會報告書》第4期），1931，6。

1.16 《太極操》，褚民誼編，（上海）大東書局，1931，8；1932，11（再版）；1934，5（三版）。

1.17 《視察新疆報告》，褚民誼述，1931。

1.18 《萬國紅十字會章約彙編》，褚民誼編譯，中國紅十字會，1932，1。

1.19 《褚杏田先生訃告》，褚民誼叩，1932，1。

1.20 〈開發西北問題〉，褚民誼，《中央週刊》1932年第210期；《海外月刊》第1卷第1期，1932，9。

1.21 《太極操之說明及口令》，褚民誼著，（上海）大東書局，1932；1933，11（再版）。

1.22 《中華民國參加比利時國際博覽會特刊》，（褚民誼主編），國民政府參加比國博覽會代表處，（上海）大東書局，1932，9。

1.23 〈西北與東北〉，褚民誼講、沈家樞記，《新亞細亞》第3卷第4期，1932。

1.24 《歐遊追憶錄》，褚民誼著，（上海）中國旅行社，1932，10。

1.25 〈提倡體育之真意〉，褚民誼，《大陸雜志》第1卷第6期，1932，12。

1.26 《歐遊追憶錄（第二集）》，褚民誼著，《旅行雜誌》第7卷第3、4、6、7、10期連載，（上海）中國旅行社，1933，3-10。

1.27 《毽子運動》，褚民誼著，（上海）大東書局，1933，3。

1.28 《利用電影促成三民主義之實現及輔助各種事業之進行》，褚民誼著，中國教育電影協會，1933，4。

1.29 〈新疆事件與開發西北〉，褚民誼，《農村復興委員會會報》1935年第1

卷；《中國農村建設計畫》，黑山徐正學編纂，國民印務局，1935，9；1936，6（再版）。

1.30 〈戲曲與體育〉，褚民誼，《戲學月刊》第2卷第10期，1933，10。

1.31 〈周夢坡輓詩〉，褚民誼撰並題，《吳興周夢坡訃告》，1934。

1.32 〈十年來之庚款補助文化事業運動〉，褚民誼，《寰球中國學生會特刊》，1934。

1.33 《中法國立工學院院刊》，褚民誼主編，中法國立工學院出版委員會，1934，12。

1.34 〈什麼是救國之道〉，褚民誼，《國難文選》，蔣冰心編輯，軍事新聞社，1934，12。

1.35 〈中法國立工學院之過去與將來〉，褚民誼，《科學》第19卷第7期，1935，7。

1.36 〈推行識字運動的方法〉，褚民誼，《中央週刊》1935年第371期；《廣播週報》1935年第53期，1935，9。

1.37 〈青年修養的方法〉（1935年10月1日在中央政治學校的演講），褚民誼，《中央週刊》1935年第383期；《中央日報》1935年10月1，2，5，6日。

1.38 《國術源流考》，褚民誼著，（南京）正中書局，1936，5；（臺北）逸文武術文化有限公司，2008，10翻版。

1.39 《太極操特刊》，褚民誼主編，顧舜華編，（上海）中法大藥房、中西大藥房，1936，6。

1.40 *Das Chinesische T'ai-Chi-Turnen (Kreisförmiges Turnen), XI. Olympiade, Berlin 1936*, Dr. Tsu Min-Yee, Ostasiatischer Lloyd, Shanghai (China)（德文）（《中國太極操－圓形體操，1936年柏林第11屆奧運會》，褚民誼著，上海東方勞埃德出版社），1936。

1.41 *Die Chinesische Körpererziehung–Idee und Gestalt, XI. Olympiade, Berlin 1936*, Dr.Tsu Min-Yee, Ostasiatischer Lloyd, Shanghai (China)（德文）（《中國體育－想像力和創造力，1936年柏林第11屆奧運會》，褚民誼著，上海東方勞埃德出版社），1936。

1.42 《褚民誼先生武術言論集》，姜俠魂編，《國術統一月刊社叢書》，國術統一月刊社，1936，9。

1.43 *Dr. Chu Ming-yi Describes Many Trips to Belgium,* The China Press Belgian

Supplement（英文）（〈褚民誼博士談屢次訪問比利時〉，《大陸報比利時增刊》，1936，11，15。

1.44 〈京滇週覽經過〉（中央紀念週報告），褚民誼，1937，5，31（《申報》1937，6，1-2；《中外文化》月刊1卷4期，1937，6）。

1.45 〈救亡時期的國民健康問題〉，褚民誼，《中華月報》第5卷第1期，1937。

1.46 〈大家要努力準備抗戰〉，褚民誼，《廣播週報》1937年第150期，1937，8。

1.47 《中國戲劇史》，褚民誼主編，徐慕雲著，（上海）世界書局，1938，12。

1.48 《生產建設協會生產教育叢書第一輯》（一.化妝品製造，二.日用品製造，三.教育用品製造，四.食用品製造，五.家用藥品製造），褚民誼、戴策主編，汪向榮編著，生產建設協會，（上海）世界書局，1939，2（初版）；1940，8（再版）；1942-48（三至五版）。

1.49 《花甲同慶》，褚民誼著，上海中法國立工學院，1939，6。

1.50 《金剛般若波羅密經、般若波羅密多心經合冊》（書寫影印帖），褚民誼（1939年7月30日書畢），1940年出版。

1.51 《佛說阿彌陀經》（書寫影印帖），褚民誼（1939年11月13日書畢）；1940年出版。

1.52 《褚民誼先生最近言論集》，戴策編，（上海）建社出版部，1939，11（初版）；1940，1（再版）；1940, 2（三版）。

1.53 *Il Canto e il Teatro di Quinsan*, Tsu Ming-Yee, Il Marco Polo, Vol.2, No.3, Sciangai（義大利文）（〈崑曲與崑劇〉，褚民誼，《馬可波羅》第2卷第3期，上海），1939，11-12。

1.54 《崑曲集淨》（上、下冊），褚民誼編著，中日文化協會出版組，1942，6；影印整理，學苑出版社，2017，5。

1.55 《元音試譯》，褚民誼編、許文譯，中日文化協會出版組，1942，6。

1.56 《陽明與禪》，（日）里見常次郎著，汪兆銘譯，褚民誼纂輯，中日文化協會出版組，1942，10。

1.57 〈鑒真和弘法-中日文化交流史上的二和尚〉，《中國公報》第8卷第4期，1943，1。

1.58 〈健康與太極操〉，褚民誼，《中日文化》月刊第3卷第2-4期，1943，4。

1.59 〈接收上海租界後的新認識〉,《中日文化》月刊第3卷第5-7期,1943,8。
1.60 〈重纂褚氏家訓彙疏考-褚杏田先生家訓〉,褚民誼彙疏,高齊賢考證,達天重纂,《中日文化》月刊第3卷第5-12期（1943,5-12）至第4卷第1期（1944,3）連載。
1.61 〈褚民誼自述〉（自白書）（1945年11月11日）,《審訊汪偽漢奸筆錄》,南京市檔案館編,江蘇古籍出版社,1992,7。
1.62 〈褚民誼之答辯書〉（1946年3月下旬至4月上旬寫）,《審訊汪偽漢奸筆錄》,南京市檔案館編,江蘇古籍出版社,1992,7。
1.63 〈褚民誼特藏〉（相冊15本）,美國華盛頓國會圖書館。

二、雜誌

2.1 《東方雜誌》,東方雜誌社,上海商務印書館,1904-1948。
2.2 《新世紀》週刊,（巴黎）新世紀社,中華印字局,1907-1910;《重印巴黎新世紀》,上海世界出版協社發行,1947。
2.3 《世界》畫報,姚蕙總編輯,（巴黎）世界社,第一期,1907秋;第二期,1908春。
2.4 《科學》,中國科學社,1915-1949。
2.5 《旅歐雜誌》,汪精衛編輯（1917年2月起褚民誼代行）,（法國）都爾旅歐雜誌社,中華印字局,1916-1919。
2.6 《北京大學日刊》,北京大學,1917-1932;人民出版社影印,1981。
2.7 《圖畫週刊》（1924年改名《圖畫時報》,1927年改為一週二刊）,戈公振等主編,上海時報社,1920-1935。
2.8 《國立廣東大學週刊》,國立廣東大學秘書處出版部,1925-1926。
2.9 《良友》畫報,良友圖書印刷有限公司,1926-1945。
2.10 《旅行雜誌》,趙君豪主編,上海中國旅行社,1927-1937。
2.11 *Annales Franco-Chinoises*（法文）（《里昂中法大學季刊》）,1927-？。
2.12 《中央週刊》,中國國民黨中央執行委員會宣傳部編印,1928-1937。
2.13 《東南醫刊》,東南醫刊社,1929-1933。
2.14 *The North China Herald*,Weekly Edition of The North-China Daily News,（英文）（《華北導報》,華北日報之週刊）,1928-1940。

2.15 《醫藥評論》，褚民誼主編（半月刊，1932年8月起宋國賓主編改為月刊），醫藥評論社，1929-1937。

2.16 《衛生公報》，國民政府衛生部，1929-1930。

2.17 《文華》藝術月刊，上海好友藝術社出版，上海文華美術圖書印刷有限公司發行，1929-1935。

2.18 《中華》圖畫雜誌，胡伯翔等主編，上海中華雜誌社，1930-1945。

2.19 《體育周報》，體育周報社，1932-1933。

2.20 《康健雜誌》，褚民誼編輯總主任，康健雜誌社，1933-1939。

2.21 《科學畫報》（半月刊），中國科學社主辦，中國科學圖書儀器公司發行，1933-1939。

2.22 《科學的中國》（半月刊），中國科學化運動協會，1933-1938。

2.23 《勤奮體育月報》，勤奮體育月報社，上海勤奮書局，1933-1939。

2.24 《醫藥導報》，褚民誼等主編，醫藥導報社，1933-1937。

2.25 《社會醫藥報》（半月刊，1934年10月第2卷第1期起改為月刊，刊名《社會醫藥》），褚民誼主編，社會醫藥報館，1934-1937。

2.26 《廣播週刊》，中國國民黨中央廣播事業管理處編印，1934-。

2.27 《國術統一月刊》，姜俠魂主編，國術統一月刊社，1934-1936。

2.28 《新生》週刊，杜重遠主編，新生週刊社，1934-1935。

2.29 《公餘半月刊》（自1936年2月第2卷第1期起改為《公餘月刊》），褚民誼社長，沈仲坤等編，首都公餘聯歡社，1935-1937。

2.30 《戲世界月刊》，梁梓華主編，劉慕耘、王紹枋編輯，上海戲世界出版社，1935-1936。

2.31 《新藥月報》，褚民誼社長，周夢白、沈濟川主編，全國新藥業同業公會聯合會新藥月報社，1936-1937。

2.32 《中外文化》月刊，中外文化協會編譯委員會，1937，2-6。

2.33 *Il Marco Polo*, Rassegna Italiana per L'estremo Oriente, Sciangai（義大利文）（《馬可波羅》，意大利遠東評論，上海），1939-1943。

2.34 《大陸畫刊》，本間立野編，（日本）大陸新報東京支社，1941-1943。

2.35 《中日文化》月刊，高齊賢主編，中日文化協會，1941-1944。

2.36 《中華留日同學會會刊》，中華留日同學會，1941-1943。

三、主要參考資料

3.1 《近世界六十名人》,（巴黎）世界社,1908。

3.2 《旅歐教育運動》,旅歐雜誌社編,1916秋；臺北中央研究院近代史研究所,1996,5（重印）。

3.3 《紐約第一次萬國絲綢博覽會輯里絲業代表調查報告彙錄》,紐約第一次萬國絲綢博覽會輯里絲業代表團編,1923。

3.4 *Exposition Chinoise d'Art Ancient et Moderene*（《中國美術展覽會》,法文目錄,中國在法國的霍普斯會和美術工學社舉辦,法國斯特拉斯堡萊茵宮,1924,5-7）。

3.5 《近代中國留學史》,舒新城著,上海中華書局,1926；上海書店、中華書局按1933年版影印,1989,10。

3.6 《討段增刊》（國立廣東大學週刊）,國立廣東大學秘書處出版部印行,1926,3。

3.7 《國立廣東大學規程集》,國立廣東大學秘書處出版部印行,1926,4。

3.8 《國立廣東大學概覽》,國立廣東大學秘書處出版部印行,1926,5。

3.9 《五卅紀念》,國立廣東大學秘書處出版部編刊,1926,5。

3.10 《中山大學討論號》,國立廣東大學秘書處出版部印行,1926,6。

3.11 《國立廣大平校校刊》,國立廣東大學秘書處出版部印行,1926,7。

3.12 《國立廣東大學演講錄第一集》,國立廣東大學秘書處出版部印行,1926,8。

3.13 《湖社社員名錄》,湖社,1927,4。

3.14 《太極拳淺說》,徐致一著,太極拳研究社,1927,9；1931,4；（收入）《太極拳選編》,吳圖南編選,北京市中國書店,1984,3。

3.15 《禁煙宣傳彙刊》,中國國民黨中央執行委員會宣傳部印,1928,11。

3.16 《中國國民黨年鑑》,中國國民黨中央執行委員會黨史史料編纂委員會編印,1929。

3.17 《西湖博覽會籌備特刊》,西湖博覽會籌備委員會,1929。

3.18 《社會科學與歷史方法》,法國瑟諾博斯（Seignobos）著,張宗文譯,（上海）大東書局,1930,2。

3.19 *Catalogue de la Section Chinoise, Exposition International de Liége*（法文）（《比國獨立百週年紀念博覽會中國陳列館總目錄》），1930。

3.20 *Chine Artistique,* Pavillon de la République chinoise à l'Exposition international de Liége（《中國美術》，比利時列日國際博覽會中國館）（法文目錄），1930。

3.21 *Le Triple Démisme de Suen Wen, Traduit, Annoté et Apprécié*, Pascal M. D'Elia S. J., Seconde édition revue et corrigée, Bureau Sinologique de Zi-Ka-Wei, Imprimerie de T'Ou-Se-We, Shanghai（法文）（《中山孫文三民主義，翻譯、註釋和評論》，帕斯卡爾·德埃列亞S.J.編譯，第二版修正，上海徐家匯漢學研究室），1930。

3.22 《科學化的國術太極拳》，吳圖南著，1931,10（初版）；1933,9（二版）；1934,4（三版）；1935,1（四版）；（複印本名）《國術太極拳》，山西科學技術出版社，2001。

3.23 《西湖博覽會總報告書》，浙江省西湖博覽會編，1931。

3.24 《西湖博覽會紀念冊》，浙江省西湖博覽會編，1931。

3.25 《現代教育評論集》，範祥善編，世界書局，1931,9（三版）。

3.26 《西北的剖面》，楊鍾健著，（北京）地質圖書館，1932,10；甘肅人民出版社，2003,8（重版）。

3.27 《新疆概觀》，吳紹璘著，（南京）仁聲印刷局，1933。

3.28 《長命牌各種良藥彙集》，信誼化學製藥廠，1933。

3.29 《吳興周夢坡訃告》，1934；（收入）《吳興周夢坡（慶雲）先生年譜》，周延祁編，《近代中國史料叢刊》，沈雲龍主編。文海出版社印行，1979。

3.30 《現代本草生藥學》（上編），趙燏黃、徐伯鋆編著，中華民國藥學會出版，1934,4。

3.31 《第五屆全國運動大會總報告》，第五屆全國運動大會籌備委員會編，（上海）中華書局，1934,9。

3.32 《國難文選》，蔣冰心編輯，軍事新聞社，1934,12（二版）。

3.33 《行政院新疆建設計劃大綱草案》，行政院新疆建設計劃委員會擬，1934,12。

3.34 《民國二十三年公餘聯歡社社務報告》，公餘聯歡社，1935,1。

3.35 《吳鑒泉氏的太極拳》，陳振民、馬岳樑編著，康健雜誌社，1935，5；山西科學技術出版社，2008，1（重版）。

3.36 《太極拳講義》，吳公藻著，上海鑑泉太極拳研究社，1935，6；上海書店，1985，10（影印版）。

3.37 《製藥化學》，於達望編著，中華民國藥學會出版，浙江省立醫藥專科學校發行，1935，9。

3.38 《國術概論》，吳圖南著，上海商務印書館，1936；北京市中國書店，1984，3（複印）。

3.39 《中央陸軍軍官學校史稿》，林森主編，1936。

3.40 《第六屆全國運動大會報告》，第六屆全國運動大會籌備委員會，（上海）大東書局，1937，1。

3.41 《公餘聯歡社三週年特刊》，公餘聯歡社，1937，1。

3.42 《京滇公路週覽會報告書》，萬琮著，1937，9。

3.43 《出席第十一屆世界運動會中華代表團報告》，中華全國體育協進會，（上海）華豐印刷所，1937，11。

3.44 《中日文化協會開幕典禮特刊》，中日文化協會，1940，12。

3.45 《行政院文物保管委員會年刊》，行政院文物保管委員會，1941，1942，1943-44。

3.46 《奉迎東來觀音紀念冊》，奉迎東來觀音大士聖像籌備委員會，1941，4。

3.47 《東亞佛教大會紀要》，中支宗教大同聯盟、中日文化協會、日華佛教聯盟主辦，1941。

3.48 《中日文化協會周年紀念特刊》，中日文化協會，1941，7。

3.49 《弘法大師紀念特刊》，中日文化協會編，1941，11。

3.50 《中華留日同學會概況》，中華留日同學會，1941，12。

3.51 《接管津粵英租界行政權實錄》（附接收上海特區法院經過），（南京國民黨）宣傳部編印，1942。

3.52 《中日文化協會第一次全國代表大會特刊》，中日文化協會武漢分會編，1942，5。

3.53 《中日文化協會兩周紀念特刊》，中日文化協會，1942，7。

3.54 《唐玄奘法師骨塔發掘奉移經過專冊》，玄奘法師頂骨奉安籌備處，1943，3。

3.55 《頌聖集-大唐三藏玄奘法師紀念冊》，重建三藏法師頂骨塔委員會、中日文化協會、南京日本佛教會編，木村印刷所印，1944，10。

3.56 《國立中央大學復校第二屆畢業紀念特刊》，國立中央大學秘書處編印，1945，6。

3.57 《中山文選》，陳劭先輯，文化供應社印行，1948，9。

3.58 《棲霞山志》，朱潔軒編著，（香港）鹿野苑，1962。

3.59 《吳稚暉先生全集》，羅家倫、黃季睦主編，中國國民黨中央委員會黨史史料編纂委員會，1963，3。

3.60 《中華民國國民政府公報》（1925，7，1—1948，5，19），中華民國國民政府文官處，（臺北）成文出版有限公司，1972，9（臺一版）。

3.61 *Memoirs of a Citizen of Early XX Century China,* Chan Cheong-Chao（英文）（《中國20世紀初葉一個公民的自傳》，陳昌祖著），1978年初版；1992年再版。

3.62 《中山陵檔案史料選編》，南京市檔案館、中山陵園管理處，江蘇古籍出版社，1986，9。

3.63 《上海近代西藥行業史》，上海市醫藥公司、上海市工商行政管理局、上海社會科學院經濟研究所編著，上海社會科學院出版社，1988，9。

3.64 《南京國民政府外交部公報，附錄：汪偽國民政府外交公報》（1940，6，11-1942，12，26），中國第二歷史檔案館編，江蘇古籍出版社，1990，4。

3.65 《天津租界檔案選編》，天津檔案館、南開大學分校檔案系，天津人民出版社，1992，4。

3.66 《審訊汪偽漢奸筆錄》，南京市檔案館編，江蘇古籍出版社，1992，7。

3.67 《汪精衛與汪偽政府》，萬仁元主編，臺灣商務印書局，1994，7。

3.68 《蔣介石與國民政府》，萬仁元主編，香港商務印書局，1994，8。

3.69 《中山大學史稿》，黃義祥編著，中山大學出版社，1999，10。

3.70 《中國國民黨中央執行委員會常務委員會會議錄》（1926，4-1948，12），中國第二歷史檔案館編，廣西師範大學出版社，2000，4。

3.71 *Marketing Medicine and Advertising Dreams in China, 1900-1950,* Sherman Cochrane in Becoming Chinese: Passages to Modernity and Beyond, Wen-hsin Yeh, ed. Berkeley, University of California Press（英文）（《中國1900-1950年代的藥品營銷及推廣夢》，（美）高家龍著，《做中國人：現代化及其

後的途徑》，葉文心主編，美國伯克利加州大學出版社），2000。

3.72 《鑒泉太極拳社紀念冊》，上海鑒泉太極拳社編，2000，5。

3.73 《思齊閣紀事》，賀寶善著，（香港）淩天出版社，2000，6；《思齊閣憶舊》，賀寶善著，三聯書店，2005，10。

3.74 《巍巍中山-中山大學校史圖集》，陳汝築、易漢文主編，中山大學出版社，2004，9。

3.75 《中山大學編年史》（1924-2004），易漢文主編，中山大學出版社，2005，9。

3.76 《中山大學校史》（1924-2004），吳定宇主編，陳偉華、易漢文副主編，中山大學出版社，2006，5。

3.77 《名校執信》，張振餘著，中國文史出版社，2006，6。

3.78 《風雨旋歌復興園－從德文醫學堂到國立高機》，本書編寫組編著，上海理工大學，2006，10。

3.79 《張靜江、張石銘家族》，張南琛、宋路霞著，重慶出版社，2006，12。

3.80 《清宮萬國博覽會檔案》，中國第一歷史檔案館編，（江蘇揚州）廣陵書社，2007，12。

3.81 《官立高等教育機關における留學生教育の成立と展開：第三高等學校を事例として》（日文）（《國立高等教育機構留學生教育的建立和發展：以第三高等學校為例》），嚴平著，京都大學大學文書館研究紀要，2009，2，27。

3.82 《南京民族宗教志》，南京市地方志編審委員會，南京出版社，2009，1。

3.83 《南京棲霞山貞石錄-南京棲霞古寺摩崖石刻》，隆相、徐業海編，鳳凰出版社，2009，12。

3.84 《棟梁氣貫大世界-上海理工大學工程教育百年》，上海理工大學校史研究室著，上海交通大學出版社，2011，10。

3.85 《汪政權的開場與收場》（一至六冊），朱子家（金雄白）著，1957-1971年間在香港《春秋》雜誌上發表後陸續彙編出版；同名書（上、中、下三冊），由臺灣風雲時代社於2014年3月出版。

3.86 《汪精衛與現代中國》（系列叢書共六分冊），何孟恆編輯，臺灣時報社，2019，7。

人名索引

注：按《辭海》的漢字筆畫排序；名字後的數字為書中出現的頁數，括號內為卷數

二劃

丁文淵　（3）190
丁汝霖　（1）111-112
丁洪審　（4）311
丁衍鏞　（3）286
丁桂樵　（2）252
丁惟芬　（2）48，203；（3）154；（5）124
丁超五　（2）74；（3）118；（5）106
丁福保　（3）45；（4）220
丁輔三　（4）283
丁燮林（西林）　（3）301；（5）145
丁肇青　（2）261
丁緒賢　（2）134
丁默邨　（4）184，233，277-278
丁寶書　（1）71
卜安（法，Buan，曾稱未安）　（2）202，205，209-210，212-213，221；（5）113

三劃

干保元　（3）229
于右任　（1）21；（2）41，71，74，181，203，229-230，245，269，273，303；（3）37，59，139-140，154，168，264-265，267，277，280，286，299-300，342；（5）124，179
于敬之　（3）266；（5）111

于樹德　（2）32
于學忠　（2）207
土田（日）　（4）194
大禹　（1）138
大悲　（2）251
大野（日）　（4）158，164
大岩勇夫（日）　（4）128
大森禪戒（日）　（4）123，128-129，131；（5）154
大塚洞外（日）　（4）131
川喜多長政（日）　（4）237
久原房之助（日）　（4）295
山崎（日）　（4）154
小阪部（日）　（4）154
小林（日）　（4）154
小松原國乘（日）　（4）128
子路（季路）　（4）207

四劃

夫里替皮（義大利）　（4）170
木石（筆名）　（4）252
木下榮市（日）　（5）47
互那夫（比利時）　（2）155
瓦特（英，J. Watt）　（1）53
瓦西立亞底斯（比利時，H. C. Vasiliadis）　（2）153
王庚　（4）223；（5）157
王修　（4）102-103，184，278

王湛　（2）282
王祺　（3）300，338，342；（5）133
王甦　（2）170
王震　（2）253
王蘭（義大利，Valentina de Monte）
　　（1）107；（2）137
王一亭　（2）78，158，165，173-175，
　　248，363；（3）286，293；（4）
　　180；（5）107
王士鐸　（2）270
王子深　（2）283
王子琦　（2）170
王文濡　（2）106；（5）183
王正廷（儒堂）　（2）93，96，113，
　　127，158，183，214，271，294-295，
　　298，300；（3）28，118，151-152，
　　160，166，171，177-178，180，183；
　　（4）25，180；（5）106，119，124-
　　125，129，131，135-138，149
王世杰　（2）96，117，269-270，294，
　　300；（3）153-156，158，160，165-
　　166，168，171-172，176-178，182，
　　192，207-208，236-237，267，300-
　　301，304-305，314，326；（4）22；
　　（5）124-125，131，140，145
王世澤　（2）154；（3）68；（5）131
王平陵　（2）281-282
王代之　（1）119-121
王用賓　（2）246
王克敏　（4）38，87-88，98，215；
　　（5）163
王志群（潤生）　（3）108，121，161
王杏生　（3）70；（5）141
王近信　（3）301
王延松　（1）116-118；（2）146；（3）

59；（5）79
王伯元　（2）252-253，324；（5）129
王伯雷　（3）315
王伯群　（2）64，113；（3）34-35，59，
　　266，268-269，277；（4）180；（5）
　　132
王完白　（3）49，53
王肯堂　（2）41
王卓然　（3）177
王明軒　（1）111-112
王味根　（3）58
王固磐　（2）323
王季淮　（3）166
王季梁　（2）48
王怡庵　（3）287，290
王法勤　（2）62，73-74
王泊生　（3）301
王思默　（4）41
王昭君　（4）233
王為豐　（4）161
王祖矩（榘）　（2）12，52
王造時　（3）261
王個簃　（2）319
王崢嶸　（3）289-290
王健吾　（3）205
王陸一　（2）230，267
王家齊　（3）339-340
王崇植　（3）198，200，204-205
王船山　（1）22，41
王國祖　（2）63
王國維　（3）347
王第祺　（3）313
王陽明　（4）199-200，202-204，206-207；
　　（5）57，161，180
王紹枋　（5）188

王揖唐　（4）88，145，184，194，290-291；（5）158
王慕陶　（1）65-66
王雲五　（2）115，134-135；（5）103
王景岐　（2）87，89-90，114，143，146，261；（3）261；（5）108，115，125
王景陽　（3）59-60
王曾善　（2）233，235
王椿榮　（5）51
王楚文　（4）106
王會傑　（5）22
王福申　（3）52
王煜明　（4）71
王銓芳　（2）329；（5）62
王漢強　（3）193
王潤生　（3）161
王潤民　（4）161
王緒高　（4）153
王維新　（2）161
王樂平　（2）73-74
王慶勳　（3）319；（5）142
王曉籟（孝賚）　（1）117；（2）120，125，158，160，174-175，179-180，182-183，248，251，266，294，324；（3）58，114-116，121，172，271，322，330；（5）101，104，130，141，146
王樹常　（2）207
王學豪　（5）49
王學權　（3）278-280；（5）139
王獨清　（2）26，37
王羲之　（5）60-61
王應榆　（2）230；（5）119
王鴻壽　（3）333

王濟遠　（3）286，293
王懋功　（2）309，322；（5）145
王蘊章　（4）278
王鵬萬　（2）154；（5）131
王懷汾　（4）154，158，161，164
王寵惠（亮疇）　（1）121；（2）58，61-62，96，111-114，177，322-324；（3）28，34，36；（4）11，180；（5）98，145-146
王纘祖　（4）170
太田（日）　（4）153，158-159，164，170，233
犬養健（日）　（4）90-91；（5）58
犬養毅（日）　（4）112
尤烈　（1）37-38；（5）82
尤符赤　（3）316
戈思默（法，H. Cosme）　（4）43，150，153，159-160，163
戈公振　（5）187
巨淮爾（法）　（4）163
中村豐一（日）　（4）149
中根直介（日）　（4）184
日比野寬（日）　（4）127，134，139-140
日高信六郎（日）　（4）133-134，184，234，277-278；（5）152
今井武夫（日）　（4）50，87，90-91；（5）38
今關天彭念（日）　（4）196，233
毛奇（德，H. Moltke）　（1）53
毛西河　（4）203
毛秋白　（3）339
毛信洺　（4）117
毛恢先　（3）92
毛澤東　（2）31-32，68
牛頓（英，I. Newton）　（1）53

人名索引　197

牛惠生　（3）49，51-53，56，66；（5）106
方若　（4）146
方治　（2）280，282-283；（3）300-301，338-339；（5）132，141
方擎　（3）53
方仁麟　（3）229
方君瑛　（1）70，75-76，80，104；（2）12；（5）84
方君璧　（1）75-76，104，119；（2）12，14，55-56；（4）30，113-114，233；（5）84，148，161
方叔章　（4）73
方朝柱　（3）275
方萬邦　（3）268
方鼎英　（3）108
方嘉成　（3）52
方賢俶　（1）75-76；（2）12；（5）84
方聲秀　（2）12
方聲洞　（1）75
方聲濂　（1）75
方聲濤　（1）75，78
方鴻聲　（4）278
戶水寬人（日）　（4）201
孔子　（4）129-130，199，204-206，210，269，301-306
孔德（A. Comte）　（1）51，53
孔令垣　（4）305；（5）167
孔祥熙（庸之）　（2）93，96，111，113，120，125，158，180，183，214，231，263，270，293-294，298，303；（3）34-35，59，66，297，299，303，329-330，342-343；（4）29，44，53-54，81；（5）97，100，106，126，129，138，148

孔勤安　（2）170
孔廣財　（4）68
孔德成　（4）301-303；（5）133
孔憲鏗　（2）40
巴呂（法）　（4）160
巴莫（緬甸）　（4）97
巴雷（英）　（3）340
巴斯德（法，L. Pasteur）　（1）49-51，53；（2）52，84-85，90，92，103，108-109；（3）12，14-16，25，224-225，234；（5）87，95
巴庫甯（俄，A. Bakounine）　（1）45，53
水野（日）　（4）329

五劃

艾沙　（3）302
艾霞　（3）291
平沼騏一郎（日）　（4）65，96；（5）160
古恒（法，M. Courant）　（1）97-98，104-105；（5）86
古直　（2）41
古維葉（法，G. Cuvier）　（1）53
古應芬（湘芹）　（2）13，54，58，259；（3）59；（5）88
本間立野（日）　（5）188
本多熊太郎（日）　（4）100，105-106，139-141，194
甘乃光　（2）21-23，32，40，73，98，270，323；（3）154，304
布安（法，Paul Bouin，曾稱博杏）　（1）126，129，134；（2）87；（5）87
石瑛　（3）153-154，198，304；（5）124

石正邦　（3）37
石光瑛　（2）27
石青陽　（2）246，247-249，252，294-295；（3）304；（5）129
石美瑜　（5）36
左宗棠（文襄公）　（2）205，212，236，240，244
左廎生　（3）293-294
北川（日）　（4）153-154
卡米爾（比利時，Camille De Bruyne）　（2）87
田中（日）　（4）154
田漢　（2）280；（3）339
田守成　（2）145，148，152，157-159，173，180；（3）33，114，194，227-228，233-235；（4）39，106，160，163；（5）100
田永康　（3）137
田炯錦　（2）261
田代公使（日）　（5）21-22
田尻愛義（日）　（4）149，158-159，166
史敬（子寬）　（1）71
史量才　（2）125，251
印光　（2）252；（5）135
矢野征記（日）　（4）163
矢島堅土（日）　（4）197
白堅　（4）237，329
白義（法）　（4）163
白乃特（西人）　（3）181
白法爾（法）　（4）160
白茶璋　（2）148
白洛嘉（法，P. Broca）　（1）54
白崇禧　（2）66-67，71，98，259；（4）13-14；（5）99，114
白雲生　（3）316
白雲梯　（2）246
白榮璋（法，M. Blanchet）　（3）234
白賽仲（法）　（4）160
白林齊比尼（義大利）　（4）170
包識生　（3）27
主田（日）　（4）153
永井（日）　（4）96，303；（5）160
加倫（俄，原名布柳赫爾，V.K. Blucher）　（2）13
加富爾（義大利，C. Cavour）　（1）53
加利波第（意大利，G. Garibaldi）　（1）53
加藤總領事（日）　（4）145
弗里特里希（德，R. Friedrich）　（3）186
皮特（法）　（1）87
皮作瓊　（2）282
皮特斯（比利時，M. Pieters，畢特斯）　（2）90；（3）63
尼谷蘭（法，M. Nicolet）　（3）227-228，234
司倫　（2）246-247
司拉德（法）　（1）96
司馬遷　（1）138
司馬懿　（2）294；（5）126
司塔特曼（比利時，又稱史德曼）　（2）144，147；（5）99，101

六劃

邢鑄民　（2）80
吉岐　（4）121
吉納德（法，Pierre Guinard）　（1）107
西太后　（1）42
亞林氏（美）　（1）131
亞當・斯密（英，Adam Smith）　（1）53

人名索引　199

亞爾培國王（比利時）　（4）247；（5）109
有田八郎（日）　（4）96，303；（5）160
成仿吾　（2）26，37
成吉斯汗（蒙）　（1）51
托爾斯泰（俄，L. Tolstoi）　（1）54
匡亘生　（2）122；（5）92
光緒　（1）42
呂超　（2）246-247；（3）297，332；（5）133
呂比斯（比利時，Lubis）　（2）147；（5）101
呂加來（比利時）　（2）155
呂苾籌　（4）81
呂殿臣　（3）142
呂鳳子　（2）165；（3）293；（5）107
呂榮寰（滿）　（4）274，320，334
早水親重（日）　（4）53；（5）148
伏爾泰（法，F. Voltaire）　（1）53
竹津（日）　（4）133
朱旭　（4）164
朱英　（2）281；（5）125
朱炎　（3）222-223
朱始　（2）13，53，56；（5）79
朱娛　（2）55
朱深　（4）88
朱㷫　（2）53
朱經　（2）133
朱熹　（1）21
朱籙　（2）134
朱子堯　（2）204
朱子橋　（2）288，294
朱天寶　（3）269
朱友莊　（3）198

朱少屏（葆康）　（1）91；（2）133，148-149；（3）63
朱文偉　（3）141
朱世全　（2）152；（5）123
朱企洛　（3）34，40
朱光沐　（2）208；（5）113
朱成章　（3）322
朱芾煌　（1）73
朱佛定　（2）262
朱英代　（2）281
朱季恂　（2）32
朱炎之　（2）204；（3）229
朱恒璧　（3）56，77；（5）138
朱浩懷　（2）214-215
朱家驊　（2）48，65，96，116，125，127，203，230，269，276，278，280-281，294；（3）46，111，148-149，151-153，160，166，177，192，206-208，269，277，280，303；（4）81；（5）100，105，118，121，124，183
朱培德　（2）22，58，62，70-71，74，294-295；（3）113；（4）81；（5）95，126
朱執信　（1）70；（2）13，53-56；（5）78.89
朱啟鈐　（2）269-270
朱超然　（2）80
朱湘波　（3）333
朱善基　（3）40
朱經農　（3）210，260
朱履龢　（4）88，184
朱慶瀾　（2）253
朱潔軒　（4）68；（5）192
朱霞天　（3）106，116
朱應鵬　（2）261-262；（3）286

朱霽青　（2）62，71，295
朱鶴翔　（2）114，154；（5）108
伏爾泰（法，F.Voltaire）　（1）53
伍克士（德）　（3）63
伍配榮　（3）293
伍連德　（2）312，314-315，320-321；
　　　（3）14；（5）142，144-145
伍朝樞（雲梯）　（2）12，69-70，21-
　　　22，36，40，54，58，61-62，71，
　　　191；（5）88
伍德森　（2）41
任可澄　（2）317-318；（5）144
任援道　（4）87-88，95；（5）158
任農軒　（3）70；（5）141
任鴻雋（叔）　（2）130，133，269
伊東隆治（日）　（4）133，193，277
伊藤芳男（日）　（4）90-91
伊藤喜代和（日）　（4）123，128-129，
　　　134
伊藤和四五郎（圓照）（日）　（4）122-
　　　123，127-128，130-131，136；（5）
　　　154-155
臼井（日）　（4）153
全紹武　（2）291
全紹清　（3）53；（5）105
多瑪（法）　（2）92
江瀚　（2）269
江小鶼　（3）286，299
江亢虎　（4）47，88，102，133，178-
　　　180，184，191，193，233，258，
　　　274，304，314，320，324，331；
　　　（5）142，164
江派華　（2）173
江問漁　（3）275
江晦鳴　（3）43，45

江鍾義　（2）173
江鎮三　（3）261
池田千嘉太（日）　（4）233
宇佐美（日）　（4）220
宇宙一僧　（3）202
宇垣一成（日）　（4）320
安欽　（2）249-251
安淮泰　（2）271
安達二十三（日）　（4）145，290
那齊雅　（2）119-120；（5）138
阮志明　（2）133
阮蔚村　（3）173；（4）234
阪田（日）　（4）174
阪本龍起（日）　（4）236
阪西中將（日）　（4）320
牟鴻彝　（3）64，206

七劃

武延康　（4）197
武匯川　（3）142
坂西利八郎（日）　（4）106，128
杜甫　（2）267（5）62，117
杜達（波斯）　（4）178
杜月笙（鏞）　（2）179，251-253，
　　　294，296；（3）59，87，115，121，
　　　275，277，330，348；（4）31；
　　　（5）101，104，129-130，132
杜心五　（2）126；（3）115
杜伯爾（比利時）　（2）144
杜重遠　（5）188
杜開泰　（3）293-294
杜鋼百　（4）179；（5）142
杜曜箕　（2）144；（5）99
杉原正巳（日）　（4）53
克利（美）　（4）296

克拉甫（德，W. Knappe，現譯克納佩）
　　（3）222
克理拜（德，H. Kriebel）　（3）181-
　　182，188
克興額　（2）246
克倫威爾（英，O. Cromwell）　（1）53
克魯泡特金（俄，P. Kropotkine）　（1）
　　45，52-54
芮慶榮　（3）348
李洲　（4）234-235
李理　（4）90
李菜　（3）43
李蒸　（3）147
李榮　（2）115
李濟　（2）270-271
李駿　（1）80
李士群　（2）80；（4）153，233；（5）
　　153
李大釗　（2）54
李大超　（2）251
李子洋　（3）203
李元鼎　（2）270
李介民　（2）318
李公樸　（2）191-192，194-195；（5）
　　108
李文范　（5）138
李本斯（比利時）　（2）164
李世中　（1）65
李世甲　（3）154
李石曾（煜瀛）　（1）16，25-26，38，
　　40，45-47，54-55，59-62，71-73，
　　76，79-82，84-85，89-92，95-96，
　　98-101，106，108，128；（2）41，
　　51-52，54，61，71，74，85，93，
　　105-106，109，111-123，128，130，
　　138，143，147，160，179-180，199，
　　201-202，208，212，223，229-230，
　　232，260-261，264，269，271，281，
　　284；（3）12，14，21，24，67-68，
　　71-74，76-77，118，163，258-260，
　　264-265，321-322，324，326，330；
　　（4）30，36，52，54，59，180；
　　（5）38，77，82-86，91-92，94，
　　99，101-102，106，108，111-115，
　　119，121-122，125，127，132，
　　138，141
李仲猷　（4）240
李次山　（3）274-275
李次溫　（2）267，315
李汝哲　（1）80
李守信（蒙）　（4）106
李伯勤　（2）78
李承斌　（3）205
李亞梅　（5）72
李奉藻　（2）40
李其芳　（2）41
李昌熙　（2）280-281；（5）118
李松風　（2）154；（5）131
李松齡　（4）258
李匡身　（2）134
李金髮　（3）286
李法官　（4）289；（5）46，173-174
李宗仁　（2）13，22，62，67，69-71，
　　74，98，259，265，322；（3）264；
　　（5）114，145
李宗侗　（3）222，224；（5）94
李宗侃　（3）286，343
李宗黃　（3）338；（4）26；（5）148
李孤帆　（2）134
李秋君　（3）293

李宣偁 （4）278
李宣襟 （4）211-212
李祖虞 （4）184
李祖韓 （3）286
李烈鈞（協和） （1）16，77；（2）62，71，74，82，205，267；（3）113；（5）39，84，95
李致祥 （3）198
李書華 （1）97；（2）117，270；（3）198，231
李符曾 （1）60
李涵礎（培基） （2）286
李組紳（晉） （2）290
李敬齋 （2）267
李萬春 （3）332，348；（5）133
李越崍 （2）80
李惠堂 （3）183-184
李景林（芳宸） （2）127；（3）97，115-117，123-124；（5）96，104，114，130
李景樅 （2）233
李景燿 （3）152
李登魁 （1）111-112
李蔭南 （5）14，20
李聖五 （4）102，149，151，159，184，193，214，218，220，228-229，233，278，286，304；（5）160，162，168，170
李聖章（麟玉） （1）80，97，129；（2）41；（5）85
李筱梅 （2）53
李義良 （4）258
李靜愚 （2）251
李輔群 （5）28
李廣安 （1）80

李塵生 （1）107
李熙謀 （2）116，117
李潤章 （2）41
李毅士 （3）286
李樹化 （1）107
李聯仙 （1）22，31
李曉生 （1）79-81，97；（2）11
李鴻藻 （1）26，60
李濟深（濟琛） （2）53，60，67，73，96，98，267；（3）113-114；（4）13-14；（5）95
李懷霜 （1）78
李謳一 （4）258；（5）12
李顯章 （1）78
車多美（法，Krauthoimer） （2）161
折田彥市（日） （1）32-33
把士機（法，Pasgoix） （2）161
吳芙（孟蓉） （53-54
吳岩 （4）79
吳梅 （3）348
吳康 （2）18
吳詳（叔微） （2）53-54
吳一非 （3）142
吳大羽 （1）119，121
吳之屛 （3）84
吳子勤 （3）121
吳子讓 （2）80
吳元潤 （3）106
吳天倪 （3）40，229，235
吳文邦 （2）80
吳申伯 （1）111-112，115
吳公儀（子鎭） （2）38，52；（3）108，119，121-122；（5）89，122
吳公藻（雨亭） （3）121-122；（5）122，191

人名索引　203

吳玉章　（1）73，80
吳玉麟　（2）148
吳民瑋　（4）79
吳仲熊　（3）293
吳光漢　（4）180
吳全佑　（3）121
吳孝先　（4）278
吳佑人　（2）283
吳作人　（2）140；（3）314
吳伯匡　（3）59
吳谷宜　（2）134
吳英華　（2）148，227
吳奇偉　（2）315，317-318，320；（5）144
吳忠信　（2）122，290；（5）92
吳秀峯　（2）93
吳佩孚　（2）60，63
吳定宇　（5）193
吳祈益　（2）176
吳承湜　（4）235
吳春江　（5）48
吳南軒　（2）207；（5）112
吳研因　（2）280-282；（5）118，125
吳思豫　（3）27
吳秋塵　（4）235
吳保豐　（3）300
吳俊昇　（3）301；（4）40-42；（5）150
吳待秋　（3）293
吳冠民　（3）34，52
吳桓如　（2）294
吳國楨　（2）291
吳寄塵　（3）264
吳開先　（3）274-275，277，279
吳紹璘　（2）209；（5）190

吳揖峯　（3）255
吳凱聲　（2）191，194，293；（4）19，40，153-154，156，158，160-161，163，179，184，238；（5）108，142，166
吳鼎昌　（2）269，271，323
吳欽堯　（2）38
吳瑞元　（2）296；（5）132
吳稚暉（敬恒）（1）16，21，32，38，41-42，44-47，62，67，71-72，76，79-81，85-86，89，97-104，106，108，135，137-139；（2）36，41，48-49，53-54，61-62，73，110，104-105，109，112-114，116-118，120，122-123，126-127，130-131，134-136，138，151，179-180，199-200，202，229-230，264，269，271，278，280，287，313，322；（3）12，24，34-35，72，89，107，122-123，128，143，168，194-195，200，210，267，292，299，311-312，325，342-343；（4）17-20，26，28-30，42，44，74-75，81，180，252；（5）38，62，82，84，86-87，98，103，110-111，117-119，121-122，127，134，143，147-148，179，192
吳湖帆　（3）286，293；（4）233
吳頌皋　（2）154；（4）149，151，154，156，158，160-161，163；（5）131，162，166
吳滌愆　（2）261
吳經熊　（3）193，274-275，277；（5）96
吳靜波　（3）271-272

吳圖南　（2）108；（3）119-121，133，
　　135，137，141，161，180，305；
　　（4）73，221-222；（5）123，189-191
吳維德　（2）290
吳震春　（3）286；（5）100
吳震修　（4）220
吳潤忱　（3）121
吳醒亞　（2）293；（3）275，279-280
吳澤元　（4）215
吳澤霖　（2）324
吳蘊瑞　（3）147，149-152，166，177-
　　178，180，182，204；（5）117，
　　119，135，137
吳蘊齋　（5）80
吳鐵城　（2）68-72，207-208，248-250，
　　252-253，260，263，265，298；
　　（3）69，139，166，171-172，177，
　　181，267-268，272，296，300；
　　（4）180；（5）93，113，124-125，
　　129，131
吳鑑泉　（2）38，52，54；（3）88，
　　107-110，115-118，121-122，133-
　　134，142-143，180，208；（5）89，
　　191，193
吳太夫人（褚母）　（1）22；（4）130，
　　253；（5）59，71，81，150，180
岑德彰　（3）114
岑德廣　（4）184
貝米沙（捷克）　（3）298
貝特洛（法，P. Berthelot）　（1）54
貝羅克（法，Bellocq）　（1）126
里見常次郎（日）　（4）186，199-201，
　　206；（5）161，186
利奧波德二世（比利時，Leopold II）
　　（1）55；（2）141

利奧波德三世（比利時，Leopold III）
　　（2）137-138，141；（5）131
何秦（劉生）　（1）71
何遂　（2）267，319，323
何廉　（2）182，312-313，324；（5）
　　143，146
何魯　（2）132；（5）93
何鍵　（2）251，314-315；（3）122；
　　（4）180；（5）122
何子良　（1）78
何文傑（孟恆）　（2）11，53-54；（5）
　　193
何玉芳　（2）207
何玉書　（3）210，264-265，287-289；
　　（5）96，98，103，111
何世枚　（2）261
何廷述　（3）261
何其昌　（3）14
何其鞏　（3）36
何尚平　（2）132；（3）15，227-228，
　　234-235；（5）93
何佩瑢　（4）191
何珊元　（3）291
何畏冷　（2）134
何思源　（2）280；（3）300
何香凝　（2）13，20，22，32，48-49，
　　55，68，73-74；（3）286；（5）88-
　　89，91
何炳松　（2）134
何庭流　（4）278
何震亞　（4）178-180；（5）142
何應欽　（2）62-65，71，73-74，113，
　　313，323；（3）59，113-114，129-
　　130，149，267-268，287，289；
　　（4）13-14，81；（5）95，110，

118，143，146-147
何塞・托馬斯（Jose Tomas）（2）121
伯希和（法，P. Pelliot）（2）115；
　（5）132
伯納德（法，C. Bernard）（1）53
佟忠義（3）118，180
佟嘉祥（3）118
邱文祥（4）335
臼井（日）（4）153
近衛文麿（日）（4）38，53，56，60，
　93-94，106，112-113，133，220；
　（5）38，148-149，155
近藤昭一（日）（4）137
余超（4）108
余上沅（3）301，330-331，338-340；
　（5）133-134
余子俊（5）60
余天休（2）261
余光中（4）211
余仲英（2）282；（3）291
余谷樂（3）229
余祐蕃（1）65
余雲岫（3）33-34，49，56，79
余順乾（1）80
谷正之（4）96，99，154，157-158，
　164，194，318-319，323，333；
　（5）23，25，165，167
谷正倫（2）300；（3）204
谷正鼎（2）154；（5）131
谷正綱（2）322；（5）145
谷劍塵（3）348
谷田閱次（日）（4）233，279，307，
　310，316
狄克（2）155
狄梁公（人杰）（5）58

狄楚青（2）165；（3）286，293
狄德羅（法，D. Diderot）（1）53
辛普森（美）（2）291
辛樹幟（2）230；（5）119
汪洋（2）322
汪于岡（3）34，51
汪子章（2）80
汪文恂（2）14
汪文悌（2）14
汪文彬（2）14
汪文惺（2）11-12，53-54
汪文靖（2）55
汪文嬰（2）11，53
汪竹君（3）52
汪向榮（4）32-34，253；（5）148，
　186
汪企張（3）34，40，42-43，49，53，
　58，63
汪兆銓（2）54-55
汪汝琦（士琦）（1）31-33，35，40
汪伯奇（2）324；（5）146
汪亞塵（3）297
汪采白（3）293
汪育賢（4）258
汪宗淏（2）41
汪宗準（5）14
汪胡楨（2）133
汪時璟（4）153
汪浩然（3）41
汪曼雲（4）184
汪精衛（兆銘，季新）（1）16，21，
　46，70-71，73-77，79-82，84，89，
　91，98，101，136-137，142；（2）
　11-12，14，19，21-23，30，53-55，
　57-58，61，68-71，73，98-99，110，

115，119，130，143，155，178，191，199，229-231，247，259，263，265-266，268-271，289，294-295，300，302-303，308-309，311，316，322-324，326；（3）154-155，158，163，165，173，177-178，188，258，267，296，300，309；（4）11-15，18，31，34，38-40，44-45，47，52-53，56，65，72-73，75，81-82，87-91，93-102，111，113，123-124，133，142，147-148，150，153-154，159，166，170，180，182，184-188，191，194，197，199-203，208-209，214，216-218，228-229，233，238-240，252，273-275，280，282，288，292，296，301，304-305；（5）11，37-39，53，75，84-86，88-89，91-92，94，114，116，124，126-129，132，135，141-142，145-146，148，150-153，155，158-171，186-187，192-193

汪翰英　（4）295
沙里（法）　（4）160
沃肯（德，P. Walken）　（2）285，（3）188-189；（5）139
沈任　（4）279
沈嵩　（2）55-56
沈士華　（3）304，310；（5）126
沈田莘　（2）78
沈尹默　（1）21；（2）41；（5）179
沈百虎　（2）294
沈仲坤　（5）188
沈延祥　（2）78
沈苑明　（2）324

沈松亭　（5）48
沈宜甲　（2）170
沈重九　（2）122；（5）92
沈美德　（2）54
沈恆一　（3）337，347
沈兼士　（2）269；（5）179
沈家楨　（3）84
沈家樞　（2）227，236；（5）184
沈留聲　（4）108，240，250，255，318；（5）159
沈桐生（電華）　（1）71
沈蒽如　（2）41
沈雲龍　（5）190
沈階升　（2）78
沈雁冰（茅盾）　（2）36
沈嗣良　（3）151-153，166，171，177-180，182；（5）124，131，135-138
沈傳錕　（4）249，255；（5）159
沈與白　（1）73
沈靜庵　（4）212
沈盤生　（3）315
沈燕謀　（3）266；（5）111
沈澤春　（2）122；（5）92
沈鴻烈　（3）277
沈鴻翔　（1）87；（2）12
沈濟川　（5）188
沈觀辰　（4）161
沈觀寅　（2）12
沈譜琴　（2）78
沈警凡　（3）43
沈寶同　（2）40
沈寶綸　（3）133-134，173
沈鵬飛　（2）230
宋一痕　（2）319
宋大仁　（3）45

宋大瀓　（3）173
宋子文　（2）40，60，70，72，74，96，
　　116，118-119，230-231，268，289，
　　291，293，303；（3）154，204；
　　（4）148；（5）39，91，93，119，
　　124，127
宋杏邨　（1）90；（3）47
宋君復　（3）177
宋春舫　（3）299
宋美齡　（2）127-128；（3）182
宋哲元　（4）12
宋梧生　（1）90；（2）111-112，114，
　　133-134，152，173；（3）14-15，
　　22，33，73，75-77；（5）95，97-
　　98，101，123，125
宋教仁　（1）76
宋國賓　（2）204；（3）34，40-41，
　　43，49，51-52，206；（5）98，187
宋路霞　（5）193
宋慶齡　（2）17，60；（3）11；（4）
　　287，295；（5）39，91，162
宋瓊英　（4）296
阿部信行（日）　（4）51，93，99-100，
　　105-106，128，184，194；（5）151-
　　153
阿爾伯特（貝）一世（比利時，Albert I）
　　（2）141，176；（3）118；（5）
　　102，109
阿闍梨慧果　（4）119
邵力子　（2）73-74，204，224，229，
　　232，256，323；（3）87，277；
　　（4）11
邵元沖　（2）270；（3）154，299-300；
　　（5）124
邵可侶（法，E. Reclu）　（1）50，54，74

邵如馨　（1）116；（2）172-175，293；
　　（3）70；（5）97，141
邵汝幹　（3）173
邵雨湘（禹襄）　（3）290-291；（3）
　　291
邵和元　（4）36
邵翼之　（3）290
邵爽秋　（3）301

八劃

武延康　（4）197
林奈（瑞典，C. Linne）　（1）53
林肯（美，A. Lincoln）　（1）53
林虎　（1）78
林俊　（3）229
林基　（4）218
林森　（1）21；（2）12-13，21-22，
　　54，67，119-120，125，154，229-
　　230，263，265，270，299-300，
　　303，306-309；（3）34-35，66，139-
　　140，153-156，158，162，165-166，
　　168，204，207-208，236-237，267，
　　295-297，302，305，308，325-326；
　　（4）75，88；（5）100，116，123-
　　124，128，132，134-135，138，141-
　　143，191
林翔　（2）248
林文棣　（5）54-55
林文錚　（1）119-121；（3）286
林文慶　（2）83
林文龍　（4）236
林立三　（3）260
林汝珩　（4）233，285
林彥民（日）　（4）324
林伯渠（祖涵）　（2）32-33，41

林希孟　（2）53
林直勉　（2）53
林春雄（日）　（4）213-214；（5）164，168
林柏生　（4）82，87-88，93-96，111，144，166，184，193，213，218，223，229，233，237，277-278，304；（5）12，152，155，157，160，162
林風眠　（1）119-121，124；（3）286，293
林祖心　（3）229
林祖歡　（3）229，234-235
林桐實　（1）65
林康侯　（2）120，158，160，173-175，179-180，182-183，324；（3）59，64；（4）26，258，338；（5）101，104，141，146，148
林雲陔　（2）54
林達祖　（3）141
林業可　（3）261
林煥庭　（2）70，72；（5）93
林義順　（1）37；（2）229
林語堂　（2）116-117
林漢陽　（2）53
林蘇民　（3）54；（5）112
板垣征四郎（日）　（4）53
松平（日）　（4）158
松井石根（日）　（4）128
松村忠雄（日）　（4）184
松村雄藏（日）　（4）223
松岡洋右（日）　（4）105-106
松方義三郎（日）　（4）184
松井聯絡官（日）　（5）14，23
耶洛（比利時，Hiernaux）　（1）135；（2）143
茂樂斯（西班牙）　（4）153
范淹　（1）89
范天馨　（3）45
范文照　（3）286
范守淵　（3）59-60
范和甫　（3）56，71
范（笵）爭波　（2）261；（3）59，271，229；（3）271；（5）111
范宗澤　（4）236
范（範）祥善　（5）190
范（範）源濂　（2）41，84
范漢生　（4）108；（5）154
范德盛　（2）282
苐蘭（義大利，Francesca Dal Lago）　（1）122
幸德貝格（丹麥，B.A. Sindperg）　（4）68
雨果（法，V. Hugo）　（1）53
雨宮少將（日）　（4）145
亞歷山大（馬其頓，Alexander）　（1）51
亞爾培國王（比利時）　（1）144；（4）247；（5）109
東二郎（日）　（4）220
東條英機（日）　（4）96-98，159，191；（5）162-165，167
郁元英　（4）36
郁達夫　（2）26，37
拉瓦錫（法，A. Lavoisier）　（1）53
拉西曼（波蘭，L. Rajchman）　（2）90，93-94，118-119；（3）12，59；（5）104，127
拉帕朗（法，A. Lapparent）　（1）54
拉馬克（美，J. Lamark）　（1）53
拉鹿阿（法，Louis Laloy）　（1）63-64；（3）193，195；（5）83，183

拉斯曼（瑞士） （3）328
拉普拉斯（法，P. Laplace） （1）50，53
披耶娜（法） （2）148
招桂章 （5）22-23，28-29，33，172
尚小雲 （3）348
帕斯圖爾（比利時，P. Pastur） （1）135；（2）87
旺·懷他耶功（泰） （4）97
岩城（日） （4）164
岩崎民男（日） （4）149，159
昌斯百 （2）140
易桂華 （3）198
易培基 （2）268-269；（3）119，260
易寅村 （2）41
易漢文 （5）193
岡本（日） （4）154
岡村寧次（日） （4）145，290
岡崎勝男（日） （4）165-166；（5）166
和廣舒 （4）70
季達（毅生） （3）273
季永章 （3）274，277
季炳奎 （2）324
竺可楨 （2）130，132-133；（5）93
秉志 （2）130，133
岳昭燏 （1）116
兒玉九一（日） （4）128
兒玉謙次（日） （4）184
金少山 （2）294；（3）326，330，332；（5）126，130
金石生 （3）180
金幼甲 （3）198
金兆均 （3）176
金秀山 （3）326
金秉時 （2）134

金祖同 （4）330
金華亭 （3）291
金振宇 （3）206
金問淇 （3）59
金通尹 （2）261-262
金桑章 （3）241
金培元 （5）51
金紹祖 （2）41
金雲峰 （3）121
金雄白（筆名朱子家） （4）52；（5）193
金曾澄（湘帆） （2）22-23，40-41，47，54，58，122，133；（3）166，260；（5）92
金煜章 （3）59
金壽峰 （2）157-159，171；（3）118，121，233；（5）107
金圖南 （4）335
金滿成 （3）287，289-290
金樹仁 （2）211，215，230，240-241，289；（5）113-114
金爕章 （3）63
金寶善 （2）154-155；（3）14，18，66，68；（5）106，131-132
肥後大佐（日） （5）22-23
周公 （4）204
周仁 （2）130，133；（3）260
周威 （3）264
周峻（蔡周峻） （3）286，295
周倉 （3）333
周覽 （2）73
周九成 （5）50
周乃文 （1）27，31
周大文 （4）236
周以泰 （3）234
周世達 （2）157-159，166，172-173；

（3）123；（5）107，109
周由廑　（2）78
周邦俊　（2）160；（3）56，71-72，84-90，96；（4）180；（5）118，130，135
周仲鴻（延禧）　（1）21-22，31-33
周廷訓（頌西）　（1）71
周延年　（1）15
周延祁　（5）190
周延祀（健初）　（1）21-22；（2）80，158；（3）68
周延鼎　（2）125
周延齡（柏年）　（1）21-22，38，47；（2）41；（3）68
周孝伯　（2）312，320-321，323-324；（5）142，146
周作人　（4）95，194，285；（5）170
周作民（維新）　（1）31；（2）269；（3）322
周佛海　（4）14，38，40，45，47，52，82，87-88，90-91，93-94，96-98，100，102，111，115，173，237；（5）150，152-153，155，162-164，167-168，170
周君尚　（3）274
周君常　（2）78；（3）14，59，66-67；（3）274；（5）112
周亞衛　（3）147，151，153；（5）117，119
周林俊　（2）174
周佩箴　（1）71；（2）78，80；（3）68
周厚樞　（2）134
周祖貞　（3）274-277
周冠九（國良）　（1）71
周恩來　（1）85；（2）57，309

周家模　（3）235，242
周啟剛　（2）32，270；（4）81
周隆庠　（4）90，93-97，111，149，151，154，158-161，163-165，216；（5）155，162，166-167
周紹民　（2）269
周越然　（2）78
周貽春　（2）273
周象賢　（2）290，293；（3）153
周夢白　（2）160；（3）52，56，88，90-91；（5）135，188
周夢坡（慶雲、湘舲）　（1）17，21，25；41；（2）158；（5）63，70，125，185，190
周琴軒　（1）21
周慎修　（3）274，276-277；（5）120
周稚棠　（2）289
周詩祺　（4）282
周鼎培　（2）29-30
周鼎珩　（3）301
周鳳岐　（2）64
周漢培　（4）38
周德華　（1）111
周劍雲　（3）330
周慶雲　（3）68
周學昌　（4）174，225，228-229，269-270，274，292，304；（5）159-160，168
周禮恪　（4）103）；（5）153
周應湘　（5）14，20
周寶瑞　（2）203，210；（5）111，113
周靈殊　（4）278，305
於達望　（3）96；（5）134，191
京特（德，K. Günther）　（4）68-69
性空　（2）252-254；（5）129

冼冠生　（2）324；（5）47-48，130，146
法露（法）　（1）80
法白（勃）爾（法）　（4）160，163
法拉第（英，M. Faraday）　（1）53
宜士（法）　（1）80
宗白華　（2）280；（3）301
宗喀巴　（2）244
郎伯爾（比利時）　（2）144
朗靜山　（3）293-294
郎毓英　（3）293
門井耕雲（日）　（4）122-123，127-128，131；（5）154
居正（覺生）　（1）21；77；（2）22，62，71，229-230，246，248，270，273，295，303，306；（3）154，168，267，297，304，342-343；（4）81；（5）85，124，135，138
居里夫人（波蘭，M. Curie）　（1）52-54
屈原　（1）138
屈映光（文六）　（2）248，251-253；（3）79
孟子　（4）204，206
孟心史　（2）48
孟心如　（2）134
孟昭常　（1）71
孟壽椿　（3）286；（5）100
孟慶棠　（4）302；（5）133
孟德斯鳩（法，C. Montesquieu）　（1）53

九劃

柯霓維　（1）65
柏文蔚　（1）77；（2）74；（3）119，299
柏斯頌（法）　（4）154-156，160-161，163；（5）165
柏樂文（美，W.H. Park）　（1）21-22，25；（5）76
柳公權（誠懸）　（4）200；（5）57-59，60
柳民均　（2）290
柳亞子　（2）32
柳金田　（2）41
柳貽徵　（3）302；（4）283
柳龍光　（4）236
胡蝶　（3）330
胡適（適之）　（2）133-135，281；（3）193，260，321；（5）96，105
胡士銓　（2）327
胡天石　（2）118-119
胡文虎　（3）272
胡文燿　（3）222
胡世澤　（2）144，147-148，261-262；（5）99
胡西園　（3）139
胡仲舒　（3）299
胡步曾　（2）48；（3）302
胡伯洲　（3）291
胡伯翔　（5）188
胡若愚　（2）207
胡叔異　（3）274
胡長炳　（2）262
胡明復　（2）130，135；（3）260
胡宗鐸　（2）66；（5）99
胡定安　（2）83；（3）14，19，33，40，46，79；（5）95
胡相桓　（3）278
胡桂庚　（4）239；（5）160
胡剛復　（2）133；（3）259

胡庶華　（2）134-135；（3）78，261：（5）103，115
胡清瑞　（2）54
胡博淵　（2）290
胡敦復　（2）133；（4）285
胡瑞聲　（3）211
胡煥庸　（2）315，324
胡嘉詔　（2）315，320
胡漢民（展堂）　（1）16，46，70，75，77；（2）12，15，21，44，54，61-62，96，103，176，239，260，303；（3）19，28，34，36，291：（5）85，88，135，138
胡毓威　（3）19，36
胡樸安　（3）142
胡憲生　（2）134
胡鴻基　（3）36，53，59
胡瀛洲　（4）285
勃羅史（法）　（2）93
勃里勞弗（法）　（2）115
郝銘　（3）135，180-182，184-185；（5）137-138
郝更生　（3）141，150-153，160，166，172，176，177-178，180，182；（4）22；（5）119，131，135，138
郝景盛　（2）203，210；（5）111，113
郝夢齡　（2）317-318；（5）144
郝稚暉　（4）235，238
郝樹桐　（3）121
南波弘（日）　（4）312
南丁格爾（英，F. Nightingale）　（1）53
南條文雄（日）　（4）195
威靈頓（英，A. Wellington）　（1）53
威廉一世（德，Welhelm 1th）　（1）53
貞德（法，Jeanne D'Are）　（1）52-53

哈佛（美）　（3）29
哈特（法，G.M. Haardt）　（2）201，203，219；（5）111
哈瓦斯（Havas）　（4）57
秋山定輔（日）　（4）53
科茨（俄，Koht）　（3）188
科侖波（意大利，C. Colombo，哥倫布）　（1）53
郗重魁　（2）134
重光葵（日）　（4）96，147，150-154，175，193-194，196，202-203，227，233，307，314，316-318，332，333；（5）160-164
保寧（仁）勇禪師　（5）71
侯召棠　（4）214；（5）168
侯扶桑　（4）218
侯希民　（3）49
侯喜瑞　（3）348
侯毓汶　（4）215
段育華　（2）133
段祺瑞　（2）28-29，248，251-252；（3）89-90；（5）90，135
段錫朋　（2）33，154，271，278，280，294；（3）154，271，302，338；（5）131，143
皇甫穋園　（1）113，115
律鴻起　（2）312，324；（5）142
俞庵　（5）47
俞康　（3）275
俞仙亭　（2）80
俞同奎　（2）324
俞佐庭　（2）252；（3）139；（5）129
俞松筠　（3）59
俞飛鵬　（3）277；（4）81
俞振飛　（3）348

人名索引　213

俞鳳賓　（3）49
俞慶棠　（3）211
爱勤思（比利時）　（2）156
施公猛　（3）59
施旦民　（3）239
施牧人（英）　（2）191，194；（5）108
施宗岳　（2）41
施畢納利（義大利）　（4）170-171；
　　（5）169
計朗（法）　（3）73
奕劻（慶親王）　（1）65
洪深　（2）280
洪曄　（4）79
洪陸東　（3）338，342
津田靜枝（日）　（4）184
前田（日）　（4）228
宮爾鐸　（5）60
宮川米市（日）　（4）213-214，220；
　　（5）164，168
姜琦　（3）260
姜太公（子牙）　（3）324-326；（5）
　　113，124
姜立夫　（2）134
姜廷選　（3）142
姜俠魂　（2）173；（3）139，141；
　　（5）128，185，188
姜振勛　（3）41
姜容樵　（3）142
神林中將（日）　（4）211-212
姚蕙　（1）25-26，47，80；（5）187
姚期　（3）325-326；（5）124
姚味辛　（4）13
姚炳然　（1）26
姚勇忱　（1）70；（5）84
姚粟若　（3）293

姚滄客　（3）293
姚墨林　（3）293
姚錫九　（2）203，210-211，221；（5）
　　111
韋愨（捧丹）　（2）22；（3）36-37，
　　193-194，260；（5）96
韋國英　（2）325
韋禮德（法，Wilden，曾稱魏爾登）
　　（2）114-115，119，210；（5）113
飛師爾（德）　（3）192
紀仕賢　（5）24，29
紀仰彰　（4）68
紀佑穆（比利時，B.J. Guillaume）　（2）
　　154-155
紀敦五　（4）68

十劃

班禪（額爾德尼）　（2）244-251；（3）
　　85，329；（5）120，125-128，135
敖京其　（3）241
敖夢江　（3）107
秦汾　（2）292，294.312-313，322-323；
　　（3）264；（4）81；（5）143，145
秦旺鑴　（5）60
秦達立　（5）36
秦景韓　（4）68
秦潤卿　（3）59
秦濟民　（4）335
桂崇基　（2）73
桂森堂　（2）80
格萊斯頓（英，W. Gladstone）　（1）53
耿善颸　（4）108
耿續之　（4）160
都築（日）　（4）220
袁殊　（4）233

袁玉珍 （5）55
袁世凱 （1）72，77-78，125；（2）88-89，96，110；（5）84
袁同禮 （2）269，271，280
袁希濤 （2）41
袁良驪 （2）173；（3）16，55
袁廷梁 （1）71
袁矩範 （4）220
袁敦禮 （3）148.150-153，166，177-178；（5）119
袁履登 （2）160，294
袁鶴松 （2）160；（3）56，71，88，91，93，274
華盛頓（美，G. Washington）（1）52-53
華貽幹 （3）235，242
華幹吉 （4）211
華絡思（比利時）（2）146
莫天祥 （2）257
莫北鴻 （3）314
莫里遜（德，H. Morrison）（4）134-137
莎士比亞（英，W. Shakespeare）（1）53
莊文亞 （1）47；（2）116-119；（5）121
莊君實 （4）214
莊畏仲 （3）43
哥德（德）（4）274
夏彪 （4）79
夏潮 （4）90
夏鑄 （3）135
夏斗寅 （2）290
夏光宇 （3）152-153
夏奇峰 （4）154，156，158，160-161，163，184；（5）165
夏習時 （3）86；（5）130
夏堅仲 （1）47；（3）75
夏慎初 （3）34，40，49，54
夏慕耐（法，C. Chamonard）（1）97
夏爾當（法）（4）160
原田熊吉（日）（4）145
原田機關長（日）（4）134，145，271-273，314
馬吉（美，John G. Magee，Sr.）（4）68-69
馬良 （3）151，160，162；（5）119
馬巽 （3）152-153
馬湘 （4）297
馬衡 （2）205，269-271
馬麟 （2）256
馬元放 （3）301
馬公愚 （3）123-124
馬仲英 （2）233；（5）37，130；（5）39，127
馬克思（德，K. Marx）（1）52-53
馬克思（比利時）（5）42
馬志尼（義大利，G. Mazzini）（1）53
馬局來（法，Marjoulet）（1）98，135
馬君武 （1）41
馬步芳 （2）221
馬岳梁 （3）118，121-122，141，208；（5）130，191
馬宗榮 （3）301
馬相伯（良）（2）130，133，135-136，174-175，204；（5）110
馬洪煥 （2）21，55
馬敘倫 （3）286；（5）100
馬彥祥 （3）339-340
馬炳勳 （3）56

人名索引　215

馬約翰　（3）166，177-178，182；（5）138
馬連良　（4）258
馬振吾　（2）205
馬師曾　（2）161
馬寅初　（2）65；（3）28
馬紹棠　（2）53
馬超俊　（2）53，271，312，323；（3）296，338；（4）81；（5）143
馬軼羣　（5）181
馬愚忱　（2）207
馬傑禮（法）　（4）159-160，163；（5）166
馬蔭良　（2）324；（5）146
馬嘯天　（4）258
馬鴻逵　（2）256
馬鴻賓　（2）210，221；（5）113
柴騁陸　（3）290
柴芷湘　（3）287，291
晏陽初　（2）194
恩克巴圖　（2）267
畢勛（法）　（4）154
畢磊　（2）30，41
畢康侯　（1）111-115
倪弼　（3）302
倪之璜　（3）229
俾斯麥（德，O. Bissmark）　（1）53
師皋颺　（5）60
徐良　（4）93-94，100，111，113，131，184，275，277；（5）153，155-156
徐英　（4）223
徐尚　（2）134
徐季　（2）14
徐堪　（4）81

徐漢　（4）278
徐福　（4）117
徐謨　（2）294；（3）154，304
徐謙　（2）48，58，68
徐乃昌　（1）21
徐乃禮　（3）53，55-57；（5）106
徐小香　（3）347
徐元甫　（3）45
徐公美　（3）301
徐公權　（2）80
徐正學　（2）231；（5）185
徐玉相　（4）278
徐世昌　（3）293
徐世清　（4）295
徐甘棠　（2）40，47
徐甘澍　（2）41
徐同熙　（1）65
徐名材　（2）134
徐志摩　（3）286
徐伯鋆　（3）46，94-95；（5）127，190
徐辛酉　（4）225
徐季敦　（4）233
徐季龍　（2）42
徐佩璜　（3）171
徐金虎　（3）315
徐炎之　（3）135，137，205
徐秋澄　（3）58
徐炳昶　（2）205，212；（5）114
徐韋曼　（2）133
徐振亞　（2）41
徐致一　（3）105，108，118-121，123，125，132，141-142；151，161，180；（5）111，114，130，189
徐海帆　（1）80
徐海航　（3）229

徐寄頃　（3）59
徐悲鴻　（1）76，119，121；（2）140，165，280-281；（3）286，293，296：（5）107，118
徐象樞　（4）73
徐淵摩　（2）133
徐翔孫　（3）91
徐夢花　（3）291
徐夢鷹　（3）252
徐新六　（4）26
徐義宗　（4）108，158，161，164；（5）13-14，21，33，171
徐業海　（4）65，78-79，137；（5）193
徐慕雲　（3）338，345，347-348；（4）258；（5）149，186
徐肇均　（3）264
徐匯平　（4）278
徐學彬　（2）41
徐錦榮　（1）111-112，114-115
徐寰仁　（2）173
徐懋棠　（2）296；（5）132
徐霞客　（2）328-329
徐鴻寶　（2）269
徐蘇中　（4）102，123，131，184，233，292，304
殷木強　（3）70；（5）126
翁之龍　（3）261
翁文灝　（2）116，132-133，269，271，303，312-313；（3）310；（4）26；（5）93，120，136，143，148
翁國勳　（3）134
奚福泉　（3）343
拿破崙（法，Napoleon Bonaparte）（1）51，53，139
倉持（日）（4）329

郭順　（4）220
郭標　（2）54
郭人驥　（2）108；（3）43，105
郭少生　（4）195
郭心崧　（3）147
郭允恭　（3）133-134
郭有守　（2）116-117，278，280-283；（3）301；（5）118，125，132
郭任遠　（2）133
郭承志　（2）134
郭果爾（俄，現稱果戈里）（3）339-340
郭秀峰　（4）223；（5）157
郭沫若　（2）25-27，30，37，40
郭春濤　（2）74；（3）154，303
郭振邦　（3）137
郭琦元　（2）60；（3）34，78-80，263，280；（5）94
郭蓮峯　（3）148，152，204
郭衛民　（5）20-24，27-28，172
郭壽祺　（2）63
郭鳳山　（3）137
高津（日）（4）154
高梓　（3）166，177-178
高陽　（3）301
高博（法）（3）63
高溶　（5）36
高魯（曙青）（1）66，96-99；（2）114，161，191，209；（3）259-260：（5）86，108
高橋　（4）158，164
高蘭（法）（4）154
高一涵　（2）266
高元宰　（3）293
高宗武　（4）87

高奇峰　（2）165；（3）293，296-297；
　　　　（4）76；（5）107，141
高柏台　（2）80
高冠天　（2）41
高冠吾　（4）82，184，233，265，288
高振東　（3）115
高師貞　（3）205
高家龍　（5）192
高培良　（3）71
高博愛（法）　（4）160
高蔭祖　（2）280
高齊賢（見思）　（1）16-17，33；（4）
　　　　185，194，235，249，255，290；
　　　　（5）13-14，21-23，28-29，33，58-
　　　　59，159，166，170-171，187-188
高劍父　（2）165；（3）293，296-297；
　　　　（5）107
高錫威　（3）151，153
高鐵庵　（4）36
高森隆介（日）　（4）306-307，310，
　　　　312，314-315，317，332-333；（5）
　　　　161
高瀨真一（日）　（4）149
唐英　（3）269
唐豪　（3）141-142
唐僧　（3）287
唐蟒　（4）294，304
唐乃康　（2）80
唐太宗　（5）60-61
唐文遇　（4）311
唐文德　（4）311
唐文慶　（4）311
唐生智　（2）300；（4）81
唐有壬　（3）304，342
唐在複　（1）65

唐仰杜　（4）305-306；（5）167
唐伯耆　（2）78
唐柯三　（2）233-235，256；（3）280；
　　　　（5）122
唐星海　（4）18，26；（5）148
唐啟宇　（2）133
唐學冰　（3）304
唐學詠　（3）302
唐鏡元　（1）35；（2）199；（3）291
唐繼虞　（4）26；（5）148
唐繼堯　（2）317；（5）144
酒井隆（日）　（4）147
海克爾（德，E. Haeckel）　（1）54
祥雲晚成（日）　（4）128
朗奎　（3）198
朗培安　（3）73
郎毓英　（3）293
朗靜山　（3）293-294
陸劍　（2）90
陸九淵（象山）　（4）206
陸子冬　（2）78
陸加瑞　（5）36
陸如磋　（5）22
陸希言　（2）261-262
陸郁珠　（2）277
陸京市　（3）274-275，277
陸品琴　（3）299
陸炳卿　（3）315；（4）249，255；
　　　　（5）159
陸根泉　（5）47
陸連奎　（2）80
陸高誼　（3）345，348；（4）36
陸悅琴　（1）35，80；（2）12，199
陸象山（九淵）　（4）206
陸煒士　（1）71

陸賓秋　（3）286
陸費執　（2）134
陸鳳竹　（3）59
陸潤之（象生）　（4）160-161，163，165，213-214，216-219，221；（5）166-169
陸懷德　（1）35
陳介　（2）323
陳白　（3）301
陳旭　（2）52
陳育　（1）71
陳垣　（2）271
陳柱　（4）184，233，277-278，316
陳策　（2）246
陳焯　（2）64-65；（5）93
陳群　（2）41，60；（4）87-88，93-94，102-103，184，211-212，223，233，274，277-279，296，304；（5）39，91，152-153
陳儀　（3）204，304；（5）119
陳融　（2）54
陳禧　（3）78
陳籙　（1）113-114，121；（2）85
陳鑫　（3）143
陳大訓　（2）40
陳大悲　（4）133
陳千里　（2）80
陳之碩　（4）159，173；（5）162
陳小蝶　（3）286，299
陳子寬　（1）79
陳子英　（1）80
陳少白　（1）37
陳中孚　（4）220
陳公博　（2）13，21-23，32，36，40，49-50，55，58，73，179，294；（3）198，236，238，304，326，341；（4）47，81，87-88，90-91，93-94，96，98-99，158-159，161，163，165-166，184，197，220，215，233，237，304；（5）11-12，23-25，34，36，45，89，124，126，152，163，166-168，170，173-174
陳公魯　（2）80，173
陳文海　（3）137；（4）234
陳文添　（2）325
陳方之　（3）14，33-34，54-55
陳方白　（2）319
陳予歡　（2）57
陳布雷　（2）280；（3）300；（4）11
陳石珍　（2）280；（3）286；（5）100
陳立夫　（2）59-60，78，115，117，270-271，280-283，295，302，307；（3）67，149，338，342-343；（4）19-20，25-26，38-39，41-42，44；（5）118，125，132-135，149-150
陳光甫　（1）139；（3）330
陳汝築　（5）193
陳廷安　（2）53
陳如松　（3）133-135，173
陳佑華　（3）204
陳伯蕃　（4）102，105，108，111-112，184；（5）154，156
陳伴嶺　（3）151
陳良士　（5）21
陳良烈　（5）20-21，172
陳君慧　（4）93-95，153，173，238，277-278；（5）152，160，162
陳劭先　（5）192
陳其采（藹士）　（1）21，116；（2）65，78-79；（3）37，299-300，

人名索引　219

322，331-332；（5）133
陳其美（英士）　（1）70；（2）60，113；（3）37
陳其瑗　（2）31-32，41
陳東湖　（3）293
陳郁波　（3）137
陳拔群　（3）27
陳卓人　（3）79-80
陳昌祖　（1）75-76；（2）11-12；（4）93，97，208；（5）11-12，78，84，167，192
陳果夫　（1）116；（2）59-60，74，77-79，82，267，278，280，303；（3）67，87，204，300-302；（4）291；（5）121，135，139-141，145
陳和銑　（1）108；（2）116-119：（3）209-211，229，259；（5）106，121-122
陳季良　（2）323
陳念中　（3）301；（4）73；（5）140
陳宗基　（2）41
陳宗虞　（4）233
陳宗賢　（2）187
陳泮藻　（2）280
陳治策　（3）339-340
陳春圃　（4）93，145-146，173，184.218，229，233；（5）11-13，157，162
陳珍棣　（1）22
陳則民　（4）265
陳星五　（3）56
陳香衛　（2）54
陳後主　（4）83
陳炳輝　（2）327
陳炳權　（2）37，40

陳炯明　（1）78；（2）20，25，46，55-57；（5）89
陳耕全（瑞欣）　（1）75；（2）11-12
陳振中　（2）41
陳振民　（3）121-122，206，208；（5）121，191
陳訓泳　（2）323；（4）81
陳國平　（4）279
陳國琦　（2）14
陳國強　（2）53
陳國新　（2）53
陳國豐　（4）158-161，163，290-291
陳偉華　（5）193
陳陶遣　（2）41
陳煥鏞　（4）285
陳淑君　（1）84
陳啟福　（3）229
陳紹寬　（2）62，294；（3）135，277，304；（4）81：（5）126
陳琰英　（5）22
陳萬里　（3）53，286
陳揚傑　（2）12
陳舜貞（順貞）　（2）11-14，55-56，83；（3）63，294；（4）47，113-114，288-289；（5）45-46，48，51-55，57，88，102，145，156，171，174-175
陳湛恩　（2）289
陳湘濤　（3）299
陳曾亮　（2）233；（4）277
陳農詩　（2）80
陳楚楠　（1）37-38；（5）82
陳廉伯　（2）54-55
陳傳瑚　（2）134
陳微明　（3）108，115，142-143

陳煜年　（2）38
陳銘樞　（2）265；（4）13-14
陳廖士　（4）313
陳肇英　（2）74；（5）180
陳肇端　（2）253
陳稼軒　（3）206
陳調元　（4）81
陳德徵　（1）117；（2）146
陳劍翛　（2）282；（3）301
陳潔如　（3）259；（5）88
陳樂素　（2）204
陳緯君　（1）84；（2）12
陳樹人　（2）40，68，73-74，165，294，300，323；（3）286，293，296-297，300，304-305，342-343；（4）81；（5）107，133，135
陳燕山　（2）134
陳衡哲　（2）133
陳澤明　（3）43
陳澤樞　（2）37
陳謨如　（4）108
陳璧君（冰如）　（1）70，75-76，80，84；（2）11-14，55-56，110，281，303，322；（4）14，38，98，147，199-202，216，252；（5）11-12，14-15，17，23-24，30，33-34，49，51，58，84，145，161，163，171，173
陳濟成　（3）277；（4）104，162-263，184，233，238，320
陳濟棠（伯南）　（2）259，265；（5）114
陳寶年　（2）134
陳鐘凡　（2）26，41；（2）26，41
陳耀祖　（2）11，54；（4）147，156，233；（5）11-12
陳耀輝　（2）42
陳鐸鳴　（3）142
陳繼祖　（2）11；（5）8
陶玄　（3）211
陶正伯　（2）294；（3）316；（5）126
陶芳辰　（4）303
陶希聖　（4）87
陶孟和　（2）133，266
陶昌善　（1）71
陶恒生　（4）90
陶德曼（德，O.P. Trautmann）　（3）192；（5）146
陶履謙　（2）323；（4）81
陶默厂　（3）331
陶錫三　（4）272，320，329
姬覺彌　（3）345
孫仁　（5）60
孫科（哲生）　（1）21；（2）17，22，41，44，47-49，53-54，62，68，70，72，96，112，131，134-135，181，231，259，263，295，303；（3）11，34-35，66，139-140，154，158，168，207，267，272，277，297，304，326，342；（4）179，288，291；（5）93，103，106，114，116，124，138，142
孫湜　（4）108
孫瑜　（2）280
孫中山（文，逸仙，總理，國父）　（1）25-26，37-38，40，69-72，77，84，96，109；（2）11-13，15-18，21，23，33-36，40，43，46，48-49，54，57，61，64-65，67，70-71，75，83，86-89，95-98，100-

102，124，139，143，146，160，
163，166-170，176，193，206-208，
215，222，225，230，238，246，
272-273，277，304-305，310，318，
323；（3）11，28，32，37，97，
150，164，167，182，204，215，
221，225-226，231，244，254-255，
258-259，262-263，308，310，313，
329；（4）14-16，54，58，82，
84，92-93，95，97，104，108-109，
111-112，133，145-146，168，172，
181，186，198-199，207-209，216，
228，239，241，280，287-292，294-
299，300-301，304，322，330；
（5）14，17，30，34-35，45-46，
48，83-85，88-91，95，100-101，
108-110，112，120，123-124，126，
128，135，138，144，151，157-
158，160-162，164，167，169，
171，173-174，183-184，186-187
孫平階　（3）56
孫玉華　（3）241
孫存周　（3）115，143
孫昌克　（2）133
孫治平　（2）53
孫治強　（2）53
孫莘墅　（3）49
孫理甫　（4）108，160，165，220
孫紹宗　（2）288
孫揆伯　（1）39，41
孫景潞　（2）327
孫道勝　（3）211
孫祿堂　（2）126-127；（3）114-115，
117，143；（5）104
孫傳芳　（2）60

孫福田　（4）335
孫福熙　（3）301
孫鴻霖　（5）36
孫繩武　（2）256；（3）280；（5）122
孫寶琦　（1）26
孫籌成　（3）55，92
納蓋（法，A. Naquet，曾稱南逵）　（1）
47，54
納爾遜（瑞典，H. Nelson）　（1）53

十一劃
培根（英，F. Bacon，裴根）　（1）47，
53
梅（雲）鵬（法，B. Maybon）　（2）
114；（3）222；（5）99
梅光迪　（2）133
梅仲洤　（1）111-112；（2）80
梅思平　（4）82，87-88，90-91，93，
96，173-174，184，214；（5）162，
168
梅理靄（法，J. Meyrier）　（3）77
梅貽琳　（3）66；（5）106
梅蘭芳　（2）293；（3）321-323，329-
332，348；（5）105，112，126，
130，133-134，142
黃自　（3）302
黃垣　（2）11
黃郛（膺白）　（1）70，78；（2）113，
249；（3）68-69；（5）84
黃巢　（4）307，311，332
黃雯　（3）45
黃實　（2）32；68，74
黃興（克強）　（1）70-71，77；（5）84
黃大中　（4）240
黃仁霖　（2）290；（3）153

黃文叔　（3）142，161
黃世傑　（3）202
黃吉宸　（2）267，272
黃仲玉　（1）80
黃兆棟　（2）41
黃安邦　（3）314
黃明道　（3）147；（5）117
黃希聲　（2）26-27，41
黃松軒　（1）66
黃和春　（3）64
黃季睦　（5）192
黃金榮　（2）293，296-297；（5）132
黃炎培（任之）　（2）117，324；（3）87；（5）146
黃宗羲　（1）22
黃枯桐　（2）18，37，41
黃建歐　（3）135
黃振華　（3）148
黃著勳　（2）40
黃隆生　（2）53
黃惕人　（2）80
黃涵之　（2）248，251
黃紹雄　（2）270，294-295；（3）236，238，275，277
黃琪翔　（2）73
黃敬齋　（2）324；（3）226；（4）153
黃裕生　（3）71-72
黃尊生　（2）37
黃瑞生　（2）53；（4）36
黃夢飛　（3）301
黃楚九　（2）160；（3）55-58，71-73，75，87-90，108-109；（5）101，106
黃慕松　（2）246-248；（4）81
黃義祥　（5）192
黃福燈　（4）311

黃複生　（1）70
黃賓虹　（2）165；（3）293，295；（5）107，181
黃潔芳　（2）53
黃慰萱　（4）70-71，79，85-86，141，319，328，334；（5）62，152
黃麗明　（3）151-153，178，198；（5）119
曹禺　（3）340
曹志功　（3）43
曹浩森　（2）294
曹梁廈　（2）262
曹雲祥　（3）166；（5）124
曹惠群　（2）133，261
曹經沅　（2）315，320
基督（耶穌）　（4）204
麥彝（法，M. Mailly）　（3）234
麥金萊（美，M. Mckinley）　（1）25
麥克喬治・杜布雷尼（McGeorge Dubrenie）　（2）51
盛丕華　（3）121；（5）130
盛世才　（2）230
盛佩蔥　（3）49
盛振為　（2）262；（3）261
雪耳（丹麥）　（4）153
崔宗塤　（2）134
笛卡爾（法，R. Descartes）　（1）53
區芳浦　（4）31
區聲白　（2）37
崛內干城（日）　（4）149，158-159，274
過探先　（2）48-49
符保盧　（3）184
船津辰一郎（日）　（4）184，193，220，233；（5）152
詹大悲　（2）32

人名索引　223

許文　（4）256，（5）186
許由　（1）138
許仙　（3）337
許璇　（3）264
許力求　（4）220
許士騏　（2）157，159，161，198；（3）56，288，293，295-296；（5）107，184
許文遠　（3）70；（5）126
許世英（靜仁）　（2）248，251-152，290-291，296-297；（3）59，299-300，304；（4）106-107；（5）101，132，135
許廷杰　（5）14，24，27-28，172
許念慈　（4）73
許修直　（4）81
許禹生　（4）234
許冠群　（2）324；（4）220；（5）146
許陳琦　（2）134
許崇清　（2）22-23，34，36，40，47，49，54，122，131；（3）260；（5）92
許崇智　（1）78；（2）12-13，71，90-91，303；（5）138
許甦魂　（2）32
許遜公　（4）278
許德臣　（2）163
許靜仁　（2）251-252
許靜芝　（3）304；（5）126
許曉初　（2）324；（3）87-88，92；（4）19；（5）146
許黿厚　（3）107，151，153，160
商震　（2）208
章桐　（2）322；（5）145
章嘉　（2）245

章乃器　（3）141-142
章太炎　（4）195
章啟東　（3）134-135，137，142，173
章輯五　（3）176，177
章鴻釗　（1）31
章顯達　（2）160；（3）56，71-72
康彰　（3）291
康德（德，E. Kant）　（1）53；（2）197
康選宜　（3）261；（5）115，121
康耘德世（美，Concord？）　（2）191，194；（5）108
清水董三（日）　（4）158-159，164，184，233，279，314
凌霄　（4）102
凌念萱　（4）335
凌頌如　（2）78
淳于髡　（4）204
寇運興　（3）180-181
梁誠　（2）143
梁亞平　（4）238
梁宇皋　（2）55-56
梁伯強　（2）133
梁伯龍　（3）321
梁武帝　（4）82，134-135
梁昌漢　（2）41
梁挹清　（5）49-51
梁梓華　（5）188
梁啟超（任公）　（2）130；（3）245
梁寒操　（3）338，342
梁鴻志　（4）38，87-88，184，304；（5）163
梁耀霱　（1）80
張元　（3）337
張氏（褚前妻）　（1）22，135；（5）81
張平　（3）316

張兆　（2）170
張冲　（2）282；（3）300-301；（5）132
張冶　（3）302
張炯　（3）152-153，198，200，204-205，338-339
張耘　（2）134
張超　（4）98，102，107-108，117，128-129，160，164，170，172，174，184，187，194，221-223，228，233，235-236，278，290-291，318；（5）157，161，170
張群（岳軍）　（1）117；（2）146，178，214，269；（3）59，115-116，121，123-124，132，286，322；（4）180；（5）102，104-105，114，130
張謇　（3）264
張謹　（3）260
張韜　（2）80；（4）131；（5）153
張繼（溥泉）　（1）21，38-39，69-71，73，80，90-91，95；（2）13，21，54，62，71，143，207-208，212，223-224，230，232，244-246，260，267-269，271-272，303；（5）62，84，86，113-114，116-117，120
張靄　（4）311
張一輪　（3）274
張乃燕　（2）22，41，113，133；（3）258-260；（5）180
張三豐　（4）24
張于潯　（2）41
張大千　（2）165；（3）293，299；（5）121
張之江　（3）27，113-114，119，123，125，132，141，147-153，160，173，178，180，192，207-208；（5）95，102，114，117，119，136-137，146
張之洞（文襄公）　（2）199；（4）83
張仁蠡　（4）154，170，191，233
張公穆　（2）80
張公權　（2）223，252；（3）330；（3）129
張文棣　（2）181-182
張文廣　（3）180
張心沛　（4）228
張石銘　（5）193
張世祿　（3）302
張世綱　（2）318，321
張北海　（2）283
張永福　（1）37；（4）240
張弁群　（1）25
張西曼　（2）233
張有德　（3）287，290-291
張仲直　（4）235
張仲愷　（2）80
張似文　（5）47
張企留　（2）33
張旭人　（2）78
張充仁　（3）287，290-291
張聿光　（3）286，293
張志韓　（2）315，320
張孝若　（3）264-266；（5）96，111，134
張秀波　（1）80
張伯苓　（2）41，266，271；（3）151，153，160，162，166，172，177-178；（5）119，124，135
張伯倫（英）　（4）53，60
張伯蔭　（5）17
張廷休　（2）280

人名索引　225

張廷金 （4）285	張家範 （3）301
張廷灝 （2）78	張書旂 （3）293
張君謀 （2）78	張菊生（元濟） （2）115
張坤儀 （3）293，297	張國珍 （5）20，29
張亞孚 （2）80	張國威 （4）240
張東屏 （3）204-205	張逸民 （2）60
張叔珍 （3）203	張敬禮 （3）266；（4）20；（5）59
張秉三 （2）80	張萼蓀 （2）106-107；（5）183
張秉鑫 （4）36	張堯賡 （1）66
張佳齡 （3）166	張惠民 （1）80
張舍我 （2）173	張軼歐 （2）134；（3）241，264
張庚虞 （2）80	張雲卿 （3）203
張性白 （2）122；（5）92	張景惠 （4）95，97
張治中 （2）67；（3）197，204，299	張頌賢 （1）25
張宗文 （5）77，189	張鼎丞 （2）293
張宗成 （2）134	張湛湖 （3）293
張定璠 （2）63-64，66，71，113； （3）34，36，114；（5）93	張善孖 （2）165；（3）293
	張善鄉 （3）316
張南琛 （5）193	張善琨 （2）80
張星海 （2）80	張道藩 （2）271，280，283，303，305，
張保熙 （3）222	307，309；（3）154，210，300-305，
張信孚 （3）151-153，156，163，198； （5）119，121，124	338-339，342-343；（5）136-139， 142，144-146，148，151-152
張炳廉 （3）63	張登義 （2）318
張退庵 （5）59	張發奎（向華） （2）73，259；（5） 33，114
張素民 （4）170；（5）162	
張素康 （4）220	張蓬舟 （3）287，288-290；（5）97， 122
張耆齡 （5）51	
張振餘 （5）193	張載陽 （2）248
張晉華 （2）14	張煜全 （4）194
張時敏 （3）293	張義信 （4）108；（5）154
張恩麟 （4）220	張資平 （4）184，279
張奚若 （4）12	張輔忠 （3）77；（5）138
張海容 （3）293	張嘉璈 （2）271
張家璈 （2）269，271	張壽鏞 （2）261；（3）261

張爾鼎　（3）180-181
張鳳九　（2）215
張匯蘭　（3）151-153，172，198
張墨耕　（1）35
張靜江（人傑）　（1）16，25-27，31-32，35，37-38，42，47，54-55，69，71-73，76，78，80，128，135-136；（2）22，58-60，68，71，73-74，78-80，109-110，112-113，116-120，122，124，128，179，199，229-230，232，264，269，271，303；（3）12，13-14，67-69，89-90，113-115，168，220，258，292，312，330；（4）30-31，73-74，81；（5）38，82-86，92，94-95，98，100，104，121-122，125，129，148，177，193
張靜波　（4）123-124，318-319，321，328，331，334-335；（5）52，164-165
張靜愚　（3）289
張漢衡　（3）135
張磐蓀　（3）193-194
張劍鳴　（3）304，313-314，342；（5）133
張劍初　（4）154
張樹勛　（3）45
張嘯林（寅）　（2）179，251，294，296-297；（3）115，117，121，180，322；（5）104，130，132
張默君　（3）260
張學良（漢卿）　（2）66，207-208，232，259-260，264-266，268，303；（5）112-114
張學淵　（3）137

張澹如　（3）312-313
張曙時　（2）68；（5）91
張燿德　（3）204
張贊臣　（3）26-27
張寶善　（1）25
張瀛曾　（3）229
張競生　（1）80，99
張鶴卿　（1）111-116
尉遲恭　（3）337；（4）257-259
屠哲隱　（3）291
屠開徵　（2）160；（3）55-56，71-72
屠傳規　（3）71
隆布羅梭（義大利，C. Lombroso）　（1）54
習近平　（1）107
習德炯　（2）293

十二劃

博伊爾（J. H. Boyle）　（4）88
斯卻波（德，Von Schab，現譯福沙伯）　（3）222
斯賓塞（英，H. Spencer）　（1）53
彭責　（2）93
彭壽　（5）46
彭百川　（2）278，280-282；（3）147-148，150，152，198；（5）118，122，125
彭萬程　（1）78
彭黎民　（4）235-236
彭學沛　（2）265-266，294，323；（3）149；（4）81；（5）116，118
彭澤民　（2）32，68；（5）91
彭濟華　（5）28
彭濟群　（1）80，97；（3）14；（5）95
乾隆　（4）67

葉良　（2）174；（3）141，178-179；
　　　（5）136
葉三多　（3）94
葉大密　（3）142
葉山濤　（3）58；（5）101
葉元龍　（2）133
葉少秉　（3）293
葉文心　（5）193
葉企孫　（2）133
葉青伊　（1）33；（5）82
葉恭綽（玉甫）　（1）21；（2）165，
　　　263，269-270，280；（3）194，286-
　　　287，292，295-296，298-299，322；
　　　（5）107
葉浩吾　（1）33
葉尉英　（4）73
葉惠鈞　（2）160；（3）59
葉楚傖　（1）21，27，31；（2）59-60，
　　　62，68，70-71，96，247，269-272，
　　　280-281，295，303，305；（3）342-
　　　343；（4）11，301-302；（5）128，
　　　138，180
葉漢丞　（3）34，52，56
葉藻廷　（2）204
萬斯（法，Oncel）　（1）126
萬琮　（2）327；（5）191
萬仁元　（5）192
萬籟聲　（2）148
萬籟鳴　（3）206，208
葛杏（法，L. Guerin）　（1）97
葛成之　（2）147，152-153；（5）101，
　　　123
葛偉永　（2）283
葛爾邦（法）　（4）154
葛馨吾　（3）121

董時　（2）133
董守義　（3）160，177
董天涯　（2）174
覃振（理鳴）　（2）223，267，303；
　　　（3）154，277，338；（5）117，124
森喬（日）　（4）184
達天　（1）16；（5）166，181
達理（法，M. Darre）　（3）234
達保羅（美，Dapaul）　（2）19，25，
　　　45-46
達爾文（英，C.Darwin）　（1）45，48，
　　　50，52-53
達賴喇嘛　（2）244-250；（5）125-126
斐文明（法）　（2）210
喻紀雲　（1）70
喻熙傑　（4）194，235-236，320
黑格爾（德，G. Hegel）　（1）53
嵇光華　（3）299；（5）121
程潛　（2）71
程天固　（2）41，73，323
程天放　（2）282；（3）190-191
程玉西　（3）291
程沅涼　（3）206
程其保　（2）116
程長庚　（3）347
程祖培　（5）22
程振鈞　（2）125
程硯秋　（3）163-164，326，328，332；
　　　（5）124
程道生　（5）47
程福鑄　（3）241
程演生　（4）285
程樹仁　（2）281
程瀛章　（2）133
傅式說　（4）102，131，154，184，

187，233；（5）152-153
傅汝霖　（2）72，270-271；（3）304，338；（5）93
傅秉常　（3）299-300；（5）138
傅映光　（2）253
傅淑云　（3）180，184-185
傅斯年　（2）270
焦宇　（4）279
焦易堂　（2）230，267；（3）300-302，338，342；（5）140，146
焦續華　（2）203，211，220；（5）111
粵田（日）　（4）158，164
奧龍（法，Oron）　（1）126
奧地納（法）　（1）113
奧諾（拉）亞（法，Honnorat）　（1）91；（2）84-85
奧波德一世　（2）137
鈕永健　（2）117，303，312；（3）154，277，311-312；（5）124，143
鈕先銘　（4）83
鈕師愈　（2）78；（5）92
舒益卿　（3）121
舒新城　（5）189
鄒琳　（2）294；（3）154，304，（4）81
鄒魯　（2）13，15-16，19，21-22，45，49-50，53-54，62，71-73；（3）192；（5）88-89，93
鄒子越　（2）53
鄒秉綱　（2）38
鄒福松　（2）157，159-160；（5）107
童行白　（3）79，279-280
童冠賢　（2）266
童曼秋　（3）334
惲代英　（2）32，68

勞雷爾（菲）　（4）97
馮攸　（4）108；（5）154
馮少山　（2）93；（3）34-35，194
馮玉祥　（1）116，（2）89，99，191，207，237，259，265；（3）34-35，50，113-114，277；（5）95，97，108
馮有真　（2）233
馮仰山　（2）252
馮耿光　（3）322
馮超然　（3）293
馮劍飛　（2）315
馮陳祖怡　（2）118
湯于翰（齊平）　（4）212，292，297-300；（5）35，46，173-174
湯充士　（2）78
湯住心　（2）252
湯武劍　（3）239-240；（5）132
湯建猷　（3）293
湯德民　（3）59
湯應煌　（4）149，151，159；（5）162
湯濟滄　（2）78
湯護民　（3）198
湯蠡舟　（3）79
溫世珍　（4）146，291；（5）157
溫宗堯　（4）88，98，166，184-195，304；（5）163
溫泰華　（2）41，44-45，47；（5）90，183
溫敬銘　（3）180
渡甸（日）　（4）174
渡邊霞亭（日）　（4）118
曾醒　（1）70，75，80，104；（2）12-14，54-56，199；（5）84
曾禰（日）　（4）170

曾子湘　（1）42
曾文棣　（4）113-114
曾以魯　（1）120
曾仲鳴　（1）75-76，97，100，102-104，106-107，121；（2）12，69-70，141，154-156，263，268，280，308，312；（3）87，154，163，304，326，331，341；（4）14，38，48，81，113；（5）84，87，116，124，131，141，143
曾仲魯　（1）107；（4）113-114
曾伯良　（2）12
曾宗鑒（鎔甫）　（2）144，147，152，154-156；（3）68；（5）99，101，123，131，140
曾孟濟　（2）13；（4）113-114
曾國藩（曾文正公）　（3）256；（4）195
曾紹倫　（2）48
曾紀澤　（4）195
曾養甫　（2）294
曾繁山　（4）302-303；（5）133
曾濟寬　（2）41
富田（日）　（5）22-23
富永（日）　（4）272
富蘭（比利時）　（2）144
富蘭克（比利時）　（2）143
富蘭克林（美，B. Franklin）　（1）53
裕仁（日昭和天皇）　（4）95，98，105，112，114，154；（5）23-25，154，156，158，164，172
開而辣安（法）　（1）115
賀闓　（2）134
賀德新　（4）318
賀燿祖　（2）246，267；（3）204；（5）119
賀寶善　（1）61；（5）193
費子苇　（3）304，313
費德朗　（2）133
費學權　（4）279

十三劃

瑟諾博斯（法，C. Seignobos）　（5）77，189
楊芳　（2）148；（5）102
楊虎　（2）232，246，249
楊琦　（4）41
楊森　（2）315，320
楊廉　（2）117
楊銳　（4）83
楊樞　（1）65
楊元亮　（4）108
楊少侯　（3）109，142
楊仁山　（4）186，194-198；（5）62，163
楊文采　（3）135
楊永泰　（3）268
楊价人　（3）198
楊光洴　（2）191，194；（5）108
楊仲子　（3）301
楊孝述　（2）133
楊杏佛（銓）　（2）49，129，133-135，280；（3）78，210-212，259，285-287；（5）100，103，105
楊秀珍　（2）299-300；（5）128
楊秀瓊　（2）298-302；（3）184-185；（5）128
楊希閔　（2）18
楊君勵　（2）280-281
楊虎城　（2）229，267，288；（5）

230　褚民誼紀實全傳　第五卷　求仁得仁

　　　　　　117，119
楊昌華　（2）299-300；（5）128
楊宙康　（2）18
楊柱南　（2）299-300
楊俊英　（5）58
楊炳勛　（2）134
楊哲臣　（5）58-59
楊匏安　（2）32
楊敏時　（2）282
楊敏湖　（3）293
楊清源　（3）59
楊揆一　（4）93，95，102，154，233；
　　　　　（5）158
楊雲竹　（4）106
楊道儀　（2）13，54-56
楊畹農　（3）331
楊頌禹　（3）173
楊端六　（2）48，133
楊增新　（2）230，237，240
楊衛玉　（3）280
楊澄甫　（3）108，115，142-143，161；
　　　　　（5）137
楊維楨　（1）15
楊樹莊　（2）62
楊嘯天　（2）251
楊綬華　（3）295-297
楊譜笙　（2）78；（5）92
楊露禪　（3）143
楊鍾健　（2）203，210，219，221；
　　　　　（5）111，190
楊鶴齡　（1）37
楊鑲溥　（4）278，282
蒲魯（爾）（法）　（2）212，221
賈當（法）　（4）160
載灃　（1）70

載裴士（歐）　（2）191，194；（5）108
雷震　（3）153，172，176，304，338-
　　　339；（4）22；（5）126
雷賓（法，J. Lepine）　（1）90，97-98，
　　　135；（2）84；（5）86
雷可南　（2）80
雷佩芝　（3）294
雷爾士（奧地利）　（2）191，194；
　　　（5）108
裘少白　（3）52
裘運昌　（1）112
路易安（法）　（3）241
虞兆夔　（3）229
虞洽卿　（1）117；（2）158，160；
　　　（3）322，330；（4）36；（5）102
農汝惠　（2）145，157-159，173，180，
　　　187-188；（3）229，233-235；（4）
　　　160，163；（5）100，111
農堯民　（3）63，194
圓瑛　（2）251
傳弼　（4）278
愛文諾（法）　（2）93，108
愛叔皆（法）　（4）160
愛勒斯（比利時，Ellers）　（2）144，
　　　147-148；（5）101-102
愛沙碑界（法）　（3）63
鳩摩羅什（龜茲國）　（4）313
新城新藏（日）　（4）277，280
廉隅　（4）102
廉惠卿　（1）71
漢章帝　（5）60
溥侗（西園）　（3）300-302，304-305，
　　　315-316，333，347-348；（4）83，
　　　86，184.233，249，255，277-278，
　　　304，322，324，328，333；（5）

71，140，159-161，164
溥儀　（4）95
溥儒　（3）293
溥子衡　（3）198
福芝芳　（3）332
福斯特（美，E. H. Foster）　（4）68，70
福崎峯太郎（日）　（4）282
褚幼義　（3）233，277；（4）79，113-114，300；（5）53-55，134
褚仲媯（申申）　（2）83；（3）233；（4）113-114；（5）53-55，92
褚杏田（潤通）　（1）16-18，21，22，113，116，125，135；（2）13-14，17，23，47，50，59，208-209，212，222，277；（5）57，97，113，116，166-167，184，187
褚叔炎　（3）233；（4）79，113-114，300；（5）51，53-55，115
褚季燊　（3）233，277；（4）79，113-114，300；（5）53-55，125
褚孟嫄（驊驊）　（2）14，83；（3）233，294；（4）79，113-114；（5）48-49，51，53，55，88
褚桂亭　（2）126；（3）115
褚遂良（河南）　（1）15；（5）58，61
褚輔成　（2）261-262
褚慧僧　（1）117
褚德彝　（4）263-264
聞亦有　（3）339
聞蘭亭　（2）251，290；（4）220
經利彬　（1）90；（2）52；（3）14
經亨頤　（2）47-50，62，71；（3）143-144；（5）91

十四劃

瑪德（爾）（法，Martel）　（2）93，112-113；（5）97
赫斯（比利時，Hers）　（2）175
赫里歐（法，E. Herriot，愛里歐）　（1）92，98-99，104，108，135；（2）84
赫胥黎（英，T. Huxley）　（1）54
赫爾斯（比利時）　（2）155
歌白尼（波蘭，M. Kopernik）　（1）51
歌德（德，J. Goethe，哥德）　（1）53
蔡培（子平）　（4）122-123，127，131-134，137，139，141，169-170，184，191，211-212，233；（5）62，155，160
蔡堡　（2）133
蔡鴻　（2）144，147；（5）99，101
蔡元培（子民）　（1）16，38，41，71，73，77，79-82，84-86，89，91，94，96-98，105，119，120-123，126-127，132-133，135；（2）41，50-51，55，62，69-71，73，82，86，93，96，104-105，109-110，112-113，115-123，125，130，133-136，143，147，151-152，154，160，175，179，199，204，229，232，260-261，269-271，281，303；（3）12，24，34，36，42，59，68，72-74，90，94，118，123-124，224，234，245，258-260，266，273-274，285-286，295，302，327；（4）30-31，232；（5）85-87，92，94，100-101，106，110-112，114-115，117-118，121-122，125，132，143，178
蔡廷楷　（4）13-14
蔡和森　（1）127
蔡勁軍　（3）171

蔡禹門　（3）49，53，56
蔡無忌　（3）15，259
蔡增基　（3）171
蔣介石（中正）　（1）21；70，77；
　　（2）12，27，30，40，46，57-59，
　　61-62，64，67-69，73-74，77，82，
　　89，98，103，126-128，181-182，
　　191，211，214-215，229，231-232，
　　249，251，259，264-265，268，
　　271，289，291-292，294，299，
　　302-304，307-309，311，315-316，
　　320，322，326；（3）18，28，48，
　　78，113-114，118，139-140，154-
　　155，158，182-183，286，292，
　　302，312，319，343-344；（4）11，
　　13，15，29，38，40-42，44-45，
　　48，50-51，53-54，60，133，274，
　　297-300；（5）22-24，27-31，33-
　　35，38，41-43，46，48，54，85，
　　88-89，91，94-95，100，103，107-
　　108，113-116，119，123，126，
　　128，135-136，138，141-143，145-
　　146，148，150，172-174，186
蔣可宗　（3）66；（5）106
蔣光鼐　（4）13-14
蔣冰心　（2）273；（5）185，190
蔣作賓　（2）60，191，229，271，305-
　　307，309；（3）277；（4）106，
　　180；（5）39，91，137，146
蔣伯誠　（2）269
蔣廷黻　（2）271
蔣夢麟　（2）41，85，125，134-135，
　　157-158，183，269，271，281；
　　（5）100，103
蔣眉軒　（2）80

蔣建白　（4）20
蔣順元　（3）211
蔣經國　（2）53-54
蔣履福　（2）154；（5）131
蔣馨山　（3）135
蔣太夫人（褚繼母）　（1）22；（4）
　　130，253；（5）58，63，75，81，
　　150，170，180
聚爾（比利時，Paul Gille，敘爾）　（1）
　　128；（2）143
趙誠　（2）146
趙子靜　（1）35；（2）199
趙元生　（3）121
趙元任　（2）130，133
趙午橋　（3）52
趙少昂　（3）293
趙升賓　（3）88
趙正平　（4）102，132-133，184，220，
　　277，285；（5）152-153
趙丕廉　（2）246，248
趙亞夫　（4）234-235
趙仲博　（3）121
趙如珩　（4）223，228；（5）157
趙志道　（2）134
趙志游　（1）35；（2）120，180，199
趙君豪　（1）137，139，141-142；（2）
　　196-198，326；（3）67；（5）187
趙叔雍　（2）269
趙炎午　（2）249
趙晉卿　（2）112，158，160，174-175，
　　325；（3）166；（4）36；（5）97，
　　124，147
趙培鑫　（3）330；（5）130
趙梅伯　（2）148；（3）302
趙菊椒　（1）35

趙啟華　（3）63
趙尊嶽　（4）160，163，184
趙善銘　（4）228
趙資平　（4）313
趙壽春　（3）121
趙毓松　（4）184
趙潤濤　（3）119
趙澤民　（5）47
趙燏黃　（3）46，94-95；（5）127，190
趙戴文　（3）19
趙鐵橋　（1）73
蜚納（法）　（1）80
裴順元　（3）212
裴賫樂（義大利）　（4）161
厲汝燕　（1）35；（2）199
厲家祥　（2）117
臧式毅（滿）　（4）93；（5）153
臧伯庸　（3）58
管翼賢　（4）236
傅弼　（4）278
端方　（2）199；（4）283
齊致　（1）80，91；（3）73；（5）102
齊熨　（5）54
齊如山　（1）61-62，73；（3）301，317，348；（5）145
齊竺山（宗祐）　（1）61-62，66，73；（2）199
齊蒂爾（捷克）　（3）298
齊雲卿　（2）85
齊壽山　（1）61
齊禊亭（令辰）　（1）61
齊燮元　（4）88
廖世功　（1）113-114
廖世承　（3）301
廖仲凱　（1）77；（2）12-13，18，54；（5）85
廖承志　（2）13
廖耀湘　（4）70
榮君立　（3）297
榮宗敬　（3）264
榮達坊　（2）134
榮增堪布　（2）251，253
漆璜　（2）315，320
鄭岳　（2）319
鄭豪　（3）53
鄭天錫　（2）294；（3）154，304
鄭午昌　（3）293
鄭介民　（4）297-300；（5）43，185
鄭文禮　（2）72
鄭正秋　（2）280
鄭仲山　（4）36
鄭亦同　（3）266；（5）134
鄭佐平　（3）108，115，143
鄭初年　（2）134
鄭和歡　（2）37
鄭炳垣　（2）128
鄭洪年　（2）261，265；（3）193-194，260-261，274-275，277；（5）115，121
鄭國林　（2）46
鄭梓南　（2）203-204，210；（5）111
鄭曼青　（3）293
鄭過宜　（3）345
鄭毓秀　（1）108，121；（2）49，69，93，111-113；（3）322；（5）97-98
鄭鴻年　（3）36
鄭禮明　（3）241
鄭績臣　（3）52
鄭鏡人　（3）291
鄭懷賢　（3）180

鄭鶴影　（5）29-30，33，35，173
察斯爾巴（比利時）　（2）143
蜜雪兒（法，L. Michel）　（1）54
福芝芳　（3）332
鄧月祝　（2）54
鄧日誥　（4）211；（5）153
鄧文儀　（2）62
鄧仲元　（1）78
鄧祖禹　（4）294，304
鄧植儀　（2）37，40，47，49
鄧雲衢　（4）108；（5）154
鄧源如　（3）43
鄧爾雅　（3）291
鄧澤如　（2）54，61-62，71，74
鄧穎超　（2）68
鄧寶珊　（2）267
翟俊千　（3）36
翟漣沅　（2）180，184-185
熊銳　（2）41
熊式輝　（2）111-113，146，313；（3）59，286；（5）97，100
熊克武　（1）77
熊佛西　（3）301
熊清明　（2）53
維拉緻甫（比利時）　（2）144

十五劃

熱振呼圖克圖　（2）247
歐文（美，J. Owen）　（3）191
歐樂（法，A. Aulard）　（1）80
歐元懷　（2）261-262
歐陽洵（率更）　（5）58
歐陽漸　（4）195
歐惠芳　（3）198
歐陽予倩　（2）280

撒遜（比利時）　（2）146
撒拉脫（法）　（4）149
盧琴齋　（1）35
噶廈　（2）246-247
蝴蝶　（3）330
賤盎（法）　（1）115
影佐禎昭（日）　（4）50，87，90-91；（5）38
稻垣大佐（日）　（4）174
黎福　（4）215
黎元洪　（1）70；（2）249
黎民偉　（2）53
黎仲實　（1）70，76
黎兆葵　（2）41
黎佩蘭　（2）53
黎首明　（2）53
黎國昌　（2）41
黎照寰　（3）75；（5）99，101
黎樾廷　（2）40
黎林楚楚　（2）53
黎嚴珊珊　（2）53
樂文照　（2）134；（3）56；（4）220
樂景濤　（4）59
德王（蒙）　（4）106，228
德台斯（比利時）　（2）144
德狹依（法）　（1）115
德川賴貞（日）　（4）106
德埃列亞（法，D'Elia.S.J）　（2）167；（5）108，190
衛月朗　（1）75-76；（2）11-14，308；（5）14，58，88，171
衛挺生　（2）321，324
樊光　（2）325；（4）53；（5）148
樊仲雲　（4）184，229，314
樊文迪（比利時）　（2）164

人名索引　235

滕固　（2）271
劉中　（2）269
劉芬　（2）33
劉厚（大悲）　（1）91，106；（2）166，170
劉峙　（2）62-64，287；（5）93
劉復　（2）212；（5）114
劉湘　（2）321；（4）13-14
劉新　（3）62
劉鏞　（1）25；（2）14；（5）97
劉士元　（4）236
劉天佑　（1）73
劉文進　（4）311
劉玉華　（3）180-181，184-185
劉玉書　（4）154
劉永純　（2）147；（5）101
劉百川　（3）115，117-118
劉兆霖　（4）215
劉守中　（2）96，229-230，240，267
劉步青　（3）52
劉郁（鬱）芬　（4）229；294，304
劉長春　（3）166，177，184
劉尚清　（3）123-124，132；（5）114
劉承幹　（2）14；（5）97
劉柏石　（2）206
劉南生　（4）258
劉既漂　（1）119-121，124
劉紀文　（2）12，55；（3）14，19
劉振東　（3）255
劉晉鈺　（2）133
劉海粟　（2）165；（3）286，293，297-298，330；（5）58-59
劉海寰　（3）137
劉掄英　（2）233
劉國榮　（3）205

劉符誠　（2）120，180
劉得勝　（3）118
劉開渠　（2）140；（3）301
劉雲舫　（3）322
劉詒燕　（2）294
劉湛恩　（2）262
劉道芳　（3）59，64
劉瑞恒　（2）156，293-294；（3）14，21，23，46，48，50-51，53，66，78，152；（4）81；（5）98，103，105
劉慕耘　（5）188
劉慎諤　（2）203，210，221；（5）111
劉福民　（3）105，226，246
劉維熾　（4）81
劉錫昌　（1）65，67-68；（2）120，144-145，148，155，157-159，170，180，183，185，187；（3）233；（5）100，107
劉寰偉　（2）134
劉穗九　（2）261；（5）115
劉鴻生　（3）139
劉鴻源　（4）36
劉鎮寰　（2）18
劉蘅靜　（2）266
魯子敬（魯肅）　（3）333
魯正炳　（1）116
魯若愚　（3）229
魯濱孫　（2）200
魯覺吾　（2）282-283
諸青來　（4）88，102，184，320
諸文綺　（2）290
諾那　（2）245，252；（5）135
潘公展　（1）117；（2）78，80，120，176，178，180，252-253，262；

（3）59，62，79，171，236，238，275-276，300-301；（4）38，180；（5）129，131，140-141
潘文安　（3）279
潘考鑒　（2）41
潘振霄　（4）257
潘雲超　（2）73
潘瑞堂　（3）71，75
潘蒼水　（3）141
潘鼎元　（4）223
潘銘之　（2）174
潘肇邦　（2）154
潘澄侯　（2）282
潘燿源　（4）108；（5）154
憨農　（4）195

十六劃

樸爾那斯（義大利）　（4）153
頭山滿（立雲）（日）　（4）112，197
賴璉　（2）294；（3）200，205
蕭明　（3）337
蕭瑜（子昇，旭東）　（1）90，121，127-130，134，136；（2）85，106，216，267，272；301；（3）105，119，123，125，132，194-195，229，324；（4）29-30；（5）62，114，117，148，180
蕭誠　（5）13-14
蕭一山　（3）302
蕭友梅　（2）134，261；（3）302
蕭佛成　（2）61-62
蕭奇斌　（4）292
蕭宜芬　（2）46
蕭智吉　（3）53，55
蕭劍青　（4）310，327

蕭積中　（4）215
薛帆（法，A. Civet）　（3）227-228，234
薛岳　（2）315，320
薛穆（英，H.J. Seymou，賽穆）　（4）147
薛藩（法，H. Civet）　（3）63，77，222，227-228，230-231，234，241；（5）132，138
薛仁貴　（3）323；（5）113
薛竹蓀（智善）　（1）71
薛次莘　（2）312，320，324；（5）142，146
薛逢元　（4）98，111，159-160，164，295
薛農山　（3）275
薛壽齡　（5）47
薛冀紅　（2）232，246
薛篤弼　（2）96，103；（3）12，14，18-19，21，34-35，46，48，50，297；（5）95，97，102
薩連奎　（2）173
薩賓（麥）德（法）　（4）154，160，163
薩爾利（法）　（4）163
霍敏公　（5）22
霍芝庭　（2）54；（4）31
霍克林（法，Hawklin，亦稱格克林）　（3）73；（5）102
盧梭（法，J. Rousseau）　（1）53
盧芹齋（琴齋）　（1）35；（2）170
盧蒔白　（2）282
盧頌恩　（3）198
盧鎮寰　（3）293
盧觀海　（3）293

縣忍（日）　（4）128
默伊（法）　（4）160
默罕默德　（4）204
穆岱（法，M. Moutet）　（1）80，90，
　　95，98，108，135；（4）29
穆勒（英，J. Mill）　（1）53
穆文平　（3）135，137
穆理斯（法）　（4）163
穆岱居斯達夫（法）　（4）29-30
儒朋（法，P. Joubin）　（1）90，97-99，
　　135
錢然　（3）279
錢永銘　（3）264
錢昌照　（2）280；（3）154，302；
　　（4）81；（5）143
錢治瀾　（2）130
錢崇澍　（2）133
錢新之　（1）117；（2）78，80，179，
　　269；（3）322，330；（4）180；
　　（5）105
錢壽鐵　（3）286
錢瘦竹　（3）291
錢稻孫　（4）236，285
錢寶琮　（2）133
鮑斯（印，S.C. Bose）　（4）97-98；
　　（5）168
鮑國昌　（4）258
鮑羅廷（俄，M.M. Borodin）　（2）48，
　　60-61
　　（3）11；（5）39，91
鮑鑑清　（4）213-215；（5）164，168
龍雲　（2）312，317-320；（4）13-14；
　　（5）143-144，147
龍潛　（2）322
龍沐勛　（4）285

龍英傑　（3）203
龍谷大覺（日）　（4）123
鄺嵩齡　（2）41
濉博士（日）　（4）313
閻錫山　（2）89，99，191，207，259，
　　265；（3）34，36；（5）108

十七劃

韓熹　（5）36，46，49
韓方明　（4）119
韓世昌　（3）316
韓有剛　（2）157，174-175
韓竹坪　（2）48
韓芸根　（2）296；（5）132
韓伯羽　（2）283
韓德勤　（2）315，320
藍溥森（英）　（3）322；（5）105
戴任　（2）266
戴笠（雨農、春風）　（3）78；（4）
　　297；（5）30，33，46，173
戴戟　（4）13-14
戴策　（2）280-282；（3）304，330，
　　342；（4）32-33，36，54；（5）
　　118，125，132-133，149-150，186
戴良誼（義大利）　（4）153，160-161，
　　274；（5）166
戴英夫　（4）184，228
戴尚文　（3）264
戴季陶（傳賢、天仇）　（1）71，77；
　　（2）22，46-50，54，60，68，78，
　　96，105，117，227，229-230，246-
　　249；272-273，303，（3）19，28，
　　78，85，13-114，87，96，139-140，
　　154，158，168，180，182，194-
　　195，260，267，280；（4）25，81，

301；（5）85，91，95，119，124，138，149，178
戴金堯　（3）198
戴修駿　（3）229
戴愧生　（2）267
戴顯裕　（2）160；（3）71
磯貝浩（日）　（4）128
龜谷利一（日）　（4）237
魏佳（維加，西班牙）　（3）348
魏懷　（2）247
魏志仁（法）　（3）241
魏良輔　（3）321
魏家驊　（4）195
魏道明　（2）111-113，322-324；（4）41，180；（5）98，145-146
魏詩垾　（2）154-155；（3）68；（5）131
魏新綠　（2）294；（3）331；（5）126
魏學仁　（2）282-283
鍾志和　（3）43
鍾季襄　（2）134
鍾榮光　（2）133
鍾靈秀　（2）280：（3）204
謝持　（2）21-22，62，70
謝建　（2）248
謝大傻　（5）28
謝幼南　（3）88
謝仲復　（4）163，240
謝次彭　（1）106
謝利恒　（3）27
謝東發　（1）106，121；（2）120，180
謝冠生　（3）304；（5）126
謝循初　（2）262
謝筠壽　（3）33-34，41
謝筱初　（4）239；（5）160

謝壽康　（2）148，177，260，280；（3）339
謝應瑞　（3）34
謝馥仁　（3）43
謝瀛洲　（2）40，41
應雲衛　（3）339-340
濱田（日）　（4）82，288
澀澤總領事（日）　（4）228
賽爾（法）　（4）160
繆斌　（2）31-32，71，73-74；（4）184
繆鳳林　（4）282

十八劃

瓊斯（英）　（3）340
藥甫（比利時）　（2）143
藤井行勝（日）　（4）330-331；（5）169
藤井靜宜（日）　（4）123
藤谷釋男（日）　（4）279
藩祿　（4）108
豐子愷　（3）301
簡琴石　（2）68；（5）91
邊沁（英，J. Bentham）　（1）53
顏世鏞　（4）302-303；（5）133
顏任光　（2）134
顏真卿（平原）　（5）58，60-61
顏惠慶　（2）266-267；（3）58，330
顏福慶　（2）261；（3）22，53-54，56，66；（4）220，285；（5）98，105-106
顏德慶　（4）22

十九劃

蘇成德　（4）292
蘇東坡　（3）333

蘇菲婭（俄，Sophie Perovskaia）　（1）
　　54
蘇景由　（3）115
蘇增強　（3）63
蘇體仁　（4）285，305；（5）167
羅月（法，C. Royer）　（1）54
羅剛　（2）282
羅斯（義大利）　（4）161
羅靖　（2）233
羅蘭夫人（法，M. Rolland）　（1）53
羅懷　（2）162，164
羅文幹　（2）294；（3）304
羅君強　（4）88，104，149，151，184；
　　（5）162
羅卓英　（5）29，172
羅明佑　（2）280-281
羅治英　（3）137
羅家倫　（2）117，270-271，278，280，
　　282；（3）154，200，338；（5）192
羅清濱　（5）22
羅運炎　（2）290
羅廣霖　（4）211；（5）153
羅免裴禮（德）　（3）63
羅桑堅贊　（2）251
嚴平　（1）32；（5）193
嚴又陵　（3）253
嚴欣一　（3）239
嚴范孫　（1）61
嚴家熾　（4）184
嚴慎予　（2）122；（3）193；（5）92
嚴潚宣　（2）78，80
嚴濟慈　（2）133
譚延闓（祖庵）　（2）21-23，48-49，
　　55，58-59，62，68，71，73-74，
　　82，85，96；（3）18，28，34-35，

48，108，113-114，286，308；（5）
　　89，91，94-95，100，103
譚以理　（3）55
譚伯魯　（1）84
譚雲珊　（3）36
譚嗣同　（4）195
譚熙鴻（仲逵）　（1）79-80，84；（2）
　　12，51-52，110，125，158；（3）
　　107，143，198，200，205；（5）89
譚鵠鳴（法）　（4）160，163
譚漢聲　（4）240
譚覺真　（4）108
龐痕（法）　（1）115
龐元濟　（5）71
龐京周　（3）33，49，52-53，55-56，58
龐青臣　（1）26，31
龐書城　（1）71
龐萊臣　（2）80
龐雲鏳　（1）25
龐襄臣　（2）80
龐贊臣　（2）80
寶隆（德，E. Paulun）　（3）222
關羽（關壯繆）　（3）332-333；（4）
　　255
關介三　（3）118，121，133；（5）123
關絅之　（2）248，251-252

二十劃

蘭伯（比利時）　（2）155
蘭納（匈牙利）　（4）178
覲瓦（法）　（4）160
饒樹人　（2）134
（釋）一政（日）　（4）127
（釋）大本　（4）67，70，79，134
（釋）太虛　（4）195

（釋）仁山　（4）70-71，79；（5）62-63，152
（釋）方廉　（4）77-78
（釋）可政　（4）307，310，312，332
（釋）玄奘　（4）119，186，195，198，287，306-330，332-333；（5）163-165，170，191-192
（釋）弘法（日）　（4）115-121，186-187，191；（5）156，162，186，191
（釋）光鑒　（4）71
（釋）仰山　（4）79
（釋）全乘　（4）325
（釋）全朗　（4）237
（釋）守仁　（4）311
（釋）守慧　（4）83-86；（5）151
（釋）志開　（4）67，70，76，79-80，134
（釋）妙善　（4）133
（釋）青權　（4）77-78
（釋）若舜　（4）67，72-73，77-79，81；（5）132
（釋）卓成　（4）67，79
（釋）明常　（4）68，79
（釋）果言　（4）132
（釋）宗仰（心湛）　（4）67，77-78，81
（釋）星雲　（4）76，80
（釋）振禪　（4）67，78
（釋）能海　（2）253
（釋）雪煩　（4）70，74，79
（釋）寂然（心湛）　（4）65-68，70-78，80-82，134；（5）62-63，65-69，134，152
（釋）隆相　（4）65，80；（5）193
（釋）超塵　（4）71
（釋）智永　（5）60-61

（釋）普寶　（4）311，332
（釋）傳真　（4）80
（釋）傳義　（4）137
（釋）廣明　（4）134，139；（5）155
（釋）廣演　（4）309，312，316，332
（釋）徵明（日）　（4）127
（釋）摩塵　（4）123，131-132；（5）155
（釋）諦如　（4）80
（釋）澹歸　（4）329
（釋）懷素　（5）60-61
（釋）覺民　（4）70，76，79
（釋）鐵禪　（4）329
（釋）鑑真　（4）120-121，191，198
（釋）顯宗　（4）237
（釋）顯曇　（4）123
（釋）觀同　（4）132
釋迦牟尼　（4）204
鐘榮光　（2）22，48-49
鐘養齋（守頤）　（1）71
鐘觀光　（2）52
鐘靈秀　（3）150

二十一劃
鶴見壽（日）　（4）220
顧子明　（3）204
顧天錫（蔗園）　（4）240，279，307，310，312-313，315-316，318
顧心之　（1）111-112
顧永泉　（3）60
顧守熙　（2）204
顧忠琛　（4）88，184
顧亭林（炎武）
顧祝同　（2）64-65；（5）93，180
顧孟餘　（1）21；（2）21-22，41，46，

人名索引　241

48-49，50，71，98，269；（3）236-237；（5）89
顧保羅　（3）43
顧景范　（2）329
顧舜華　（3）128，133-135，137，173，180，182，184-185，188；（4）221-223，226，229；（5）123，138，185
顧福昌　（1）25
顧維鈞　（2）182
顧頡剛　（2）271
顧樹森　（2）280；（3）147
顧寶琦　（3）227-228

二十二劃
龔惠年　（3）41，43

二十四劃
鹽澤清宣（日）　（4）149，153，159，194
鷹尾（日）　（4）314

二十六劃以上
鬱葆青　（4）36

```
國家圖書館出版品預行編目

褚民誼紀實全傳. 第五卷, 求仁得仁 / 褚幼義
主編. -- 臺北市：獵海人, 2025.07
  面；  公分
  ISBN 978-626-7588-29-1(平裝)

 1.CST: 褚民誼  2.CST: 傳記

782.886                           114008176
```

褚民誼紀實全傳　第五卷
求仁得仁

主　　編／褚幼義
出版策劃／獵海人
製作銷售／秀威資訊科技股份有限公司
　　　　　114 台北市內湖區瑞光路76巷69號2樓
　　　　　電話：+886-2-2796-3638
　　　　　傳真：+886-2-2796-1377
網路訂購／秀威書店：https://store.showwe.tw
　　　　　博客來網路書店：https://www.books.com.tw
　　　　　三民網路書店：https://www.m.sanmin.com.tw
　　　　　讀冊生活：https://www.taaze.tw

出版日期／2025年7月
定　　價／520元

版權所有‧翻印必究　All Rights Reserved
Printed in Taiwan